北京語言大学出版社版

新HSK
10回合格模試
4級

MP3 音声付

李春玲●編

スリーエーネットワーク

Copyright ©2010 by Li Chunling
All rights reserved.
Original Chinese edition published by Beijing Language and Culture University Press
This Japanese edition published by arrangement with Beijing Language and Culture University Press
Japanese edition copyright ©2011 by 3A Corporation

All rights reserved. No part of this publication may be reproduced, stored in a retrieval system or transmitted in any form or by any means, electronic, mechanical, photocopying, recording, or otherwise, without the prior written permission of the Publisher.

Published by 3A Corporation.
Trusty Kojimachi Bldg., 2F, 4, Kojimachi 3-Chome, Chiyoda-ku, Tokyo 102-0083, Japan

ISBN978-4-88319-587-9 C0087

First published 2011
Printed in Japan

はじめに

　「新汉语水平考试（HSK）」は、中国国家漢語国際普及指導グループ弁公室（以下、国家漢弁）が2009年に打ち出した国際中国語能力標準化試験で、中国語を第二言語とする受験生の生活、学習、仕事の場における、中国語でのコミュニケーション能力を重点的に測ることを目的としている。試験は筆記試験6等級と、口述試験3等級に分かれている。

　受験生が新しい試験形式に慣れ、試験内容を理解してポイントを把握し、設問スタイルを熟知して解答テクニックを身につけることを目指し、国家漢弁が発表した試験基準『新汉语水平考试大纲』（HSK1級から6級）にもとづいて本書を編纂した。編纂にあたっては、専門家の意見を取り入れ、例題や過去の出題の意図を徹底的に研究した。

　本書は筆記試験の模擬問題10回分に加え、試験概要および、新形式の解答方法も紹介している。巻末にはリスニング問題の全スクリプトと解答・解説を掲載した。なお、リスニング問題の音声はMP3形式で収録している。

　本書の主な編集・執筆者は皆、指導経験の豊かな中国語の教師であり、かつ、中国語の試験の研究者でもある。また、掲載しているすべての問題は、出版前に、新HSKを受験した経験のある学生に対して試行テストを行なっている。問題で使用している語彙および試験で問われる内容は、試験基準の語彙と文法を全面的にカバーしたものとなっている。言葉を精選し、難易度を客観的に調整するとともに、問題数や解答時間を適切に配分して、本書の問題がより新HSKの実際の試験問題に近づくよう努めた。

　本書が多くの受験生、および試験指導に従事している先生方に益するものとなるよう切に願うと同時に、忌憚のないご教示、貴重なご意見をお寄せいただければ幸いである。

　最後に、リスニング問題の収録にあたり、民族楽器を演奏してくださった「女子十二楽坊」に深謝の意を表したい。

編集委員会

本書の特徴

●模擬試験が10回分
本試験と同じ形式の模擬試験が10回分収録されています。豊富な数の問題を解くことで、「新HSK」の形式に慣れ、ポイントをつかんでください。直前対策としてはもちろん、じっくり勉強に取り組みたい方にもおすすめです。

●日本語による問題解説付き
問題には解答だけでなく日本語の解説もついているので理解が深まります。

●解答用紙はHPで何回でもダウンロード可能
解答用紙はHP（http://www.3anet.co.jp/world/2382/）でダウンロードできます。なお、巻末にも1回分の解答用紙が付いています。

●リスニング問題の音声はMP3音声ファイルで収録
音声は、付属のCD-ROMにMP3音声ファイルで収録しています。各試験とも「第一部分」「第二部分」「第三部分」の問題形式ごとに3つのファイルに分かれています。本試験と同じように問題に取り組む場合は続けて再生してください。

　※このCD-ROMは音楽CDではありませんので、音楽用のCDプレーヤーでは再生できません。パソコン等のMP3ファイルの再生が可能な機器をご利用ください。

付属CD-ROMを取り込む方法（Microsoft® Windows の例）

1. iTunes を利用する場合

❶ まず、CD-ROMに入っているフォルダ「新HSK 10回合格模試4級」をパソコンのハードディスクに保存します。

　保存の仕方：CD-ROMをハードディスクに入れると、ウインドウが開きますので、「フォルダを開いてファイルを表示するエクスプローラ使用」を選択します。「新HSK 10回合格模試4級」というフォルダをドラッグし、デスクトップ上に出すと、ハードディスクに保存されます。

❷ iTunes を起動します。

❸ iTunes 左上の「ファイル」メニューから「フォルダーをライブラリに追加」を選びます。

❹ 「フォルダの参照」等の名称のウインドウが開きますので、ハードディスクに保存したフォルダ「新HSK 10回合格模試4級」を選び、「OK」をクリックします。

2. Windows Media Player を利用する場合

❶ まず、CD-ROMに入っているフォルダ「新HSK 10回合格模試4級」をパソコンのハードディスクに保存します。（保存の仕方は、「1．iTunesを利用する場合」を参照。）

❷ Windows Media Player を起動し、「ライブラリ」を選択します。

❸ フォルダ「新HSK 10回合格模試4級」を Windows Media Player の「ライブラリ」内にドラッグ＆ドロップします。

そのほかのプログラムや機器への取り込み、また、音声CD形式のディスクの作成については、お使いのプログラム、機器のマニュアルをご参照ください。

＊上記の『付属CD-ROMを取り込む方法』はCD-ROMにも収録されています。

目次

はじめに

本書の特徴

新汉语水平考试HSK（4級）試験概要 ——— VII

新汉语水平考试HSK（4級）解答方法 ——— VIII

	問題用紙	スクリプト	解答・解説
模拟试卷1	1	162	224
模拟试卷2	17	168	230
模拟试卷3	33	174	236
模拟试卷4	49	180	243
模拟试卷5	65	186	249
模拟试卷6	81	192	256
模拟试卷7	97	198	262
模拟试卷8	113	204	269
模拟试卷9	129	210	275
模拟试卷10	145	216	281

解答用紙

新汉语水平考试 HSK（4级）
試験概要

試験対象　　新HSK（4級）は1200語程度の単語と常用文法を把握し、多岐にわたる分野の話題について中国語で議論でき、中国語を母語とする者と比較的流暢に、適切なコミュニケーションをとることができる者を対象とする。

試験内容と時間　　筆記試験はリスニング、読解、記述の3つからなり、問題数は計100問、試験時間は約105分で、配分は次のとおり。
1. 听力（リスニング）(45問、約30分＋解答を解答用紙に記入する時間 5分)
2. 阅读（読解）(40問、40分)
3. 书写（記述）(15問、25分)

リスニングの前に受験生が個人情報を記入する時間（5分）がある。

● リスニング問題は3つの部分に分かれており、第一部分は10問、第二部分は15問、第三部分は20問である。問題文が流されるのは1問につき1回のみ。内容および求められるものは次のとおり。

听力 （リスニング）		
	第一部分	短い話を聞き、文の正誤を判断する。
	第二部分	2人の会話を聞き、正しいものを選択する。
	第三部分	やや長めの会話や文を聞き、正しいものを選択する。

● 読解問題は3つの部分に分かれており、第一、第二部分は各10問、第三部分は20問である。内容および求められるものは次のとおり。

阅读（読解）		
	第一部分	語句を選び、文や会話を完成させる。
	第二部分	文を正しい順に並べる。
	第三部分	文や短文を読み、正しいものを選択する。

● 記述問題は2つの部分に分かれており、第一部分は10問、第二部分は5問である。内容および求められるものは次のとおり。

书写（記述）		
	第一部分	文を正しく整える。
	第二部分	写真を見て、与えられた語句を用いて文を作る。

試験成績　　リスニング、読解、記述の配点はそれぞれ100点で、満点は300点。180点以上で合格となる。試験成績は長期間有効。外国人留学生が中国の学校に入学するための中国語能力の証明としては2年間有効（試験当日より起算）。

新汉语水平考试 HSK（4级）
解答方法

　　新 HSK（4級）の筆記試験はリスニング、読解、記述の3つに分かれている。問題の前に必ず例が示されるので、それに做って問題を解くこと。以下に例を挙げ、各部分における解答の仕方を簡単に説明する。

听　力（リスニング）

　　問題文が流れるのは全問1回のみで、30分間で45問の問題を解かなければならない。1問あたりの解答時間は、第一部分は約10秒、第二、第三部分はそれぞれ約17秒である。すべての問題が流れたあと、答えを解答用紙に記入する時間が5分ある。

　　第一部分　計10問。短文を聞いて、与えられた文の正誤を判断する。話の内容は比較的簡単で短いが、聞き取り後、速やかに判断を下さなければならない。そのため、まずは与えられている文に目を通し、キーワードを見つけておく必要がある。そうすれば聞き取り後に、与えられた文が正しいかどうかを正確に判断できる。
　　例えば、問題用紙に次のような文があったとする。

　　　　★ 他打算下午去银行。

　　この文を見れば、"下午（午後）"と"去银行（銀行に行く）"が問題のキーポイントであると判断できる。続いて次のような短い話を聞く。

　　　　我想去办个信用卡，今天下午你有时间吗？陪我去一趟银行？

　　音声中の"今天下午你有时间吗？（今日の午後はお時間ありますか）"と"陪我去一趟银行？（一緒に銀行に行ってくれませんか）"という表現から、話し手は午後に銀行に行きたいと思っていることがわかる。これらのことから、この文は正しいということが即座に判断できる（よって✓をつける）。

　　また別の例として、次の文が問題用紙にあったとする。

　　　　★ 他喜欢看电视广告。

　　先の例と同様に、この文を見れば"喜欢（好き）"と"看～广告（～のCMを見る）"がキーポイントであると判断できるはずだ。続いて次のような話を聞く。

　　　　现在我很少看电视，其中一个原因是广告太多了，只要你打开电视，不管什么时间，也不管什么节目，总能看到那么多的广告，浪费我的时间。

音声中の"很少看电视（ほとんどテレビを見ない）"と"其中一个原因是广告太多了（その理由の1つはCMが多すぎることだ）"という表現から、話し手がテレビを見るのが嫌いな理由の1つはCMが多すぎることだとわかり、この文が間違いであると容易に判断できる（よって×をつける）。

第二部分 計15問。会話を聞いて、正しい答えを選ぶ。問題文はふつう2文からなる会話で、内容は基本的には日常生活においてよく起きる事柄についてである。問題のポイントは簡単な文型とキーワードであるため、まずは与えられた4つの選択肢を見て、語られるであろう話の内容を大まかにつかんでおき、音声を聞きながらどれが正しいのか判断するとよい。

例として、次のような会話を聞いたとする。

女：该加油了。去机场的路上有加油站吗？
男：有，你放心吧。
问：男的主要是什么意思？

問題用紙には4つの選択肢がある。

A 去机场　　B 快到了　　C 油是满的　　D 有加油站

選択肢から、この会話は自動車のガソリンに関するものだと推測できる。女性が"该加油了（ガソリンを入れなきゃ）""有加油站吗？（ガソリンスタンドはある？）"と聞き、男性の"有"という回答から、その発言の意図が"有加油站（ガソリンスタンドがある）"であるとわかるため、この問題の正しい答えはDとなる。

第三部分 計20問。会話や短い文章を聞いて、正しい答えを選ぶ。問題文は基本的に4～5文からなる会話で、よく使われる成語、ことわざ、慣用句などが用いられることもある。文脈から話し手の意図を判断し、ひっかけの選択肢を排除しなければならない。第三部分は問題文の会話がやや長く、ひっかけの選択肢に惑わされやすい。そのため、まずは与えられた選択肢に目を通し、問題がどういったことに関連しているのかをつかんでから、集中してポイントを聞き取り、正しい判断をしなければならない。

例：男：把这个文件复印5份，一会儿拿到会议室发给大家。
　　女：好的。会议是下午3点吗？
　　男：改了，3点半，推迟了半个小时。
　　女：好，602会议室没变吧？
　　男：对，没变。
　　问：会议几点开始？

問題用紙には4つの選択肢がある。

  A 两点 B 3点 C 3:30 D 6点

 4つの選択肢から、この問題で求められている回答は時間であるとわかる。会話の中で女性が"会议是下午3点吗（会議は午後3時からですか）"と聞き、男性が"改了，3点半，推迟了半个小时（変更されて3時半だ、30分遅くなった）"と答えていることから、正しい解答はCとなる。後半の会話も会議に関連してはいるが、こちらは会議の場所について話しており、時間とは関係ないため、無視してよい。

阅　读（読解）

 読解問題は40分間で40問の解答を終えなければならない。1問あたりの解答時間は、第一部分は50秒以内、第二部分は40秒以内、第三部分は約1分15秒とするのが最も望ましい。

 第一部分 計10問。語句を選択し、文あるいは会話を完成させる。この部分で出題される語句は主に名詞、動詞、形容詞など、具体的な意味を持つ"实词"に重点が置かれている。出題の目的は、受験生が常用語の文法上の性質、および文中で置かれるべき位置を把握しているかどうかを調べることである。この部分では、まず問題文と与えられた選択肢に一度しっかり目を通してから、文の欠落部分に入る成分が何であるかをよく考えなければならない。解答にあたっては、文の内容と関連語句の用い方の両方に注意を払う必要がある。

 例えば"模拟试卷1"には、次のような6つの選択肢と一文がある。

  A 大使馆 B 替 C 遵守 D 坚持 E 负责 F 始终
  她每天都（　　）走路上下班，所以身体一直很不错。

 ご覧のとおり、与えられた文の第1節は連動文で、その主語、動詞、目的語といった成分はすべてそろっており、必要なのは"走路上下班（歩いて通勤する）"を修飾する状語であるとわかる。選択肢の"坚持"は「断固として維持、進行する」という意味を表し、"走路上下班"を修飾する。また、後節の"身体一直很不错（体はずっと調子がいい）"と因果関係をなしており、問題の趣旨に合致するため、解答はDとなる。

 別の例を挙げる。

  A 表达 B 以及 C 温度 D 看不起 E 就是 F 说明书
  A：今天真冷啊，好像白天最高（　　）才2℃。
  B：刚才电视里说明天更冷。

文脈から、これは天気に関する会話であり、話し手の"才2℃（たったの2℃）"という発言から、気温の高低を語っているとわかる。また"最高"は名詞成分を修飾する語であるから、名詞"温度"をこの文の主語にすべきであるとわかるため、解答はCとなる。

第二部分　計10問。与えられた内容にもとづき、文を正しい順に並べ替える。この第二部分は、関連語句と文脈を把握できているかどうかが重点的に問われる。内容は基本的には生活に関してで、私たちの日常生活における常識に完全に合致するものとなっている。前後の内容の論理的つながりと関連語句の使われ方に注意すること。

　　例：A　可是今天起晚了
　　　　B　平时我骑自行车上下班
　　　　C　所以就打车来公司

　この問題で並べ替えを行なう際、まずは"平时（普段）"と"今天"という2つの関連語句が、「今日の状況は普段とはやや異なっている」ことを示していることに注意しなければならない。それから"可是（しかし）"という逆接を表す接続詞にもとづいて前後の順序を確定。続いてそのあとの"起晚了（寝坊した）"と最後の句が、内容において関連があるかどうかを考えると、"所以（だから）"が因果関係を表す接続詞であることから、"起晚了"と"打车来公司（タクシーで出勤する）"が因果関係になっているということが容易にわかる。よって正しい順序がＢＡＣであるとすぐに導き出せる。

第三部分　計20問。文を読み、それにもとづいて正しいものを選択する。簡単な語句の分析力と、文章のおおよその意味をまとめる能力が試験のポイントとなるため、普段からできるだけ多くの同義語や類義語を押さえておかなければならない。知らない単語が出てきてもうろたえず、文脈にもとづいて選択肢の判断をすること。

　　例：她很活泼，说话很有趣，总能给我们带来快乐，我们都很喜欢和她在一起。
　　　　★　她是个什么样的人？
　　　　A　幽默　　B　马虎　　C　骄傲　　D　害羞

　一読すれば"说话很有趣（話が面白い）"とは、ある人の話にユーモアがあると言っていることがわかる。その他の選択肢は問題の趣旨に合致していないため、Aが正しい答えであると判断できる。

书 写（記述）

記述は 25 分間で 15 問の解答を終えなければならない。1 問にかける時間は第一部分は 1 分半前後、第二部分は 1 分前後が望ましい。

第一部分 計 10 問。与えられた語句を用いて正しい文に整える。この部分では主に、中国語の基本的な文型および語順が把握できているかどうかが問われる。まずは主語、述語、目的語を確定し、それからほかの成分の位置を確定すること。

例：那座桥　　800 年的　　历史　　有　　了
　　那座桥有 800 年的历史了。（あの橋には 800 年の歴史がある）

与えられた語句から判断できるように、この文は"有＋数量詞＋名詞構造＋了"という文型がわかっているかを問うものである。"那座桥（あの橋）"がこの文の主語で、構造助詞"的"は限定語の標識であるから、"800 年的（800 年の）"は限定語の前に置き、語気助詞"了"は文を終える役割を果たすので最後に置かねばならない。

第二部分 計 5 問。写真を見て、与えられた語句を用いて文を作る。この部分では写真をしっかりと見てポイントをつかみ、そこからくみ取れるプラスの一面を描写し、できるだけバラエティに富んだ言葉を用いて、写真の意図を正確に説明しなければならない。与えられた語句の性質に注意し、5 問すべてに同一の文型を用いないよう気をつけること。その分得点が下がることになる。

例：

乒乓球　　　她很喜欢打乒乓球。
　　　　　　（彼女は卓球をするのが大好きだ）

写真中の少女が卓球の球とラケットを手に持っており、与えられた語句が"乒乓球（卓球）"であることから、"她很喜欢打乒乓球"、"她乒乓球打得很好（彼女は卓球がとてもうまい）"、"她正在打乒乓球（彼女は今、卓球をしているところだ）"などの文を作ることができる。

解答用紙の記入方法

✓あるいは×、解答に対応するアルファベットＡＢＣＤを黒く塗りつぶす。または求められている内容を線上に記述する。

例：　8. [✓] [×]　　　　　　　　21. [A] [B] [C] [D]
　　 56. ＿B＿ ＿A＿ ＿C＿　　　86. ＿那座桥有 800 年的历史了。＿
　　 96. ＿她很喜欢打乒乓球。＿

新汉语水平考试

HSK（四级）模拟试卷 1

注　意

一、HSK（四级）分三部分：

　　1．听力（45 题，约 30 分钟）

　　2．阅读（40 题，40 分钟）

　　3．书写（15 题，25 分钟）

二、**听力结束后，有 5 分钟填写答题卡。**

三、全部考试约 105 分钟（含考生填写个人信息时间 5 分钟）。

一、听 力

第一部分

第1-10题：判断对错。

例如：我想去办个信用卡，今天下午你有时间吗？陪我去一趟银行？

　　★ 他打算下午去银行。　　　　　　　　　　　　　（ ✓ ）

　　现在我很少看电视，其中一个原因是广告太多了，只要你打开电视，不管什么时间，也不管什么节目，总能看到那么多的广告，浪费我的时间。

　　★ 他喜欢看电视广告。　　　　　　　　　　　　　（ × ）

1. ★ 他现在没有好工作。　　　　　　　　　　　　　（　）
2. ★ 收到礼物时，应该问礼物多少钱。　　　　　　　（　）
3. ★ 当得知儿子考上了有名的大学时，老张不想说话。（　）
4. ★ 兰兰去南方玩儿过了。　　　　　　　　　　　　（　）
5. ★ 一个人节约了一滴水。　　　　　　　　　　　　（　）
6. ★ 小李同意参加比赛。　　　　　　　　　　　　　（　）
7. ★ 欣欣知道自己错了。　　　　　　　　　　　　　（　）
8. ★ 我欢迎这个人来做客。　　　　　　　　　　　　（　）
9. ★ 那个女孩儿知道我喜欢她。　　　　　　　　　　（　）
10. ★ 我喜欢听中国歌曲。　　　　　　　　　　　　　（　）

第二部分

第 11-25 题：请选出正确答案。

例如：女：该加油了。去机场的路上有加油站吗？
　　　男：有，你放心吧。
　　　问：男的主要是什么意思？
　　　A 去机场　　B 快到了　　C 油是满的　　D 有加油站 ✓

11. A 商场　　　B 邮局　　　C 电影院　　　D 银行

12. A 没时间　　B 会去的　　C 要出差　　　D 没心情

13. A 医生　　　B 老师　　　C 律师　　　　D 售票员

14. A 跑步　　　B 游泳　　　C 打球　　　　D 吃减肥药

15. A 吃苹果　　B 喝茶　　　C 弹钢琴　　　D 打篮球

16. A 高兴　　　B 生气　　　C 惊讶　　　　D 无奈

17. A 鸡肉　　　B 炒鸡蛋　　C 鸡蛋汤　　　D 炒白菜

18. A 很认真　　B 性格很好　C 没有女朋友　D 会修电脑

19. A 有工作了　　　　　　　B 身体健康
    C 有房子了　　　　　　　D 孩子考上了大学

20. A 这两天　　B 下周　　C 月末　　D 年末

21. A 很同意　　　　　　　　B 睡觉吧
    C 可以实现　　　　　　　D 那是不可能的

22. A 没带钱　　B 这里东西贵　C 想买几本书　D 想吃火锅

23. A 火车上　　B 汽车站　　C 马路上　　D 汽车上

24. A 有时间　　　　　　　　B 取款机坏了
    C 喜欢排队　　　　　　　D 取款机里没钱了

25. A 写完了　　B 差一点儿　　C 没写呢　　D 差很多

第三部分

第26-45题：请选出正确答案。

例如：男：把这个文件复印5份，一会儿拿到会议室发给大家。
　　　女：好的。会议是下午3点吗？
　　　男：改了，3点半，推迟了半个小时。
　　　女：好，602会议室没变吧？
　　　男：对，没变。
　　　问：会议几点开始？
　　　A 两点　　　B 3点　　　C 3:30 ✓　　　D 6点

26. A 20　　　　　B 50　　　　　C 100　　　　　D 1000

27. A 玛丽　　　　B 老师　　　　C 杰西　　　　D 一个美国人

28. A 上网　　　　B 非洲　　　　C 新闻　　　　D 救灾

29. A 很便宜　　　B 位置不错　　C 质量很好　　D 卖没了

30. A 卖家用电器　B 卖服装　　　C 开火车　　　D 开旅行社

31. A 必胜客　　　B 肯德基　　　C 西餐　　　　D 中国小吃

32. A 想休息　　　　　　　　　　B 需要工作到很晚
　　C 应该多运动　　　　　　　　D 想晚上开车

33. A 去买鱼　　　B 去吃鱼　　　C 去看鱼　　　D 去做鱼

34. A 电脑　　　　B 开车　　　　C 外语　　　　D 美容

35. A 责备　　　　B 兴奋　　　　C 高兴　　　　D 很在意

36.　A 老师　　　　B 家长　　　　C 警察　　　　D 医生

37.　A 非常聪明　　B 喜欢乐器　　C 不受重视　　D 让家长担心

38.　A 先敬他们　　　　　　　　 B 自己先喝
　　 C 陪他们聊天儿　　　　　　 D 不要说话

39.　A 数字游戏　　B 不要喝酒　　C 坚持锻炼　　D 喝酒的礼仪

40.　A 很严厉　　　B 不教育　　　C 很宽松　　　D 很无奈

41.　A 不玩儿电脑 B 成绩很不好 C 学习很忙　　D 很自由

42.　A 会议室　　　B 网络上　　　C 朋友聚会时 D 电影院

43.　A 介绍开心网　　　　　　　 B 不要迷恋网络
　　 C 快乐的方法　　　　　　　 D 交朋友的方法

44.　A 换电池　　　B 买新的　　　C 放在水里　　D 擦掉灰尘

45.　A 电话的质量 B 电话的保养 C 远离健康　　D 售后服务

二、阅 读

第一部分

第46-50题：选词填空。

A 大使馆　　B 替　　C 遵守　　D 坚持　　E 负责　　F 始终

例如：她每天都（ D ）走路上下班，所以身体一直很不错。

46．房子的价格（　　）降不下来，我只好等几年再买了。

47．要过年了，（　　）的工作人员邀请我们去参加晚会。

48．王芳对工作很（　　），这个任务你可以放心交给她。

49．别发愁了，看病的钱我已经（　　）你准备好了。

50．有些司机不（　　）交通规则，这也是造成交通拥挤的一个原因。

第51-55题：选词填空。

A 表达 B 以及 C 温度 D 看不起 E 就是 F 说明书

例如：A：今天真冷啊，好像白天最高（ C ）才2℃。
     B：刚才电视里说明天更冷。

51．A：婚礼热闹不？新娘长得怎么样？
    B：还行，新娘长得很漂亮，（　　）矮了点儿。

52．A：这个遥控器怎么用？
    B：看一下盒子里边有没有（　　）。

53．A：你说去哪儿买书比较好？
    B：新华书店不错，那儿词典、课本（　　）各种参考书都有，而且还能保证质量。

54．A：你的汉语进步得真快啊！
    B：可要想自由地用汉语（　　）情感，还需要很长一段时间。

55．A：她对服务员的态度非常不好，总是大喊大叫的。
    B：我最（　　）这种人了，总以为自己很有钱，就不尊重别人。

第二部分

第 56-65 题：排列顺序。

例如：A 可是今天起晚了
　　　B 平时我骑自行车上下班
　　　C 所以就打车来公司　　　　　　　　　　B A C

56. A 如果你想去的话
　　 B 电影院离这儿很远
　　 C 我就开车送你

57. A 却打扫得很干净
　　 B 里面还摆着一张单人床
　　 C 屋子不太大

58. A 李小姐看起来很文静
　　 B 实际上性格特别外向
　　 C 对生活充满了热情

59. A 结果挨了导演的批评
　　 B 由于非常紧张
　　 C 他忘记了台词

60. A 每月的工资也很高
　　 B 小张的工作非常好
　　 C 却经常向父母要钱

61. A 就在合同上签个字
    B 如果你没什么意见
    C 明天就可以搬进来住了 _____

62. A 这大概是品牌的力量吧
    B 产品却一直卖得很好
    C 我们公司从不做广告 _____

63. A 随着生活节奏的加快
    B 因此更要放松心情
    C 人们的压力越来越大 _____

64. A 很多人都喜欢到那儿与朋友见面
    B 甚至把工作带到那里去做
    C 这几年茶馆的生意非常好 _____

65. A 吸烟不仅影响自己的健康
    B 青少年最好不要接触
    C 还会使周围的人不舒服 _____

第三部分

第66-85题：请选出正确答案。

例如：她很活泼，说话很有趣，总能给我们带来快乐，我们都很喜欢和
她在一起。
　　★ 她是个什么样的人？
　　　A 幽默 ✓　　　B 马虎　　　　C 骄傲　　　　D 害羞

66. 现在很多家庭夫妻都工作，不仅没有时间照顾父母，相反，大多数还
要请父母帮忙照顾孩子，每天接送孩子上下学。
　　★ 父母都工作的家庭，孩子大多数：
　　　A 由老人照顾　B 没人照顾　　C 非常辛苦　　D 自己上下学

67. 随着车辆的增加，停车成了一个难题。特别是在休息日，如果你来到
商场附近，就会发现很多人都把车停在了马路的两边。
　　★ 很多车主遇到的问题是：
　　　A 车太多　　　B 路太窄　　　C 停车难　　　D 不能休息

68. 过春节的时候，大人们都要拿着礼物去亲戚、朋友家拜年，孩子们忙
着放鞭炮，吃东西，特别地高兴。
　　★ 人们去拜年要：
　　　A 送礼　　　　B 放鞭炮　　　C 招待客人　　D 吃东西

69. 小时候我很喜欢去奶奶家玩儿，在那儿不仅能吃到新鲜的蔬菜和水果，
还可以跟叔叔一起到河里游泳。
　　★ 说话人小时候很喜欢：
　　　A 游泳　　　　B 种菜　　　　C 去叔叔家　　D 跟奶奶玩儿

70. 小红一谈起文学、历史就非常兴奋,可是一问到物理成绩就不说话了。
    ★ 根据这句话,小红:
    A 聪明　　B 物理成绩差　　C 开朗　　D 不喜欢文学

71. 以前我还觉得小刚的脾气比我好多了,没想到昨天因为一件小事,他竟然去找经理说要辞职。
    ★ 从这句话中我们知道小刚:
    A 脾气不好　　B 辞职了　　C 脾气比我好　　D 喜欢经理

72. 法国留学生乔尼来中国快半年了,他觉得课程太少,生活很单调,希望学校能增加文化课来丰富业余生活。
    ★ 乔尼在中国的生活:
    A 很快乐　　B 不适应　　C 比较单调　　D 很丰富

73. 与人打交道的时候,我们要多看别人的优点,少看别人的缺点,多学习别人的长处,改正自己的不足。
    ★ 根据这段话,和别人交往要:
    A 自信　　B 看别人的长处　　C 看别人的缺点　　D 诚实

74. 社会竞争越来越激烈,"找工作难"已经成为一种普遍现象,这给大学生们带来了很大的压力。
    ★ 找工作难是因为:
    A 能力不够　　B 没有压力　　C 工资太低　　D 竞争激烈

75. 原来去"小满火锅店"吃饭的人特别多,如果不预定位置,就要排长队等待。现在,这样的情况已经没有了。
    ★ 原来的"小满火锅店":
    A 着火了　　B 环境好　　C 生意好　　D 管理差

76. 一个人有理想，那么他就会知道自己努力的方向。相反，没有理想的人，往往不清楚自己想要什么，更不知道怎样安排自己的生活。
    ★ 有理想的人知道：
       A 快乐地生活   B 努力的方向   C 怎样与人交流   D 尊重别人

77. 一些居民反映，冬天他们室内的温度达不到18℃，一般都在13℃左右。房子很贵，取暖费用也按时交，可为什么暖气就是不热呢？
    ★ 根据这段话，可以知道：
       A 房子便宜   B 没交取暖费   C 室内温度低   D 没有暖气

78. 现在越来越多的明星开始做善事。据报道，今年的117个慈善家中就有10位是明星，而且捐出的钱都在100万元以上。
    ★ 越来越多的明星：
       A 不挣钱了   B 不再拍电影了   C 喜欢做善事   D 开公司了

79. 世界各地拥有无数海洋风景地。在那里，你可以欣赏美丽的景色，可以到海边去游泳，也可以到海底去感受另一个世界的美景。
    ★ 根据这句话，海洋风景地：
       A 可以游泳   B 要买门票   C 游人很少   D 看不见鱼

80-81.
做一个懂得感恩的人吧！如果你懂得感谢别人，你就能拥有快乐与幸福，并让爱你的人感到幸福。这样你就能成为一个受欢迎的人，机会就愿意与你交朋友，当然你就会收获成功。
    ★ 根据这段话，懂得感恩可以：
       A 解决问题   B 拥有幸福   C 习惯生活   D 远离寂寞
    ★ 这段话主要想告诉我们要：
       A 多交朋友   B 有好心情   C 充满热情   D 知道感恩

82-83.

为了使留学生汉语课堂的内容更加丰富,学校组织学生去民族文化村参观。那天学生们不仅看到了剪纸、刺绣和陶瓷展览,还亲自动手学习制作,场面非常热烈。回来以后,他们都说,这次活动太有意义了,除了参观、学习,还能了解那里的风土人情。

★ 学生觉得这次活动怎么样?
  A 很有意义　　B 很单调　　C 很一般　　D 很无聊
★ 这段话主要介绍的是什么?
  A 民族文化村　　　　　　B 学生们的爱好
  C 一次课外活动　　　　　D 一次展览

84-85.

一次性筷子在生活中使用得很普遍,尤其是在饭店、大排档用得最多。不过科学家认为这是非常浪费的,因为一次性筷子主要是用木材制作的,大量使用将会破坏大片森林,如果一直这样用下去,地球上将不会再有森林,环境也会因此而变得更加糟糕。

★ 这段话主要想告诉我们:
  A 环境越来越糟糕　　　　B 少用一次性筷子
  C 森林被破坏了　　　　　D 要多用木材
★ 根据这段话,现在饭店、大排档普遍使用:
  A 一次性木筷子　B 不锈钢筷子　C 塑料筷子　D 竹筷子

三、书 写

第一部分

第86-95题：完成句子。

例如：那座桥   800年的   历史   有   了
　　　那座桥有800年的历史了。

86. 对   健康   有   运动   好处

87. 从来   他   来   北京   过   没有

88. 门   呢   办公室   关   的   着

89. 这场   观众   比赛   了   吸引   很多

90. 作业   把   写完   去   再   打球

91. 一张   墙上   着   成绩单   贴

92. 汉语   麦克   说   很   流利   得

93. 他   一天   迟到   不   的   没有

94. 走   照相机   李力   借   叫   了

95. 颜色   一点儿   的   帽子   这顶   深了

第二部分

第96-100题：看图，用词造句。

例如:  乒乓球　　她很喜欢打乒乓球。

96.  晚会　　97.  漂亮

98.  加油　　99.  尝

100.  手机

新汉语水平考试

HSK（四级）模拟试卷 2

注　意

一、HSK（四级）分三部分：

1. 听力（45题，约30分钟）
2. 阅读（40题，40分钟）
3. 书写（15题，25分钟）

二、**听力结束后，有5分钟填写答题卡。**

三、全部考试约105分钟（含考生填写个人信息时间5分钟）。

一、听 力

第一部分

第 1-10 题：判断对错。

例如：我想去办个信用卡，今天下午你有时间吗？陪我去一趟银行？

　　★ 他打算下午去银行。　　　　　　　　　　　　（ ✓ ）

　　现在我很少看电视，其中一个原因是广告太多了，只要你打开电视，不管什么时间，也不管什么节目，总能看到那么多的广告，浪费我的时间。

　　★ 他喜欢看电视广告。　　　　　　　　　　　　（ × ）

1. ★ 我原来就认识小李。　　　　　　　　　　　　（　）

2. ★ 早上的空气一定不好。　　　　　　　　　　　（　）

3. ★ 他早就知道会出现这种情况。　　　　　　　　（　）

4. ★ 王师傅的鱼做得很好吃。　　　　　　　　　　（　）

5. ★ 我们班的同学都喜欢唱歌。　　　　　　　　　（　）

6. ★ 他记得台词。　　　　　　　　　　　　　　　（　）

7. ★ 他的衣服都湿了。　　　　　　　　　　　　　（　）

8. ★ 送客人时应该先站起来。　　　　　　　　　　（　）

9. ★ 小刘很小气。　　　　　　　　　　　　　　　（　）

10. ★ 他在买衣服。　　　　　　　　　　　　　　　（　）

第二部分

第 11-25 题：请选出正确答案。

例如：女：该加油了。去机场的路上有加油站吗？
　　　男：有，你放心吧。
　　　问：男的主要是什么意思？
　　　　A 去机场　　　B 快到了　　　C 油是满的　　　D 有加油站 ✓

11.　A 同事　　　　B 恋人　　　　C 姐弟　　　　D 朋友

12.　A 别出去了　　B 应该去工作　C 一年后再去　D 应该去留学

13.　A 记者　　　　B 导游　　　　C 演员　　　　D 作家

14.　A 没有作业本　B 没写完作业　C 不喜欢学习　D 作业本丢了

15.　A 旅行　　　　B 减肥　　　　C 理发　　　　D 学习

16.　A 都卖完了　　B 卖得不好　　C 还有很多　　D 太贵了

17.　A 取钱　　　　B 存钱　　　　C 睡觉　　　　D 买卡

18.　A 想睡觉　　　B 眼睛难受　　C 昨天哭了　　D 生病了

19. A 是老师　　　B 要请客　　　C 很有钱　　　D 会抽烟

20. A 骄傲　　　　B 认真　　　　C 热情　　　　D 不高兴

21. A 运动有好处　B 晚上运动好　C 天气很好　　D 爬山有好处

22. A 很想哭　　　B 看过了　　　C 很想看　　　D 不想看

23. A 很好喝　　　B 不好喝　　　C 马上去买　　D 她会做

24. A 开车去学校　　　　　　　　B 哪个都行
    C 明年再商量　　　　　　　　D 选择离家近的学校

25. A 宾馆　　　　B 家里　　　　C 饭馆　　　　D 超市

第三部分

第 26-45 题：请选出正确答案。

例如：男：把这个文件复印 5 份，一会儿拿到会议室发给大家。
　　　女：好的。会议是下午 3 点吗？
　　　男：改了，3 点半，推迟了半个小时。
　　　女：好，602 会议室没变吧？
　　　男：对，没变。
　　　问：会议几点开始？
　　　A 两点　　　　B 3 点　　　　C 3：30 ✓　　　D 6 点

26. A 很得意　　B 很失望　　C 很惊讶　　D 很冷静

27. A 51 分　　　B 60 分　　　C 61 分　　　D 59 分

28. A 办公室　　B 电影院　　C 操场　　　D 医务室

29. A 快餐店　　B 歌厅　　　C 医院里　　D 会议室

30. A 手机　　　B 电脑　　　C 小提琴　　D 麦克风

31. A 一般　　　B 好吃　　　C 太辣　　　D 太甜

32. A 男的　　　B 女的　　　C 男的的爸爸　D 女的的爸爸

33. A 很轻松　　B 有时候很忙　C 常出差　　D 常去郊游

34. A 孩子的视力　B 孩子的学习　C 电脑坏了　D 孩子的心情

35. A 买光盘　　B 办签证　　C 打网球　　D 买茶叶

36. A 打印文件　　B 学习知识　　C 方便请假　　D 翻译文章

37. A 电脑有害　　　　　　　　B 做人要谦虚
    C 要懂得平衡　　　　　　　D 客观地认识网络

38. A 听鸟儿叫　　B 买小汽车　　C 学习游泳　　D 骑自行车

39. A 很新鲜　　　B 很熟悉　　　C 没意思　　　D 不干净

40. A 父母　　　　B 领导　　　　C 她自己　　　D 她的老师

41. A 后悔　　　　B 轻松　　　　C 激动　　　　D 失望

42. A 南方　　　　B 北方　　　　C 东部　　　　D 西部

43. A 苹果　　　　B 葡萄　　　　C 香蕉　　　　D 草莓

44. A 很温柔　　　B 有学问　　　C 住院了　　　D 搬家了

45. A 对手　　　　B 邻居　　　　C 朋友　　　　D 同事

二、阅 读

第一部分

第46-50题：选词填空。

A 果然　　B 挑　　C 态度　　D 尽快　　E 还是　　F 坚持

例如：她每天都（F）走路上下班，所以身体一直很不错。

46．晚上10点以后最好不要给朋友打电话，即使非打不可，也要（　　）把话说完。

47．和我们想的一样，第二天他（　　）没有来上学。

48．虽然他身边有很多漂亮女孩儿，可是要（　　）一个做女朋友却不容易。

49．我经常去那家理发店弄头发，那儿的服务（　　）好，价钱也合理。

50．你想喝热咖啡、鲜牛奶（　　）果汁？我这儿什么都有，不用客气。

第51-55题：选词填空。

　　　A 愿意　B 弄　C 不得不　D 温度　E 上　F 了不起

例如：A：今天真冷啊，好像白天最高（ D ）才2℃。
　　　B：刚才电视里说明天更冷。

51. A：我（　）到了两张明天的球票，你想不想去？
　　B：那还用说。

52. A：这儿太美了，简直就像画儿一样！
　　B：是啊，我都不（　）离开了。要是能在这儿生活，那该有多好啊！

53. A：麦克太（　）了，竟然能说五种语言。
　　B：是啊，听说他父母都是研究语言的教授。

54. A：如果你在生活（　）遇到了什么困难，尽管来找我好了。
　　B：太谢谢你了，有你这样的朋友我真幸运。

55. A：听说李克的爸爸住院了，好像病得很厉害。
　　B：是啊，所以他（　）回国了。

第二部分

第 56-65 题：排列顺序。

例如：A 可是今天起晚了
　　　B 平时我骑自行车上下班
　　　C 所以就打车来公司　　　　　　　　　　B A C

56. A 烤鸭不仅味道香
　　B 它有着 160 多年的历史
　　C 而且营养丰富，有助于美容

57. A 不管你愿意不愿意
　　B 我们生活在社会中
　　C 总要和各种各样的人打交道

58. A 据统计，人口最多的是河南省
　　B 中国有 23 个省
　　C 青海省的人口则是最少的

59. A 原来他记错了时间
　　B 一个多小时后
　　C 我在公园门口等到了他

60. A 这几年，城市的交通有了很大的改善
　　B 而且空气也越来越不好
　　C 但是上下班的时候还是常常堵车

61. A 给我留下了很深的印象
    B 面试的时候表现得非常出色
    C 就是那个大学生   _____

62. A 他每天都送她一百朵玫瑰
    B 为了赢得那个女孩儿的欢心
    C 终于感动了那个女孩儿   _____

63. A 那不过是一把小刀
    B 但不能用来切大块的肉
    C 虽然可以切水果   _____

64. A 就一定能解决它
    B 只要我们一起努力
    C 问题并没有大家想象的那么难   _____

65. A 山茶花原产于喜玛拉雅山一带
    B 后来传到欧美，成为世界有名的花卉之一
    C 除了中国，日本、朝鲜半岛也有   _____

第三部分

第66-85题：请选出正确答案。

例如：她很活泼，说话很有趣，总能给我们带来快乐，我们都很喜欢和她在一起。
　　★ 她是个什么样的人？
　　A 幽默 ✓　　　B 马虎　　　C 骄傲　　　D 害羞

66. 聪明的人不怕失败，不管遇到多大的困难，他们都敢于面对，因为即使失败，也会让他们学到很多东西。
　　★ 聪明的人会怎样？
　　A 交很多朋友　　B 常遇到困难　　C 不要失败　　D 不怕困难

67. 好多人喜欢去大商场购物，这并不是因为他们有钱，而是因为商场里的东西可以保证质量，还可以退换，所以顾客很放心。
　　★ 顾客为什么喜欢去商场购物？
　　A 他们有钱　　B 样式好　　C 态度好　　D 质量好

68. 他整天开车在外边跑，虽然挣得很多，家里的生活也比过去好多了，但我和孩子没有一天不担心他的。
　　★ 根据这段话，我和他是：
　　A 夫妻　　　B 亲戚　　　C 朋友　　　D 恋人

69. 我喜欢冬天的雪，是因为它把这个世界打扮得漂漂亮亮的。可今年的冬天雪却很少，只剩下并不清新的空气和灰色的天空，让我感到很难过。
　　★ 让我感到难过的是：
　　A 雪不太多　　　　　　　B 空气不新鲜
　　C 天空不是灰色　　　　　D 冬天不漂亮

70. 走在路上，遇见认识的人应该主动打招呼，有时也可点头表示友好，而遇到熟悉的朋友，除了问候外，还可以问问对方家人的情况。
    ★ 这段话是介绍：
    A 交友方法　　B 要有礼貌　　C 问候方式　　D 朋友感情

71. 乘坐公交车时，应排队等候，不要挤在车行道上，更不能站在道路中间。
    ★ 等车时应该：
    A 先集合　　B 挤在一起　　C 按顺序排队　　D 不遵守秩序

72. 《VOGUE》出现于1892年，它的读者主要是都市时尚女性，内容包括时装、化妆、美容、健康、娱乐和艺术等各个方面，是一本综合性时尚生活杂志。
    ★ 《VOGUE》：
    A 很时髦　　B 男人爱看　　C 出版很早　　D 是时尚杂志

73. 这套房子很宽敞，还有热水器、电冰箱，位置也不错，可是冬天的时候，暖气烧得不好，所以我决定不再租了。
    ★ 我不租这所房子是因为：
    A 暖气不热　　B 没有暖气　　C 房租太贵　　D 没有冰箱

74. 明星看起来很让人羡慕，可是他们也会面临很多问题，比如爱情、婚姻、事业的不顺利，假新闻带来的误会等等，所以很多明星都去看心理医生。
    ★ 根据这段话可以知道明星：
    A 婚姻稳定　　B 挣钱很多　　C 压力很大　　D 想当心理医生

75. 随着生活水平的提高，人们越来越重视精神生活，追求浪漫，所以看电影的人多了起来。虽然电影票越来越贵，但这并没有减少人们看电影的热情。
    ★ 人们为什么喜欢看电影？
    A 内容丰富　　B 票价不贵　　C 追求浪漫　　D 导演很棒

76. 业余爱好不仅让你更好地与人交往，还可以让你发现自己其他方面的能力。例如，踢足球既可以表现你运动方面的能力，又可以培养你的合作精神。

   ★ 这段话主要在谈：
   A 生活习惯　　B 业余爱好　　C 朋友友情　　D 环境保护

77. 以前我们去外地开会的时候，要带很多打印的文件，又厚又重，很不方便。现在，有了笔记本电脑，文件可以存在里面，减少了人们出行的麻烦。

   ★ 现在去开会：
   A 不用文件　　B 程序复杂　　C 轻松方便　　D 必须用电脑

78. 一个孝顺父母的人，一定值得别人尊重。一个连自己的父母都不尊敬的人，又怎么能真正地对别人好呢？

   ★ 孝顺父母的人：
   A 更有名　　B 很幽默　　C 勇敢坚强　　D 值得尊重

79. 在中国，北方人除夕夜习惯吃饺子，南方人习惯吃年糕，而且不管是吃饺子还是吃年糕，都要等到半夜12点放过鞭炮后才开始吃。

   ★ 根据这段话，除夕夜吃饺子或吃年糕前要：
   A 包饺子　　B 放鞭炮　　C 做年糕　　D 点蜡烛

80-81.

   现在有很多父母让自己的孩子参加各种各样的辅导班，它们占用了孩子大量的业余时间，孩子失去了很多自由，觉得很累。我认为家长应该给孩子一个健康、快乐、没有压力的环境，让他们自由地成长，让他们因为快乐而喜欢学习，这样才对他们的学习有好处。

   ★ 孩子的业余时间都在做什么？
   A 参加比赛　　B 上辅导班　　C 高兴地玩儿　　D 和父母在一起
   ★ 什么对孩子的学习有好处？
   A 要有压力　　　　　　B 课外辅导
   C 健康快乐的环境　　　D 快点儿长高

82-83.

新年快要到了,小兔子打算送给熊猫一件礼物,它想来想去,最后带着数码相机来到熊猫的家里,准备为熊猫拍一张彩色照片,可是却发现相机没电了,充电器也找不到了。熊猫这时也在为小兔子准备礼物,它织了一顶紫色的帽子,但是忘了小兔子长着两只长长的耳朵,结果织小了,小兔子戴不上。

★ 小兔子准备为熊猫做什么?
A 讲笑话　　B 剪头发　　C 拍照片　　D 买充电器
★ 熊猫准备的礼物怎么样?
A 太小了　　B 忘带了　　C 太大了　　D 颜色不好

84-85.

地球最南和最北的两个地方,分别叫南极和北极。与其他地方不同的是,它们常年都有冰雪。就算在一年中最热的时候,南极和北极依然非常寒冷,这是南北两极共有的特征。但这些年来,由于地球的环境越来越糟糕,南极和北极也开始变热了。

★ 以前其他地方最热的时候,南极和北极:
A 很糟糕　　B 已经很暖　　C 仍然很冷　　D 冰雪融化
★ 关于南北两极,可以知道:
A 北极更冷　　B 开始变热　　C 到处是田野　　D 空气很湿润

三、书写

第一部分

第86-95题：完成句子。

例如：那座桥　　800年的　　历史　　有　　了
　　　那座桥有800年的历史了。

86. 很　　费用　　高　　治疗　　这项

87. 洗脸　　经常　　香皂　　用　　他

88. 手表　　块　　设计　　得　　这　　怎么样

89. 汽车　　停　　院子　　一辆　　着　　里

90. 消息　　不要　　这个　　告诉　　把　　别人

91. 快点儿　　经理　　我　　交　　让　　计划书

92. 怎么　　不　　呢　　我　　来　　能

93. 呢　　里　　玛丽　　教室　　上课　　在

94. 桌子　　了　　学生们　　搬走　　被

95. 著名　　世界　　是　　古城　　的　　北京

第二部分

第 96-100 题：看图，用词造句。

例如： 　乒乓球　　她很喜欢打乒乓球。

96.  辣

97.  速度

98.  讨论

99.  新鲜

100.  送

新汉语水平考试

HSK（四级）模拟试卷 *3*

注　意

一、HSK（四级）分三部分：

　　1. 听力（45题，约30分钟）

　　2. 阅读（40题，40分钟）

　　3. 书写（15题，25分钟）

二、**听力结束后，有5分钟填写答题卡。**

三、全部考试约105分钟（含考生填写个人信息时间5分钟）。

一、听 力

第一部分

第1-10题：判断对错。

例如：我想去办个信用卡，今天下午你有时间吗？陪我去一趟银行？

　　★ 他打算下午去银行。　　　　　　　　　　（ ✓ ）

　　现在我很少看电视，其中一个原因是广告太多了，只要你打开电视，不管什么时间，也不管什么节目，总能看到那么多的广告，浪费我的时间。

　　★ 他喜欢看电视广告。　　　　　　　　　　（ × ）

1. ★ 小高还没有来。　　　　　　　　　　　　（　）
2. ★ 他得到了这次机会。　　　　　　　　　　（　）
3. ★ 我们平时没有练习。　　　　　　　　　　（　）
4. ★ 现在打车不容易。　　　　　　　　　　　（　）
5. ★ 我不同意吃减肥药。　　　　　　　　　　（　）
6. ★ 他没有房子住。　　　　　　　　　　　　（　）
7. ★ 心情不好时应该喝牛奶。　　　　　　　　（　）
8. ★ 我正在读研究生。　　　　　　　　　　　（　）
9. ★ 出差时一定要带地图。　　　　　　　　　（　）
10. ★ 现在的手机可以上网。　　　　　　　　　（　）

第二部分

第11-25题：请选出正确答案。

例如：女：该加油了。去机场的路上有加油站吗？
　　　男：有，你放心吧。
　　　问：男的主要是什么意思？
　　　　A 去机场　　　B 快到了　　　C 油是满的　　　D 有加油站 ✓

11. A 不想看　　　B 马上看　　　C 一会儿再看　　D 有意见

12. A 买车　　　　B 交通　　　　C 环境保护　　　D 城市卫生

13. A 退房　　　　B 买车票　　　C 去吃饭　　　　D 预订房间

14. A 商场　　　　B 旅游公司　　C 饭店　　　　　D 学校

15. A 麦克马上来　B 麦克生病了　C 麦克出去了　　D 麦克在睡觉

16. A 幸福　　　　B 快乐　　　　C 有钱　　　　　D 有朋友

17. A 很甜　　　　B 很酸　　　　C 很淡　　　　　D 很辣

18. A 网球　　　　B 篮球　　　　C 羽毛球　　　　D 乒乓球

19. A 失恋了　　　B 出国了　　　C 高兴了　　　D 感动了

20. A 喝酒　　　　B 比赛　　　　C 开晚会　　　D 看电视

21. A 兴奋　　　　B 支持　　　　C 不满意　　　D 担心

22. A 500元　　　 B 560元　　　 C 650元　　　 D 1150元

23. A 作家　　　　B 演员　　　　C 主持人　　　D 记者

24. A 电脑坏了　　B 密码错了　　C 女的不会用　D 男的不帮忙

25. A 他没事儿　　B 喜欢在家　　C 不喜欢逛街　D 想去逛街

第三部分

第 26-45 题：请选出正确答案。

例如：男：把这个文件复印 5 份，一会儿拿到会议室发给大家。
　　　女：好的。会议是下午 3 点吗？
　　　男：改了，3 点半，推迟了半个小时。
　　　女：好，602 会议室没变吧？
　　　男：对，没变。
　　　问：会议几点开始？
　　　A 两点　　　　　B 3 点　　　　　C 3：30 ✓　　　D 6 点

26. A 医院　　　　　B 药店　　　　　C 家里　　　　　D 学校

27. A 擦车　　　　　B 修车　　　　　C 擦地　　　　　D 擦玻璃

28. A 完全坏了　　　B 是新的　　　　C 有病毒　　　　D 太旧了

29. A 今天是情人节　　　　　　　　B 女的在吃饭
　　C 男的在看电影　　　　　　　　D 明天男的有安排

30. A 5400　　　　　B 4500　　　　　C 4000　　　　　D 2800

31. A 篮球　　　　　B 足球　　　　　C 网球　　　　　D 游泳

32. A 打扫厨房　　　B 打扫客厅　　　C 打扫卫生间　　D 擦书架

33. A 10：20　　　　B 13：15　　　　C 15：10　　　　D 15：40

34. A 下雨了　　　　B 男的有伞　　　C 女的没带伞　　D 办公室里有伞

35. A 换钱　　　　　B 买东西　　　　C 填表格　　　　D 报名

36.	A 出差	B 买车票	C 坐火车	D 坐地铁
37.	A 太麻烦	B 影响上车	C 可以先上车	D 节省时间
38.	A 速度快	B 太旧了	C 坏了	D 效率低
39.	A 不高兴	B 很生气	C 很满意	D 不感兴趣
40.	A 导演	B 歌手	C 演员	D 记者
41.	A 得到了钱　　　　　B 看了很多电影
	C 拿了奖　　　　　　D 样子变了
42.	A 药	B 植物	C 小吃	D 化妆品
43.	A 咸的	B 辣的	C 又酸又甜	D 又酸又辣
44.	A 条件不好	B 吃的不卫生	C 非常累	D 缺少锻炼
45.	A 要尊重老人	B 要爱护身体	C 友谊很重要	D 要有责任感

二、阅 读

第一部分

第46-50题：选词填空。

A 抽　　B 邀请　　C 到处　　D 下来　　E 坚持　　F 方便

例如：她每天都（ E ）走路上下班，所以身体一直很不错。

46．美国总统奥巴马应中国国家主席胡锦涛的（　　）来华进行国事访问。

47．我家虽然离市中心比较远，但是交通很（　　）。

48．房间里有空调，比较热，把大衣脱（　　）吧。

49．高阳从书架上（　　）出一本书看了看，觉得没意思，又放了回去。

50．我（　　）都找遍了，也没有发现那张邮票。

第51-55题：选词填空。

A 答案　B 温度　C 决定　D 可不是　E 靠　F 大概

例如：A：今天真冷啊，好像白天最高（ B ）才2℃。
　　　B：刚才电视里说明天更冷。

51．A：李师傅，您看我这套房子要装修的话，（　　）需要多少钱？
　　　B：这么大的面积，至少也得三四万。

52．A：你说我应不应该去他家啊？
　　　B：这是你自己的事儿，你自己（　　）。

53．A：老师，这道题选择C对吗？
　　　B：不对，正确（　　）是D。

54．A：你是不是把对联贴反了？
　　　B：哎呀，（　　）嘛，上联应该在右边，我贴到左边墙上了。

55．A：这个孩子的亲人都在地震中去世了，现在只剩下她一个人。
　　　B：太可怜了，真不知道以后她要（　　）什么生活。

第二部分

第 56-65 题：排列顺序。

例如：A 可是今天起晚了
　　　B 平时我骑自行车上下班
　　　C 所以就打车来公司　　　　　　　　　　　BAC

56. A 只好又回家来取
　　 B 可是因为着急，忘带钱了
　　 C 我去超市买方便面

57. A 现在节日礼物越送越贵重
　　 B 有的学生每年要花上百元买贺年卡
　　 C 连校园里也不例外

58. A 要先托运行李
　　 B 登机前
　　 C 然后再领登机牌

59. A 更容易生病
　　 B 我从小身体就不好
　　 C 遇上这样的天气

60. A 据有关资料统计
　　 B 这绝对不是一个小数目
　　 C 在北京，学校用水占全部城市用水的 13%

61. A 我每周给小鱼换一次水
    B 那个时候小鱼总是很听话
    C 有时还搅动水给它增加氧气   _____

62. A 出现了大批优秀演员
    B 京剧形成以来
    C 同时也形成了很多流派   _____

63. A 无论是在家里
    B 还是在公共场所
    C 老年人都应该受到尊敬   _____

64. A 当一个歌手是她的梦想
    B 却还是没能实现这个愿望
    C 可是尽管她付出了很多努力   _____

65. A 虽然我们喜欢传统旗袍
    B 他们又设计出了有欧洲风格的旗袍
    C 但是设计师们更愿意创新   _____

第三部分

第 66-85 题：请选出正确答案。

例如：她很活泼，说话很有趣，总能给我们带来快乐，我们都很喜欢和她在一起。

　★ 她是个什么样的人？
　A 幽默 ✓　　　B 马虎　　　C 骄傲　　　D 害羞

66. 爱好会带你敲开成功的大门，当你因为爱好去做一件事情的时候，就会充满兴趣，精神愉快。

　★ 你非常愉快地去做一件事，是因为：
　A 想成功　　　B 爱好它　　　C 很自信　　　D 没兴趣

67. 年糕不但味道香甜可口，而且营养丰富，还具有健身祛病的作用，不过年糕含水分少，不容易消化。

　★ 根据这段话，可以知道年糕：
　A 不好吃　　　　　　　B 不容易消化
　C 没有营养　　　　　　D 吃了容易生病

68. 堆雪人是北方的孩子才能玩儿到的一种游戏，除了堆雪人，孩子们还可以打雪仗，所以冬天的时候，孩子们特别喜欢下雪。

　★ 打雪仗是：
　A 一种食品　　　B 一种中药　　　C 一种游戏　　　D 一种动物

69. 最近的一次调查表明，年轻人可去的文化、娱乐场所太少了。除了卡拉OK、网吧，就只有电影院了。而由于票价太贵，很多情侣也不能经常去，群众对此非常不满意。

　　★ 群众不满意的是：
　　A 票价很贵　　　　　　　B 娱乐场所太少
　　C 电影院不好　　　　　　D 卡拉OK太少

70. 珍珠奶茶不仅在口味上讲究，而且还很注重颜色，因此最能吸引年轻的消费者。

　　★ 根据这句话可以知道珍珠奶茶：
　　A 不好喝　　B 颜色重　　C 比较贵　　D 年轻人喜欢

71. 很多人吃饭以后喜欢马上吃水果，其实这样做对身体并不好，正确的做法是在饭后两小时或饭前1小时吃水果。

　　★ 吃水果的正确时间是：
　　A 任何时间　　B 饭前1小时　　C 吃饭以前　　D 饭后1小时

72. 我非常喜欢我的学生，他们每个人都很可爱，我很高兴能跟他们在一起，并且看着他们一天天地长大。

　　★ 我的职业是什么？
　　A 教师　　　　B 学生　　　　C 演员　　　　D 作家

73. 大熊猫头大而圆，身体肥胖，尾巴很短，眼睛周围及四肢都是黑色，其余部分为白色。

　　★ 这句话介绍的是大熊猫的：
　　A 食物　　　　B 生活环境　　C 样子　　　　D 活动范围

74. 一个工作能力很强的领导会让大家尊敬，但是一个性格很和善的领导往往更受员工喜爱。

　　★ 性格好的领导怎么样？
　　A 令大家尊敬　　B 员工喜欢　　C 工作能力强　　D 大家讨厌

75. 新鲜的豆浆作为日常健康饮品，有较高的营养价值，对身体很有好处，但一定要注意不要空着肚子喝豆浆。
    ★ 根据这段话可以知道：
    A 要少喝豆浆　　　　　　　B 豆浆对身体好
    C 豆浆很贵　　　　　　　　D 要空腹喝豆浆

76. 周六我和赵先生约好去打高尔夫球，本来想早点儿，可是路上堵车了，到球场时，赵先生已经在那里等我了。
    ★ 根据这段话，我：
    A 遇到了堵车　　B 没打球　　C 走丢了　　D 搬家了

77. 不要把社会上流行的事当成是自己感兴趣的事，虽然很多人喜欢，但它不一定适合你，所以你要仔细地考虑后，再决定是不是要去做。
    ★ 流行的事：
    A 你感兴趣　　B 很多人喜欢　　C 一定要去做　　D 非常有意思

78. 我们在与别人的交往时，要注意一些礼节。比如，在谈话时，不要谈疾病等不愉快的事情，不要询问女士年龄及是否结婚等。
    ★ 与别人谈话时可以谈什么内容？
    A 天气　　　　B 疾病　　　　C 不愉快的事　　D 女士的年龄

79. 放弃是一种清醒的选择。只有学会放弃那些应该放弃的东西或事情，才会让自己轻松起来；也只有学会放弃，才能远离烦恼，让生活更加美好。
    ★ 根据这段话，怎样才能让生活更美好？
    A 学会选择　　　B 学会放弃　　C 学会沟通　　D 学会理解

80-81.

　　森林里准备举行才艺比赛。比赛前的三个星期，兔子发现自己胖了，就不断地减肥。比赛当天，猴子顺利地打完了太极拳；小鸟唱出了好听的歌曲；最后是兔子的表演，大家都很期待，没想到她跳了不久就摔在地上晕倒了。原来兔子由于减肥过度，导致营养缺乏，需要送医院治疗。本来兔子最有希望得到冠军，可现在冠军给了小鸟。

　　★ 兔子为什么晕倒了？
　　　A 太累了　　　B 害怕　　　C 兴奋过度　　　D 营养不良
　　★ 谁最后取得了冠军？
　　　A 猴子　　　B 小狗　　　C 小鸟　　　D 兔子

82-83.

　　要想让别人尽快与自己从陌生走向熟悉，最后成为朋友，你就要先表现出友好，因为主动的人总是比被动的人容易得到朋友。不要害怕行动，要知道，对方的心理和你一样，也希望得到友谊而又感到有些不好意思。所以如果你首先积极主动地伸出友谊之手，你就已经成功了一半了。

　　★ 这段话讨论的主要内容是什么？
　　　A 交友　　　B 爱情　　　C 态度　　　D 生活
　　★ 如果你要交朋友，最好怎么做？
　　　A 常打招呼　　　　　　B 被动等待
　　　C 希望得到　　　　　　D 主动表示友好

84-85.

　　要想选择好未来的职业，上大学之前就应该作好准备。这时候如果能知道自己的真正兴趣，并且在进入大学时选择与此相关的专业，那么在四年的学习期间你就会不断地丰富有关的知识，到大学毕业时，就能够与别人拉开很大一段距离了。

　　★ 选择职业的前期准备应在什么时候开始？
　　　A 大学毕业时　　　　　　B 进入大学前
　　　C 开始工作后　　　　　　D 大学快毕业时
　　★ 如果准备阶段不断丰富自己的知识，毕业时就会：
　　　A 找到工作　　　　　　B 吸取教训
　　　C 超过别人　　　　　　D 对工作有兴趣

三、书写

第一部分

第86-95题：完成句子。

例如：那座桥　800年的　历史　有　了
　　　那座桥有800年的历史了。

86. 这　一遍　课文　读　把　篇

87. 人　会议室　出来　一个　里　走

88. 是　丢　了　钥匙　谁

89. 去　买　他　生日　想　商店　礼物

90. 哥哥　三　比　岁　大　弟弟

91. 了　比赛　出来　吗　结果

92. 让　这　人　种　生活　向往

93. 派　公司　考察　上海　我　去

94. 约翰　了　老师　批评　被

95. 不　他　体育　喜欢　运动

第二部分

第 96-100 题：看图，用词造句。

例如： 　乒乓球　　她很喜欢打乒乓球。

96. 　干净

97. 　茶

98. 　喜欢

99. 　快

100. 　参观

新汉语水平考试

HSK（四级）模拟试卷 4

注　意

一、HSK（四级）分三部分：

　　1．听力（45题，约30分钟）

　　2．阅读（40题，40分钟）

　　3．书写（15题，25分钟）

二、**听力结束后，有5分钟填写答题卡。**

三、全部考试约105分钟（含考生填写个人信息时间5分钟）。

一、听 力

第一部分

第 1-10 题：判断对错。

例如：我想去办个信用卡，今天下午你有时间吗？陪我去一趟银行？

★ 他打算下午去银行。 (✓)

现在我很少看电视，其中一个原因是广告太多了，只要你打开电视，不管什么时间，也不管什么节目，总能看到那么多的广告，浪费我的时间。

★ 他喜欢看电视广告。 (×)

1. ★ 我现在是导游。 ( )

2. ★ 我妈妈是卖水果的。 ( )

3. ★ 我每天都给她发短信。 ( )

4. ★ 我只买便宜的东西。 ( )

5. ★ 这首曲子不会让人紧张。 ( )

6. ★ 我们要表扬所有的司机师傅。 ( )

7. ★ 应该先打电话再去朋友家。 ( )

8. ★ 我常常上网。 ( )

9. ★ 他们大学同学每年都聚会。 ( )

10. ★ 我不想要生日礼物。 ( )

第二部分

第 11-25 题：请选出正确答案。

例如：女：该加油了。去机场的路上有加油站吗？
　　　男：有，你放心吧。
　　　问：男的主要是什么意思？
　　　A 去机场　　　B 快到了　　　C 油是满的　　　D 有加油站 ✓

11.　A 病了　　　　B 忘了　　　　C 没复习　　　　D 没起床

12.　A 奇怪　　　　B 高兴　　　　C 埋怨　　　　　D 担心

13.　A 285 元　　　B 250 元　　　C 350 元　　　　D 400 元

14.　A 音乐不好听　B 女的声音大　C 女的很高兴　　D 男的不满意

15.　A 两年　　　　B 10 年　　　 C 10 个月　　　　D 10 多年

16.　A 茶叶　　　　B 钱币　　　　C 帽子　　　　　D 字画

17.　A 宿舍　　　　B 厕所　　　　C 咖啡馆　　　　D 图书馆

18.　A 很诚实　　　B 人不好　　　C 不按时上下班　D 工作认真

19. A 很满意　　　B 很生气　　　C 很激动　　　D 很无奈

20. A 打开空调　　B 空调很好　　C 外边凉快　　D 不用开空调

21. A 上午　　　　B 下午　　　　C 晚上　　　　D 周六

22. A 去长城　　　B 去故宫　　　C 去玩儿　　　D 去机场

23. A 不同意　　　B 很失望　　　C 很满意　　　D 觉得不错

24. A 女的没钱　　　　　　　　　B 男的不爱旅游
    C 他们想一起去　　　　　　　D 男的去过很多地方

25. A 京剧　　　　B 图画　　　　C 光盘　　　　D 衣服

第三部分

第 26-45 题：请选出正确答案。

例如：男：把这个文件复印 5 份，一会儿拿到会议室发给大家。
　　　女：好的。会议是下午 3 点吗？
　　　男：改了，3 点半，推迟了半个小时。
　　　女：好，602 会议室没变吧？
　　　男：对，没变。
　　　问：会议几点开始？
　　　A 两点　　　B 3 点　　　C 3：30 ✓　　　D 6 点

26. A CA 1346　　B CA 3146　　C CA 6754　　D CA 7654

27. A 7：30　　　B 7：50　　　C 8：00　　　D 8：10

28. A 司机和乘客　　　　　　B 经理和职员
　　C 服务员和顾客　　　　　D 导游和游客

29. A 记者　　　B 律师　　　C 医生　　　D 老师

30. A 北京　　　B 四川　　　C 上海　　　D 广州

31. A 她想借钱　B 取款机坏了　C 她要去上课　D 没有取款机

32. A 网上　　　B 超市　　　C 商场　　　D 服装市场

33. A 妈妈很生气　　　　　　B 王阿姨有女儿
　　C 小明没有女朋友　　　　D 小明很担心

34. A 喜欢打鱼　B 只打三天　C 爱好太多　D 做事不坚持

35. A 买录音机　B 买洗衣机　C 买电冰箱　D 买电视机

36. A 旅游　　　　B 看风景　　　　C 待在家中　　D 去农村游玩

37. A 吃农家饭　　　　　　　B 看农村景色
    C 种菜　　　　　　　　　D 去农家果园采摘

38. A 汽车　　　　B 日用品　　　　C 蔬菜和水果　D 服装鞋帽

39. A 车辆增多　　B 交通较好　　　C 卫生不好　　D 外地人多

40. A 第一次去长城　　　　　B 骑车去长城
    C 能见到老朋友　　　　　D 看不同的风景

41. A 5点　　　　B 6点　　　　　C 7点　　　　D 8点

42. A 书店　　　　B 教室　　　　　C 图书馆　　　D 阅览室

43. A 习惯了　　　B 气氛好　　　　C 很方便　　　D 服务热情

44. A 在家里　　　B 在楼下　　　　C 在学校　　　D 在邻居家

45. A 难过　　　　B 着急　　　　　C 无奈　　　　D 痛苦

二、阅 读

第一部分

第 46-50 题：选词填空。

　　　　A 之一　　B 坚持　　C 主动　　D 与　　E 快乐　　F 组织

例如：她每天都（ B ）走路上下班，所以身体一直很不错。

46．大熊猫是世界上最珍贵的动物（　　）。

47．学校经常（　　）学生们参加各种各样的社会活动。

48．公司要求我们去拜访客户时要（　　）打招呼。

49．在我们的生活中，每天都会发生很多故事，有的让你（　　），有的使你悲伤。

50．（　　）别人交流的时候，要看着对方的眼睛，这是最基本的礼貌。

第51-55题：选词填空。

A 交　B 左右　C 不像话　D 回头　E 温度　F 礼貌

例如：A：今天真冷啊，好像白天最高（ E ）才2℃。
　　　B：刚才电视里说明天更冷。

51. A：这个箱子大概得有50斤（　　），你一个人肯定抬不动。
　　 B：没事儿，一会儿我给小刘打个电话，让他帮我一下。

52. A：张东也太（　　）了，说一点到，两点了还没来。
　　 B：他那个人你还不了解吗？总是说话不算数。

53. A：老师要求我们明天上午必须把论文（　　）上去。
　　 B：这可怎么办呢？我还没修改完呢。

54. A：这次出差换我去了，李勇能高兴吗？
　　 B：你别担心，（　　）我跟他解释一下，他会理解的。

55. A：安娜怎么这么没有（　　）呢？进来也不跟我们打个招呼！
　　 B：你别生气，可能她没看见我们吧。

第二部分

第 56-65 题：排列顺序。

例如：A 可是今天起晚了
　　　B 平时我骑自行车上下班
　　　C 所以就打车来公司　　　　　　　　　　B A C

56. A 价钱也不太贵
　　B 这儿的房子离车站很近
　　C 所以我决定租下来

57. A 遇到事情的时候
　　B 所以失去了很多机会
　　C 他总是很犹豫

58. A 就不去外边玩儿
　　B 只要手中有本书
　　C 小时候我很爱看书

59. A 我们有责任从小事做起
　　B 作为地球村的公民
　　C 保护我们的环境

60. A 老师对学生的微笑
　　B 它会让学生感到幸福和快乐
　　C 是对学生的理解和欣赏

61. A 到达威尼斯的时候
    B 正好赶上电影节开幕
    C 导游就带着我们四处参观   _____

62. A 就会感到寂寞和孤独
    B 如果生活中没有朋友
    C 也就不会有欢声笑语   _____

63. A 别人都以为他是中国人呢
    B 汉语说得非常好
    C 他已经在中国生活10年了   _____

64. A 每个人都应该主动帮助别人
    B 自己也会得到快乐
    C 因为你在帮助别人的同时   _____

65. A 今天哈尔滨下起了暴风雪
    B 但人们还是希望能回家过年
    C 这给旅客出行带来一定影响   _____

第三部分

第 66-85 题：请选出正确答案。

例如：她很活泼，说话很有趣，总能给我们带来快乐，我们都很喜欢和她在一起。

★ 她是个什么样的人？

A 幽默 ✓   B 马虎   C 骄傲   D 害羞

66. 生活中，我们习惯于走别人走过的路，认为这样一定不会错。但是，事实上，走别人没走过的路，往往更容易成功。

★ 生活的路应该怎样走？

A 看别人走   B 跟别人一起走
C 在别人后边走   D 走与别人不同的路

67. 当一名优秀的医生是我学习的动力，为了实现这个目标，我需要付出更多的努力。

★ 我的理想是什么？

A 当医生   B 成为好学生
C 当商人   D 当老师

68. 电脑和可视电话的出现，又一次拉近了我们跟外面世界的距离，就像大家都生活在一个地球村里，出差、留学已经不再有那种与亲人分离的痛苦了。

★ 电脑和可视电话：

A 使人痛苦   B 使出差更容易
C 浪费能源   D 对生活有好处

69. 不论是走在大街上,还是待在餐馆里,一听到家乡人的声音,我总是很兴奋。虽然并不认识,也可能一点儿关系都没有,但看到他们,我总感觉非常亲切。

    ★ 说话人在哪儿?

    A 在大街上　　B 在餐馆里　　C 在外地　　D 在家乡

70. 最近社区组织了一个活动,让大家去看交通事故的图片展览。看着那一幅幅让人伤心、难过的图片,很多人都说今后一定要从身边的小事做起,遵守交通秩序,珍爱生命。

    ★ 这是一次什么样的活动?

    A 打扫卫生　　　　　　B 摄影展览
    C 健康教育　　　　　　D 交通意识教育

71. 马路对面的广东菜馆很受欢迎,我经常去。那儿的菜清淡可口,不油腻,价钱也不贵,很适合我们女生。

    ★ 这家店为什么生意好?

    A 菜量大　　B 环境好　　C 有音乐　　D 比较便宜

72. 如果每天早上醒来,你能感到自己还有追求,还需要把事情做得更好,那么,这是一件多么值得高兴的事情啊!

    ★ 值得我们高兴的事情是:

    A 想做好事　　B 还有追求　　C 想多睡觉　　D 追求女朋友

73. 有些事情看起来很有趣,可是你没有做过,那么它就不是你的兴趣。只有你做过之后,发现自己真的喜欢它,这才是你的兴趣。

    ★ 这段话主要谈的是什么?

    A 经历　　B 故事　　C 事情　　D 兴趣

74. 乐观的人把困难看得很轻、很淡，他们永远用一颗积极、快乐的心去面对困难，争取成功。
    ★ 乐观的人：
    A 困难少　　　B 喜欢笑　　　C 没有伤心事　D 不怕困难

75. 现在很多家长反映，他们不知道孩子喜欢什么，也不了解孩子在想什么，有时甚至没有办法跟他们交流。
    ★ 父母感到最难做的事是：
    A 理解孩子　　B 和孩子沟通　C 照顾孩子　　D 帮助孩子

76. 北京市卫生局昨天通知，将在全市开展食品安全大检查活动，重点检查饭店、街边小吃和超市熟食区的卫生，以保证顾客的身体健康。
    ★ 这次大检查要检查什么？
    A 卫生　　　　B 交通　　　　C 安全　　　　D 设施

77. 高考时我的英语成绩不错，那是因为不考听力。上大学以后，英语老师讲的课我几乎一点儿都听不懂，这种情况让我觉得非常失望。
    ★ 我失望是由于：
    A 成绩不好　　B 上课听不懂　C 不能说话　　D 不学习听力

78. 以前大学毕业后很容易找到一个稳定的工作，所以很多人把上大学当成改变命运的最好方法。
    ★ 以前上大学的好处是：
    A 有好工作　　B 不用去农村　C 挣很多钱　　D 运气很好

79. 现在的交通广播节目很不错，新闻、音乐、交通等各种信息都有，而且主持人的水平也很高，尤其受到了出租车司机、老年人和孩子们的欢迎。
    ★ 受到出租车司机们欢迎的是：
    A 主持人　　　B 广播节目　　C 新闻　　　　D 交通信息

80-81.

今天去商场买东西的时候，发现只有电梯和它旁边的楼梯可以通过，而很多写着"安全通道"的大门都锁上了，有的地方甚至还放了很多货物。我很担心，要是发生意外事故，人们跑不出去怎么办？

★ "安全通道"应该是做什么用的？

 A 卖东西的地方   B 去办公室的路
 C 通到外边的路   D 容易发生意外的地方

★ 说话人担心什么？

 A 跑不出去   B 交通事故
 C 货物怎么办   D 人们跑得太快

82-83.

最近社会上出现了一批"宅男"，整天躲在房间里不是玩儿电脑，就是睡觉，既不出门，也不见朋友，只吃一点儿方便食品。他们有的是因为失业，也有的是根本没找到过工作，所以越来越怕见人，也越来越不愿见人。这些内向、忧郁的"宅男"的生活方式让他们的父母非常担心。

★ 根据这段话可知"宅男"的生活：

 A 很愉快   B 很幸福   C 很丰富   D 让父母担心

★ 为什么会出现"宅男"？

 A 没有工作   B 没有朋友   C 父母不好   D 没钱

84-85.

16年前，美国青年丁大卫来到中国一所郊区小学教书。因为做人与教学都很受老师和学生的喜欢，后来他居然当上了校长。1998年他又去了西部，在兰州的一所大学当教师。现在丁大卫在西部的一个县教育局当教育顾问。

★ 丁大卫刚来中国时做什么工作？

 A 大学老师   B 小学校长   C 小学教师   D 教育顾问

★ 丁大卫这个人怎么样？

 A 很一般   B 不太好   C 受欢迎   D 马马虎虎

三、书 写

第一部分

第86-95题：完成句子。

例如：那座桥　800年的　历史　有　了
　　　那座桥有800年的历史了。

86. 从　八个小时　下午　工作　到　上午

87. 会　语言　三种　想　我　学

88. 他　刚刚　回来　北京　从

89. 比较　北方　的　天气　快　变化

90. 按照　做　学校的　要　我们　规定

91. 苏杭　口味　清淡　一带　人　的

92. 想　留学　他　美国　去

93. 请　给　手机　把　递　叔叔

94. 这件事　对　我　兴趣　很　感

95. 画儿　墙上　着　一幅　挂

第二部分

第 96-100 题：看图，用词造句。

例如： 　　乒乓球　　<u>她很喜欢打乒乓球。</u>

96.  　　环境

97.  　　认真

98.  　　公共汽车

99.  　　检查

100.  　　可爱

新汉语水平考试

HSK（四级）模拟试卷 5

注　意

一、HSK（四级）分三部分：

  1．听力（45题，约30分钟）

  2．阅读（40题，40分钟）

  3．书写（15题，25分钟）

二、**听力结束后，有5分钟填写答题卡。**

三、全部考试约105分钟（含考生填写个人信息时间5分钟）。

一、听 力

第一部分

第 1–10 题：判断对错。

例如：我想去办个信用卡，今天下午你有时间吗？陪我去一趟银行？

★ 他打算下午去银行。 (✓)

现在我很少看电视，其中一个原因是广告太多了，只要你打开电视，不管什么时间，也不管什么节目，总能看到那么多的广告，浪费我的时间。

★ 他喜欢看电视广告。 (×)

1. ★ 妈妈的小狗不听话。 （ ）
2. ★ 今天是我同学的生日。 （ ）
3. ★ 我和朋友约定在汽车站见面。 （ ）
4. ★ 人们喜爱小吃是因为吃起来方便。 （ ）
5. ★ 春节的时候，火车客运非常繁忙。 （ ）
6. ★ 我的手机坏了，所以很着急。 （ ）
7. ★ 目前的污染问题中，城市环境污染最严重。 （ ）
8. ★ 现在旅游的时间更长了。 （ ）
9. ★ 女士出席正式场合时，最好不要穿裙子。 （ ）
10. ★ 年轻人不能跟老人沟通。 （ ）

第二部分

第 11-25 题：请选出正确答案。

例如：女：该加油了。去机场的路上有加油站吗？
　　　男：有，你放心吧。
　　　问：男的主要是什么意思？
　　　A 去机场　　　B 快到了　　　C 油是满的　　　D 有加油站 ✓

11. A 下周　　　B 今天　　　C 两周后　　　D 下周末

12. A 不爱唱歌　　　　　　B 跳舞跳得很好
　　C 想打太极拳　　　　　D 喜欢玩儿电脑

13. A 复习　　　B 考试　　　C 看电影　　　D 去礼堂

14. A 夫妻　　　B 朋友　　　C 恋人　　　D 同事

15. A 伤心　　　B 惊讶　　　C 后悔　　　D 生气

16. A 换裤子　　　B 退裤子　　　C 买裤子　　　D 做裤子

17. A 旅游的事　　　B 感情的事　　　C 工作的事　　　D 生意的事

18. A 下雨了　　　B 天气晴了　　　C 撞车了　　　D 吵架了

19. A 游泳　　　　B 爬山　　　　C 跑步　　　　D 购物

20. A 订票点　　　B 银行　　　　C 商场　　　　D 火车站

21. A 想学功夫　　　　　　　　B 功夫电影好
　　C 功夫激烈　　　　　　　　D 女孩儿别学功夫

22. A 简历　　　　B 推荐信　　　C 毕业证书　　D 工作证明

23. A 打车　　　　B 讲价　　　　C 问路　　　　D 找宾馆

24. A 唱歌　　　　B 跳舞　　　　C 打太极拳　　D 说相声

25. A 高兴　　　　B 不满　　　　C 悲伤　　　　D 愤怒

第三部分

第 26-45 题：请选出正确答案。

例如：男：把这个文件复印 5 份，一会儿拿到会议室发给大家。
　　　女：好的。会议是下午 3 点吗？
　　　男：改了，3 点半，推迟了半个小时。
　　　女：好，602 会议室没变吧？
　　　男：对，没变。
　　　问：会议几点开始？
　　　A 两点　　　B 3 点　　　C 3：30 ✓　　　D 6 点

26. A 秘书　　　B 服务员　　　C 总经理　　　D 业务经理

27. A 女的不做饭　B 小吃不好吃　C 小吃不卫生　D 家里东西坏了

28. A 女的和男的是邻居　　　B 男的自己住
　　C 男的想换房间　　　　　D 男的喜欢音乐

29. A 节目不好　B 眼睛不好　C 身体不好　D 广告太多

30. A 夫妻　　　B 师生　　　C 医生和病人　D 经理和秘书

31. A 坐船　　　B 坐火车　　C 坐飞机　　　D 坐汽车

32. A 赢了　　　B 输了　　　C 平了　　　　D 没进球

33. A 失业了　　B 不能工作　C 没努力　　　D 没考上研究生

34. A 要结婚　　　　　　　　B 明天是情人节
　　C 今天是情人节　　　　　D 明天是圣诞节

35. A 男的是导游　　　　　　B 他们周末见面
　　C 女的明天有事　　　　　D 男的刚来北京

36. A 挣钱　　　　B 有时间　　　C 爱表现　　　D 心情不好

37. A 友谊　　　　B 事业　　　　C 爱情　　　　D 写作目的

38. A 家长　　　　B 老师　　　　C 领导　　　　D 大夫

39. A 懂事了　　　B 很诚实　　　C 成绩好　　　D 没礼貌

40. A 电影中　　　B 报纸上　　　C 故事书里　　D 小说中

41. A 价格贵　　　B 质量好　　　C 没人买　　　D 没做广告

42. A 非常礼貌　　B 主人高兴　　C 显得主动　　D 可能带来不便

43. A 迟到一点儿　　　　　　　B 提前两三分钟
　　C 越早越好　　　　　　　　D 不迟到就行了

44. A 温度　　　　B 香气　　　　C 味道　　　　D 颜色

45. A 怎样喝酒　　B 人很聪明　　C 声音重要　　D 碰杯的原因

二、阅 读

第一部分

第46-50题：选词填空。

A 趟　　B 赶　　C 把　　D 作用　　E 过　　F 坚持

例如：她每天都（ F ）走路上下班，所以身体一直很不错。

46．刚才小丽打电话来叫我去她家一（　　），说是有急事找我。

47．情人节，许多男孩儿都（　　）红玫瑰作为礼物送给心爱的女孩儿来表达他们的爱意。

48．你必须在半个小时之内（　　）到火车站，不然就来不及了。

49．这种药我吃过，对我的病没有什么（　　）。

50．看（　　）这部小说的人，都会被女主角的坚强勇敢所感动。

第51-55题：选词填空。

A 几乎　　B 害羞　　C 不要紧　　D 温度　　E 逐渐　　F 考虑

例如：A：今天真冷啊，好像白天最高（ D ）才2℃。
　　　B：刚才电视里说明天更冷。

51．A：山本，不好意思，刚才我把你的书碰到地上弄脏了。
　　 B：（　　），我擦擦就行了。

52．A：老师，我的听力一直进步不大，你说我该怎么办呢？
　　 B：别着急，只要你多听、多练，听力水平一定会（　　）提高的。

53．A：你已经是个大小伙子了，怎么还这么（　　）呢？
　　 B：其实我只是不知道该说什么才好。

54．A：现在这个公司的待遇是不错，可是太累了！（　　）没有休息日。
　　 B：不行就换个工作吧，不管怎么说，身体是最重要的啊！

55．A：我还是希望你能再（　　）一下，万一赔钱呢？
　　 B：你放心吧，不会的。

第二部分

第 56-65 题：排列顺序。

例如：A 可是今天起晚了
   B 平时我骑自行车上下班
   C 所以就打车来公司　　　　　　　　　　B A C

56. A 不会说汉语很不方便
  B 于是我开始学习汉语
  C 我经常跟中国人做生意

57. A 特别是夏天
  B 一年四季都有人来这儿旅游
  C 来旅游的人特别多

58. A 一个人只要有了目标
  B 那他就一定会成功
  C 并懂得为那个目标而奋斗

59. A 这段时间他一边收集资料
  B 一边写计划
  C 都没有时间回家看望父母

60. A 它发展得更快
  B 京剧有着广泛的群众基础
  C 因此和其他戏曲比起来

61. A 其他应用仍不太普遍
    B 现在人们上网，最多的是玩儿游戏、聊天儿
    C 其次是查找信息、收发邮件　　　　　　_____

62. A 还是从健康的角度看
    B 无论是从味道上看
    C 这道菜都值得点　　　　　　　　　　　_____

63. A 你会发现它们有时比人更聪明
    B 当你了解它们时
    C 千万不要小看动物的智慧　　　　　　　_____

64. A 它不仅是一种服饰
    B 更代表着一种文化
    C 旗袍是中国女性的传统服饰之一　　　　_____

65. A 但她依然很年轻
    B 虽然很多年没见面了
    C 这让大家很羡慕　　　　　　　　　　　_____

第三部分

第 66-85 题：请选出正确答案。

例如：她很活泼，说话很有趣，总能给我们带来快乐，我们都很喜欢和她在一起。

★ 她是个什么样的人？

A 幽默 ✓   B 马虎   C 骄傲   D 害羞

66. 那家咖啡店不太大，但非常干净，店里常常放着优美的音乐，散发着咖啡的香味，我和朋友经常去那儿。

★ 我和朋友为什么喜欢那家咖啡店？

A 有香味   B 环境很好   C 没有音乐   D 咖啡店很大

67. 上飞机前，要先看看你乘坐的航班在哪儿办理登机手续，然后将机票、身份证交给机场相关负责人员。

★ 办理登机手续时，要把什么交给机场工作人员？

A 手机   B 钱包   C 行李   D 飞机票

68. 近两年我国每年因车祸死亡的人数占死亡总数的 70%，因此，在您外出工作、旅游、探亲、游玩的同时，一定要遵守交通法规，自觉维护交通秩序。

★ 根据这句话，我们应该：

A 爱护环境   B 购买保险
C 外出旅游   D 遵守交通规则

69. 休息的时候我喜欢读一些书，一来这是我的爱好，二来也想充实一下自己，以免让人觉得自己没有知识。

　　★ 我为什么喜欢读书？

　　　A 打发时间　　　B 生活需要　　C 一种爱好　　D 工作需要

70. 一个人喝醉了，他叫住一辆出租车，对司机说："去新月酒店。"司机觉得很奇怪，回答说："这里就是新月酒店。"那人边掏钱边称赞说："你开得还真快啊！"

　　★ 根据这段话，我们知道：

　　　A 那个人喝醉了　　　　　B 司机开得很快
　　　C 司机骗人　　　　　　　D 那人迷路了

71. 李老师在十几年的工作中积累了丰富的教学经验，她的课讲得生动活泼，非常吸引学生，所以我选择去她的班。

　　★ 我为什么去李老师的班？

　　　A 同学好　　　　　　　　B 老师性格好
　　　C 老师经验丰富　　　　　D 班级干净

72. 最近几天将持续降温，早晨天气比较冷，所以建议您一定要等到太阳出来半小时之后再去锻炼，否则会影响健康。

　　★ 最好什么时候去锻炼？

　　　A 天刚亮　　　　　　　　B 中午
　　　C 晚上　　　　　　　　　D 日出半小时后

73. 朋友之间相处，最重要的就是信任。如果你只相信自己，却经常怀疑对方，那你们之间的友谊就不存在了。

　　★ 友谊的基础是：

　　　A 金钱　　　　B 信任　　　C 相处　　　D 怀疑

74. 1906年，美国拍摄了世界上最早的动画电影，里面都是一些简单的动作，如转动的眼睛、吸着烟，这些电影都是没有声音的。

　　★ 最早的动画电影：

　　　A 有武术动作　　B 时间长　　　C 没有声音　　D 英国拍的

75. 过去，只要能使用电脑或者会一点儿外语，就能找到一份好工作，而现在则不同了，会外语和电脑已经成为必须具备的技能了。

　　★ 根据这段话，想找到好工作：

　　　A 会外语就行　　　　　　　B 会电脑就行
　　　C 会打字就行　　　　　　　D 必须会外语和电脑

76. 进入20世纪80年代后，由于电视的普及，看春节联欢晚会成了中国人过春节时不可缺少的一项活动。每年有超过10亿人通过电视收看这台晚会。

　　★ 根据这段话，春节晚会：

　　　A 必须要看　　　　　　　　B 不太精彩
　　　C 只在电视上播出　　　　　D 很多人喜欢

77. 小明，你才多大就戴眼镜了？是不是总看电视呀？以后少看点儿吧。

　　★ 说话人建议小明怎么做？

　　　A 少看电视　　B 多看书　　　C 不戴眼镜　　D 多做运动

78. 水一旦受到污染，就会给人类带来很大的危害。它不仅会影响到人类的生产、生活，还会破坏我们的自然环境。

　　★ 这段话主要谈的是水污染的：

　　　A 治理　　　　B 危害　　　　C 原因　　　　D 作用

79. 王经理做事认真负责，常常工作到深夜。由于长期过度劳累，他生病住院了。

　　★ 王经理为什么生病了？

　　　A 过度劳累　　B 身体虚弱　　C 饮食不当　　D 长期失眠

80-81.

我的朋友在公交车上经常丢钱包。有一天，朋友上车前把一些纸折好放进信封里，下车后发现信封被偷了。第二天，朋友刚上车不久，就感觉口袋里有东西。拿出来一看，是昨天的那个信封，信封上写着："请不要开这样的玩笑，影响正常工作，谢谢！"

★ 我的朋友经常丢：
A 纸　　　　B 钱包　　　　C 信封　　　　D 手机

★ 根据对话可以知道：
A 朋友丢了信　　　　　　B 朋友找到了钱
C 朋友影响了工作　　　　D 小偷被骗了

82-83.

北京年糕是北方年糕的代表，有黄、白两种颜色，代表金、银，并有"年年高"的意思。北京年糕一般在清真回民小吃店出售，通常在过年、过节的时候卖得较多，平时也有卖的，但数量比较少。

★ 年糕有什么颜色的？
A 金色　　　　B 银色　　　　C 灰色　　　　D 白色

★ 什么时候年糕卖得比较多？
A 春节　　　　B 月末　　　　C 周末　　　　D 平时

84-85.

爬山的时候，爬得越高，越会觉得冷。这是因为地面高度每上升1000米，气温就下降6.5度。山越高，气温就越低，所以许多高山上都有冰雪，不会融化。夏天的时候，一些人会选择到很高的山上去乘凉，就是这个原因。

★ 当地面高度上升2000米时，气温会：
A 下降6.5度　　　　　　　B 下降13度
C 下降13.5度　　　　　　 D 上升6.5度

★ 根据这段话，可以知道：
A 爬山危险　　　　　　　B 山顶温度低
C 山上都是冰雪　　　　　D 人们喜欢夏天

三、书写

第一部分

第86-95题：完成句子。

例如：那座桥　800年的　历史　有　了
　　　那座桥有800年的历史了。

86. 提醒　警察　注意　要　司机朋友　安全

87. 去　经常　锻炼　姐姐　健身房

88. 王明　非常　的　画　好　画儿　得

89. 明天　干　还是　吧　再

90. 不是　已经　吗　你　了　告诉

91. 把　放到　服务台　请　钥匙

92. 已经　三天　没　小王　了　上班

93. 这么　来　怎么　你　才　晚

94. 困难　任何　我　克服　能

95. 上　摆　桌子　着　花儿　两盆

第二部分

第 96-100 题：看图，用词造句。

例如： 　　　乒乓球　　她很喜欢打乒乓球。

96. 　　　回答　　97. 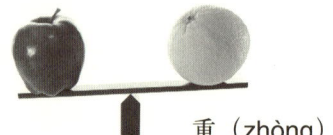　　　重（zhòng）

98. 　　　笔记本　　99. 　　　跑步

100. 　　　考试

新汉语水平考试

HSK（四级）模拟试卷 6

注　意

一、HSK（四级）分三部分：

1. 听力（45题，约30分钟）

2. 阅读（40题，40分钟）

3. 书写（15题，25分钟）

二、**听力结束后，有5分钟填写答题卡。**

三、全部考试约105分钟（含考生填写个人信息时间5分钟）。

一、听 力

第一部分

第1-10题：判断对错。

例如：我想去办个信用卡，今天下午你有时间吗？陪我去一趟银行？

　　★ 他打算下午去银行。　　　　　　　　　　　　　(✓)

　　现在我很少看电视，其中一个原因是广告太多了，只要你打开电视，不管什么时间，也不管什么节目，总能看到那么多的广告，浪费我的时间。

　　★ 他喜欢看电视广告。　　　　　　　　　　　　(✗)

1. ★ 坚持锻炼就会有好的效果。　　　　　　　　　　(　　)

2. ★ 5号柜台不能使用信用卡。　　　　　　　　　　(　　)

3. ★ 他正在读研究生。　　　　　　　　　　　　　　(　　)

4. ★ 这个留学生的作文写得非常好。　　　　　　　　(　　)

5. ★ 他现在有女朋友。　　　　　　　　　　　　　　(　　)

6. ★ 同事写错了地址。　　　　　　　　　　　　　　(　　)

7. ★ 他忘了开会的时间。　　　　　　　　　　　　　(　　)

8. ★ 她正在考虑卖房子。　　　　　　　　　　　　　(　　)

9. ★ 小王去过这家电影院。　　　　　　　　　　　　(　　)

10. ★ 这个秘书忘记了关电脑。　　　　　　　　　　　(　　)

第二部分

第 11-25 题：请选出正确答案。

例如：女：该加油了。去机场的路上有加油站吗？
　　　男：有，你放心吧。
　　　问：男的主要是什么意思？
　　　A 去机场　　B 快到了　　C 油是满的　　D 有加油站 ✓

11. A 小刘　　　　B 男的　　　　C 女的　　　　D 老刘

12. A 工作了　　　B 结婚了　　　C 不想工作　　D 在念研究生

13. A 在家里　　　B 在公司　　　C 在国外　　　D 在机场

14. A 5 年　　　　B 10 年　　　　C 10 多年　　　D 快 10 年了

15. A 不干净　　　B 工作不好　　C 长得不太好　D 学历不高

16. A 路上堵车　　B 不想来了　　C 这地方难找　D 这地方好找

17. A 烤肉　　　　B 烤鸭　　　　C 饺子　　　　D 必胜客

18. A 阳光　　　　B 书房　　　　C 不安静　　　D 周围环境

19. A 羡慕　　　　B 后悔　　　　C 埋怨　　　　D 请求

20. A 聚会　　　　B 散步　　　　C 游泳　　　　D 下象棋

21. A 忘了密码　　B 受到称赞　　C 想买箱子　　D 打不开抽屉

22. A 项目　　　　B 哲学　　　　C 工作　　　　D 戏剧

23. A 一楼　　　　　　　　　　　B 三楼
    C 四楼　　　　　　　　　　　D 二楼电梯的右边

24. A 女的没时间　B 洗衣店很远　C 洗衣机坏了　D 洗衣间没人

25. A 不想关　　　B 没关系　　　C 一定关　　　D 等一会儿

第三部分

第 26-45 题：请选出正确答案。

例如：男：把这个文件复印 5 份，一会儿拿到会议室发给大家。
　　　女：好的。会议是下午 3 点吗？
　　　男：改了，3 点半，推迟了半个小时。
　　　女：好，602 会议室没变吧？
　　　男：对，没变。
　　　问：会议几点开始？
　　　A 两点　　　　B 3 点　　　　C 3：30 ✓　　　D 6 点

26. A 老同学　　　B 小学老师　　C 中学老师　　D 一个亲戚

27. A 地上　　　　B 桌子上　　　C 厕所里　　　D 垃圾桶里

28. A 商场卖得贵　　　　　　　B 去商场太累
　　 C 商场里没有　　　　　　　D 小店卖的质量好

29. A 加班　　　　B 减肥　　　　C 洗澡　　　　D 学习

30. A 海鲜　　　　B 可乐鸡　　　C 糖醋鱼　　　D 啤酒香鸭

31. A 10 年　　　　B 25 年　　　 C 30 年　　　 D 50 年

32. A 生活富了　　B 经济发展了　C 社会改革了　D 河水不干净了

33. A 餐厅　　　　B 书店　　　　C 博物馆　　　D 高速公路上

34. A 明天早上　　B 27 号之前　　C 7 点以后　　D 今天晚上

35. A 有冰　　　　B 有水　　　　C 有雪　　　　D 很平

36. A 热心　　　B 朴素　　　C 习惯　　　D 魅力

37. A 遵守纪律　B 怀念友谊　C 缓解压力　D 互相学习

38. A 教练　　　B 顾客　　　C 领导　　　D 农民

39. A 态度好　　B 设施全　　C 食品多　　D 蔬菜新鲜

40. A 要节约　　B 很浪费　　C 很重要　　D 被忽视

41. A 壶里的　　B 干净的　　C 烧开的　　D 价格贵的

42. A 家里　　　B 医院　　　C 花店　　　D 电影院

43. A 移民　　　B 结婚　　　C 去演出　　D 办签证

44. A 律师　　　B 警察　　　C 演员　　　D 教师

45. A 很后悔　　B 很感动　　C 很严肃　　D 很自由

二、阅 读

第一部分

第46-50题：选词填空。

　　　A 反映　　B 顺序　　C 坚持　　D 对　　E 不断　　F 属于

例如：她每天都（ C ）走路上下班，所以身体一直很不错。

46．她（　　）外向性格，爱唱爱跳，喜欢热闹，不喜欢安静。

47．虽然大家（　　）吸烟的危害比较了解，但真正能把烟戒掉的人却不多。

48．经过大家（　　）的努力，我们公司终于完成了这个项目。

49．导游让大家1点在宾馆门前集合，然后按先后（　　）上车。

50．这部电影（　　）了中国老百姓的真实生活。

第51-55题：选词填空。

A 任何　B 吵架　C 安排　D 忍不住　E 除非　F 温度

例如：A：今天真冷啊，好像白天最高（ F ）才2℃。
　　　B：刚才电视里说明天更冷。

51. A：前几天看的茶具你买了吗？
　　 B：（　）打折，否则我不会考虑的。

52. A：昨天你怎么醉成那样？
　　 B：我们同学聚会，大家玩儿得高兴，我（　）多喝了几杯。

53. A：听，好像是摔东西的声音，隔壁是不是又（　）了？
　　 B：可能是，听说他们夫妻关系不太好。

54. A：下午你要是没什么（　）就跟我去健身房吧，我有免费的票。
　　 B：真不巧，我得去机场接朋友。

55. A：教练，这次比赛不在我们本地举行，想赢不太容易呀！
　　 B：我觉得只要我们队员团结起来，（　）困难都能克服。

第二部分

第 56-65 题：排列顺序。

例如： A 可是今天起晚了
　　　 B 平时我骑自行车上下班
　　　 C 所以就打车来公司　　　　　　　　　B A C

56. A 所以我现在觉得很精神
　　 B 为了身体健康
　　 C 我天天坚持跑步　　　　　　　　　　　_____

57. A 今天我终于来到了她的家乡
　　 B 我始终盼望着能够见小平一面
　　 C 遗憾的是，她已经搬家了　　　　　　　_____

58. A 无论是国家领导
　　 B 都应该按照规章办事
　　 C 还是普通老百姓　　　　　　　　　　　_____

59. A 才能选择结婚
　　 B 不然就是把婚姻当做了游戏
　　 C 两个人只有相互充分了解　　　　　　　_____

60. A 他们不想要孩子
　　 B 因为养育一个孩子需要很多钱
　　 C 这主要是由于经济的原因　　　　　　　_____

61. A 语法更难
    B 发音难，汉字难
    C 一些人认为汉语太难了   _____

62. A 她一定不会拒绝的
    B 刘阳喜欢参加这样的活动
    C 如果你邀请她   _____

63. A 凡是来到北京的人
    B 因为它是中国的奇迹
    C 都要去爬长城   _____

64. A 所以购物的人特别多
    B 交钱的地方也排起了长队
    C 因为很多名牌商品打折   _____

65. A 虽然我给了他一些糖
    B 那个孩子一直在哭
    C 但他还是没有停下来   _____

第三部分

第 66-85 题：请选出正确答案。

例如：她很活泼，说话很有趣，总能给我们带来快乐，我们都很喜欢和
她在一起。
　　★ 她是个什么样的人？
　　A 幽默 ✓　　　B 马虎　　　C 骄傲　　　D 害羞

66. 现在，很多家长都让孩子假期去参加辅导班，他们认为学习才是孩子
应该做的，这给孩子很大的压力，其实这样对孩子的成长很不好。
　　★ 现在的孩子：
　　A 学习好　　　B 工作忙　　　C 身体棒　　　D 压力大

67. 2010 年将会流行绿色的服装，因为人们越来越感受到保护环境的重要
性，而绿色代表美好的环境。
　　★ 绿色让人懂得：
　　A 流行趋势　　B 保护环境　　C 适应社会　　D 自己的爱好

68. "哈佛"理发店烫发的价格让人接受不了，还是去"戏雨"家吧，听
说弄得很时髦，还不贵。
　　★ 根据这句话，可以知道"哈佛"理发店：
　　A 很时髦　　　B 价格很贵　　C 是新开的　　D 服务质量差

69. 小刚，每当我对生活感到失望的时候，就会想起你对我的鼓励，想起
我们一起参加的比赛，那是多么让人开心的事情。可是现在你却一次
又一次地骗我，让我伤心，再见了……
　　★ 说话人跟小刚曾经是：
　　A 朋友　　　　B 同学　　　　C 师生　　　　D 母子

70. 当名人其实是很不容易的。为了事业，他们失去了个人的时间、自由，甚至是爱情。他们没有自己的秘密，因为他们说的话、做的事，时刻都在被别人关注。

　　★ 名人：
　　　A 爱情顺利　　　B 说话痛快　　C 没有自由　　D 生活平淡

71. 如果一个人的心理很健康，那他面对失败的时候就不会一直伤心、失望，而是很快就能从失败中找出原因，继续努力，这样才有获得成功的希望。

　　★ 面对失败不伤心，是因为：
　　　A 有良好的心理　B 没有失败过　C 非常自信　　D 成功很难

72. 梅兰芳先生是中国著名的京剧表演艺术家，他扮演过无数女性角色，在艺术上取得了很高的成就，受到了人们的尊敬和喜爱。

　　★ 梅兰芳先生：
　　　A 唱京剧　　　　B 是女的　　　C 个子高　　　D 弹钢琴

73. 现代人工作很忙，朋友之间沟通的时间越来越少。不过没关系，我们随时可以通过欣赏朋友们的网上日记（博客），了解他们的心情以及工作等方面的情况。

　　★ 根据这段话，我们怎样可以知道朋友的情况？
　　　A 打电话　　　　B 写明信片　　C 看网上日记　D 写电子邮件

74. 中国人过春节的时候，总要在门上或墙上贴一副对联，代表祝福。对联分为上联、下联和横批三个部分，在古代，上联要贴在门或墙的右边，下联要贴在左边。

　　★ 在古代，上联的位置是在：
　　　A 右边　　　　　B 左边　　　　C 屋子里　　　D 阳台上

75. 有人说，如果和别人保持合适的距离，就可以更好地发现别人的优点；如果走得很近，可能发现的缺点就会越来越多。

　　★ 这句话主要是说：

　　　A 办理手续　　B 发现缺点　　C 如何道歉　　D 保持距离

76. 不要因为一句话或一件事，就去判断一个人的好与坏。只有通过长时间的观察，才能得出结论，这时的判断也才能是准确的。

　　★ 根据这段话，怎样判断一个人？

　　　A 开玩笑　　B 多观察　　C 听他解释　　D 举行聚会

77. 第一次见到余朵，我就知道她是我一直在寻找的女孩儿。她聪明、开朗，说话的时候总是带着浅浅的微笑，好像能让人忘记所有的烦恼。

　　★ 根据这段话，可以知道我：

　　　A 在发愁　　B 很内向　　C 喜欢余朵　　D 要涨工资

78. 明天我就飞到杭州，跟你一起去游览西湖，看看传说中的"雷峰塔"，这样你就满意了吧？

　　★ 根据这段话，可以知道我：

　　　A 很调皮　　B 有同情心　　C 讨厌冬天　　D 打算去旅游

79. 北京"鸟巢"是2008年第29届奥林匹克运动会的主体育场，开幕式和闭幕式也是在这里举行的。场内大约有91000个座位，其中临时座位约11000个。现在"鸟巢"已经正式向游人开放。

　　★ 这段话主要谈：

　　　A 奥运会　　　　　　　B 管理员工
　　　C 社会规则　　　　　　D "鸟巢"体育馆的情况

80-81.

有三个人在沙漠里找不到回家的路了。这时，他们遇到了一位神仙，神仙说："我可以满足你们的任何愿望。"第一个人急忙说："请你给我很多很多的钱，然后再把我送到我的家乡。"第二个人说："我还没有结婚，请给我一个漂亮的妻子吧，我要和她一起回到我的城市。"神仙答应了这两个人的要求，他们很快就不见了。剩下的第三个人说："现在只有我一个人了，我觉得很孤单，我希望那两个人能回来陪我。"结果，他的愿望实现了。

★ 这三个人怎么了？

　A 很疲劳　　　B 很沉默　　　C 迷路了　　　D 丢了东西

★ 第三个人实现了什么愿望？

　A 皮肤变白了　　　　　　B 不再流泪
　C 成为富人　　　　　　　D 重新见到那两个人

82-83.

相信自己，就是发现自己的长处；相信自己，我们才能勇敢地尝试，也许会经历失败和错误，但那只是让我们离成功更近一点儿；相信自己，可以让这个世界因为有你而变得更加美丽。

★ 根据这段话，要敢于去做应该：

　A 没有缺点　　B 改变世界　　C 远离失败　　D 相信自己

★ 这段话主要介绍的是：

　A 自信　　　　B 兴趣　　　　C 友情　　　　D 能力

84-85.

猫的性情温顺，聪明活泼，是人类最喜爱的动物之一。它最爱的食物是老鼠和鱼。猫的种类有很多。它们的一般寿命为18-20岁，青春期则在1-2岁之间。10岁的猫基本上就是老年了，这时就需要主人对它更加小心地照料，才能让它更加长寿。

★ 根据这段话，可以知道猫：

　A 不吃肉　　　B 性格活泼　　C 容易生病　　D 寿命很长

★ 主人应该在猫的哪个年龄段更加小心地照料它们？

　A 1-2岁　　　B 10岁以下　　C 10岁以上　　D 18-20岁

三、书写

第一部分

第86-95题：完成句子。

例如：那座桥　　800年的　　历史　　有　　了
　　　<u>那座桥有800年的历史了。</u>

86. 他　　才　　赶上　　好不容易　　火车

87. 怎么　　北京　　是　　来　　你　　的

88. 留学　　我　　手续　　不能　　这儿　　办理

89. 服务员　　我们　　热情　　对　　很

90. 呢　　去　　为什么　　不　　留学　　英国

91. 写在　　请　　黑板上　　通知　　把

92. 值得　　态度　　怀疑　　很　　他的

93. 作业　　正在　　他　　写

94. 包　　小偷　　李经理　　被　　的　　了　　拿走

95. 从来　　上海　　过　　去　　他　　没

第二部分

第 96-100 题：看图，用词造句。

例如： 　　　　乒乓球　　她很喜欢打乒乓球。

96. 　　　　表演　　　97. 　　　　生日

98. 　　　　钢琴　　　99. 　　　　修理

100. 　　　　胖

新汉语水平考试
HSK（四级）模拟试卷 7

注　意

一、HSK（四级）分三部分：

　　1．听力（45题，约30分钟）

　　2．阅读（40题，40分钟）

　　3．书写（15题，25分钟）

二、**听力结束后，有5分钟填写答题卡。**

三、全部考试约105分钟（含考生填写个人信息时间5分钟）。

一、听 力

第一部分

第 1-10 题：判断对错。

例如：我想去办个信用卡，今天下午你有时间吗？陪我去一趟银行？

　　★ 他打算下午去银行。　　　　　　　　　　　　　　(✓)

　　现在我很少看电视，其中一个原因是广告太多了，只要你打开电视，不管什么时间，也不管什么节目，总能看到那么多的广告，浪费我的时间。

　　★ 他喜欢看电视广告。　　　　　　　　　　　　　　(✗)

1. ★ 我把苹果都吃了。　　　　　　　　　　　　　　　(　)
2. ★ 北方公园到了。　　　　　　　　　　　　　　　　(　)
3. ★ 南方从来不下雪。　　　　　　　　　　　　　　　(　)
4. ★ 要尽量抽出时间与家人和朋友在一起。　　　　　　(　)
5. ★ 妈妈今年30多岁。　　　　　　　　　　　　　　　(　)
6. ★ 下个周末麦克没有活动。　　　　　　　　　　　　(　)
7. ★ 从网上下载歌曲很方便。　　　　　　　　　　　　(　)
8. ★ 我觉得这次考试不太难。　　　　　　　　　　　　(　)
9. ★ 我是坐出租车回家的。　　　　　　　　　　　　　(　)
10. ★ 我不会养花儿。　　　　　　　　　　　　　　　　(　)

第二部分

第 11-25 题：请选出正确答案。

例如：女：该加油了。去机场的路上有加油站吗？
　　　男：有，你放心吧。
　　　问：男的主要是什么意思？
　　　A 去机场　　　B 快到了　　　C 油是满的　　　D 有加油站 ✓

11. A 水太热　　　B 她要洗衣服　　C 现在不能洗　　D 热水器坏了

12. A 多了　　　　B 少了　　　　　C 丢了　　　　　D 没有发

13. A 扫雪　　　　B 上课　　　　　C 吃饭　　　　　D 看病

14. A 个子　　　　B 学历　　　　　C 长相　　　　　D 能力

15. A 男的　　　　B 李丽　　　　　C 慧美　　　　　D 麦克

16. A 很聪明　　　　　　　　　　　B 比小王笨
　　C 有很多经验　　　　　　　　　D 容易相信别人

17. A 不理解　　　B 很赞成　　　　C 不开心　　　　D 很同意

18. A 脸红了　　　B 摔倒了　　　　C 被吓着了　　　D 被别人打了

19. A 你真有钱　　B 想看看　　　C 不确定　　　D 不相信

20. A 爸爸和妈妈　B 老师和家长　C 爸爸和女儿　D 小强和同学

21. A 担心　　　　B 犹豫　　　　C 反对　　　　D 支持

22. A 宾馆　　　　B 教室　　　　C 火车上　　　D 学生宿舍

23. A 欧洲　　　　B 日本　　　　C 大使馆　　　D 公安局

24. A 想去酒吧　　　　　　　　　B 想去茶馆
    C 不想练口语　　　　　　　　D 不想跟留学生去

25. A 书店在哪儿　B 商店在哪儿　C 教室在哪儿　D 超市在哪儿

第三部分

第 26-45 题：请选出正确答案。

例如：男：把这个文件复印 5 份，一会儿拿到会议室发给大家。
　　　女：好的。会议是下午 3 点吗？
　　　男：改了，3 点半，推迟了半个小时。
　　　女：好，602 会议室没变吧？
　　　男：对，没变。
　　　问：会议几点开始？
　　　　A 两点　　　　B 3 点　　　　C 3：30 ✓　　　　D 6 点

26. A 8：00　　　　B 8：30　　　　C 8：45　　　　D 9：00

27. A 同学　　　　B 同屋　　　　C 姐弟　　　　D 邻居

28. A 商人　　　　B 老师　　　　C 经理　　　　D 医生

29. A 夫妻　　　　B 母子　　　　C 父女　　　　D 朋友

30. A 不想买　　　B 已经买了　　C 不回去了　　D 等几天再买

31. A 快点儿回去　B 让同屋帮忙　C 让男的回去　D 没什么办法

32. A 钱　　　　　B 花　　　　　C 钱包　　　　D 项链

33. A 办一张年卡　B 办不办都行　C 不办年卡了　D 忙也要去

34. A 怕下雨　　　B 担心晒黑　　C 怕不健康　　D 觉得自己难看

35. A 送给服务员　B 倒垃圾箱里　C 装在包里　　D 把菜拿回家去

36. A 搬家　　　　B 卖东西　　　C 买衣服　　　D 交换学习用品

37. A 商店里　　　B 操场上　　　C 食堂里　　　D 宿舍楼外

38. A 不吃早餐　　B 只吃水果　　C 运动　　　　D 多吃蔬菜

39. A 可以减肥　　B 容易生病　　C 营养丰富　　D 对健康有好处

40. A 聪明漂亮　　B 家庭幸福　　C 没有烦恼　　D 让人喜爱

41. A 压力大　　　　　　　　　B 总得保持笑容
　　C 难和记者沟通　　　　　　D 钱不够

42. A 喜欢看书　　　　　　　　B 这条街不漂亮
　　C 遇到熟人　　　　　　　　D 被书店吸引

43. A 一个月后　B 半小时后　C 两个小时后　D 三个小时后

44. A 羡慕　　　　B 激动　　　　C 尴尬　　　　D 得意

45. A 很努力　　　B 很认真　　　C 没有得奖　　D 参加比赛了

二、阅 读

第一部分

第46-50题：选词填空。

A 即使　　B 所　　C 节约　　D 离　　E 坚持　　F 家具

例如：她每天都（ E ）走路上下班，所以身体一直很不错。

46．其实我还是挺（　　）的，不该花的钱我从不乱花。

47．这套（　　）是我很久以前就想买的，今天终于可以买回去了。

48．（　　）考试结束还有10分钟了，请同学们抓紧时间答题。

49．这个民间组织计划在两年内再捐款建10（　　）希望小学。

50．这件事（　　）你不告诉我，我也会知道的。

第51-55题：选词填空。

A 恐怕　　B 带　　C 恢复　　D 精彩　　E 温度　　F 往

例如：A：今天真冷啊，好像白天最高（ E ）才2℃。
　　　B：刚才电视里说明天更冷。

51. A：妈，我去同学家玩儿一会儿。
　　 B：好，下楼的时候顺便把垃圾（　　）下去。

52. A：于飞的腿现在怎么样了？
　　 B：他这次摔得可不轻，估计还得过一段时间才能（　　）。

53. A：这么晚了，小王（　　）不能来了。
　　 B：那可怎么办呀？我的资料还在他那儿呢！

54. A：先生，您能不能再（　　）前动一动？我这儿太挤了。
　　 B：不好意思，这辆车人太多，前边也没地方了！

55. A：昨天的演出太（　　）了，你没看真可惜。
　　 B：没事儿，我还能弄到票。

第二部分

第 56-65 题：排列顺序。

例如：A 可是今天起晚了
　　　B 平时我骑自行车上下班
　　　C 所以就打车来公司　　　　　　　　　　B A C

56. A 如果明天下大雪
　　 B 飞机无法起飞
　　 C 那我就不能去开会了

57. A 知道了我的成绩后
　　 B 给我留下了很深的印象
　　 C 他一脸兴奋的表情

58. A 介绍情况时也很诚恳
　　 B 这让人感到非常放心
　　 C 她的服务热情周到

59. A 要马上送他去医院
　　 B 他看起来病得很厉害
　　 C 否则就耽误了

60. A 所以决心把公益活动做好
　　 B 听了您的精彩讲话
　　 C 我非常感动

61. A 请不要伤心
    B 假如生活中你失败了
    C 因为你会从失败中学到很多东西   _____

62. A 我是一名大学生毕业生
    B 为了支援农村教育事业
    C 我一个人来到了西部山区   _____

63. A 所以我们不能只看眼前利益
    B 选择职业是人生的一件大事
    C 而要看以后能否有较大发展   _____

64. A 小明的学习一直都很好
    B 总是考 90 多分
    C 但最近的一次考试竟然不及格   _____

65. A 即使工资再高,条件再好
    B 也不一定能保证工作热情
    C 做自己不喜欢的工作   _____

第三部分

第 66-85 题：请选出正确答案。

例如：她很活泼，说话很有趣，总能给我们带来快乐，我们都很喜欢和她在一起。

★ 她是个什么样的人？

A 幽默 ✓　　　B 马虎　　　C 骄傲　　　D 害羞

66. 晓东每天一回家不是看动画片，就是上网玩儿游戏，几乎很少做作业，但每次考试都能考到班级前三名，这让爸爸、妈妈觉得很奇怪。

★ 晓东学习怎么样？

A 很努力　　　B 很骄傲　　　C 很不好　　　D 成绩不错

67. 每个人都希望自己的孩子有良好的生活习惯，但良好的习惯并不是一天两天就能养成的，这需要父母从小就严格地要求孩子，并用自己的行动去影响他们。

★ 关于父母应该做的事，下列哪一项没有提到？

A 严格要求　　　　　　B 长时间培养

C 自己先做好　　　　　D 让孩子自己选择

68. 海南岛属热带海洋性气候，雨水较多，终年鲜花盛开，是我国著名的旅游胜地，尤其是冬天，北方游客都喜欢来到这里感受温暖的阳光。

★ 这段话主要在谈海南岛：

A 很热　　　　　　　　B 不太冷

C 有鲜花　　　　　　　D 是旅游的好地方

69. 一个人的能力是有限的，无论我们做什么样的工作，都不要认为自己是唯一能够做好的人。要知道，把工作分给其他人，这既减小了工作

强度，也会让自己去做更多的工作。
   ★ 把工作分给别人是为了：
   A 使工作变少　　　　　　B 让自己休息
   C 不让别人休息　　　　　D 减小工作强度

70. 我家附近是一所中学。上课的铃声和学生们的读书声，每天都伴着我，使我对学习有了兴趣，对学校有了很深的感情。
    ★ 根据这段话，我家附近的学校：
    A 学生很吵　　　　　　　B 学生很爱学习
    C 使我更爱学习　　　　　D 让我不喜欢学校

71. 今天是星期日，妈妈去单位加班了，家里只有我和爸爸。平时都是妈妈做家务，所以我和爸爸决定为家里做点儿事情，搞搞家庭卫生。
    ★ 我和爸爸想要做什么？
    A 做饭　　　B 去买菜　　　C 看电视　　　D 打扫卫生

72. 电影《阿凡达》取得了很大成功，其中一个很重要的原因就是它向人们展示了大自然的壮美。为了使观众有身在其中的感觉，它还采用了3D技术，观众只要戴上眼镜，就能跟电影中的人一样来到美丽的大山里。
    ★ 根据这句话，观众喜欢《阿凡达》的原因是：
    A 景色美　　　B 画面清楚　　　C 可以戴眼镜　　　D 电影票便宜

73. 很小的时候，我就有了第一个理想，当一名女警察。现在想一想，当时的我，其实是喜欢女警察们漂亮的警服和她们指挥交通时迷人的动作。
    ★ 我想当女警察的原因之一是：
    A 长得好看　　　B 服装漂亮　　　C 身材苗条　　　D 动作很快

74. 有些人大学毕业后选择留在大城市发展。可由于没有钱买房子，只好与同学或者朋友合租房子。他们说这样很好，不仅减少了租房的费用，

有时还能在一起聊聊天儿。

★ 他们合租房子的原因是：
A 钱不太多　　　　　　　B 喜欢聊天儿
C 不能单独生活　　　　　D 晚上可以一起吃饭

75. 电脑修理部的李经理喜欢与顾客沟通。每当有顾客来修电脑，他都主动、热心地为他们讲解电脑使用方面的知识和注意事项。

★ 李经理对待顾客：
A 很热情　　　B 很冷静　　　C 有知识　　　D 爱聊天儿

76. 由于家庭条件不好，知识水平又很低，大多数农民进城以后，只能在服务、加工等初等技术要求的行业工作。

★ 农民工大多在服务、加工等行业工作是由于：
A 没有钱　　　B 知识很少　　C 喜欢自由　　D 不想动脑

77. 一天，小明看到同学小刚家有一个非常好看的足球，上面有好多明星的签名，于是他就想学踢足球了。

★ 小明想学踢足球是因为：
A 想当明星　　　　　　　B 喜欢运动
C 喜欢给人签名　　　　　D 喜欢那个足球

78. 学习外语时要多说、多练才能使自己进步得更快。当别人为你纠正错误时，也不要不好意思，因为每个人都是在不断改正自己错误的过程中进步的。

★ 这段话主要是说：
A 学习的态度　　　　　　B 要相信自己
C 要纠正错误　　　　　　D 每个人都一样

79. 香滑的炖蛋和双皮奶是澳门非常有名的小吃。无论是夏天还是冬季，小摊前经常挤满了排队的人等着品尝。

★ 这段话主要说的是：

A 澳门的气候　　　　　B 澳门的小吃
C 澳门人的习惯　　　　D 澳门人的传统

80-81.

根据19日的天气预报，未来三天，全国大部分地区天气晴好，降雨量较少。新疆西部和东北部分地区有小到中雪，南方有小雨或阵雨。今后10天，中东部的大部分地区气温将逐步回升，东北地区最低气温在零下10-15度左右，华北等地气温将比去年同期高1-3度。

★ 这个时期应该是：
　A 春季　　　B 夏季　　　C 秋季　　　D 冬季
★ 如果去年华北地区的最高气温是零上15度，今年就是：
　A 16-18度　B 12-14度　C 15度　　　D 18-21度

82-83.

大学毕业生应该认真考虑选择第一份工作，因为这将对他们个人的工作态度和工作习惯产生很大的影响，也可能决定着他们将来事业的发展。如果工作几年后，才发现自己的兴趣爱好不适合这份工作，再想去别的公司，可能会有些晚了。

★ 选择第一份工作：
　A 很容易　　B 要认真考虑　C 要看爱好　D 难度很大
★ 第一份工作对什么没有影响？
　A 工作态度　B 工作习惯　　C 事业发展　D 个人专长

84-85.

随着网络的流行，出现了很多网络语言，比如"偷菜去"、"哥吃的不是面，是寂寞"等，这些语言新鲜、有趣，而且有些还说明了一定的道理。所以人们网上聊天儿的时候常常喜欢用这些网络语言。

★ 这段话主要在谈什么？
　A 心情　　　B 网络语言　　C QQ聊天儿　D 玩儿游戏
★ 人们对网络语言有什么看法？
　A 比较喜欢　B 十分讨厌　　C 不满意　　D 很生气

三、书 写

第一部分

第 86-95 题：完成句子。

例如：那座桥　800 年的　　历史　有　　了
　　　　那座桥有 800 年的历史了。

86. 想　南方　去　你　工作　吗

87. 开会　派　去　张老师　上海　校长

88. 成绩　的　让　我　这次　高兴　很

89. 作业　了　终于　我　做　把　完

90. 孩子　太　那个　不　了　听话

91. 意见　吧　有　什么　就　提出来

92. 你　不要　太　伤心　了

93. 数到　就　3　了　可以　我　开始

94. 我　就是　的　老师　这位　大学

95. 怎么　呢　听说　没　我　过

第二部分

第 96-100 题：看图，用词造句。

例如：  乒乓球　她很喜欢打乒乓球。

96.  爬山

97.  电话

98.  饺子

99.  读

100.  生气

新汉语水平考试

HSK（四级）模拟试卷 *8*

注　　意

一、HSK（四级）分三部分：

1．听力（45题，约30分钟）

2．阅读（40题，40分钟）

3．书写（15题，25分钟）

二、**听力结束后，有5分钟填写答题卡。**

三、全部考试约105分钟（含考生填写个人信息时间5分钟）。

一、听　力

第一部分

第 1-10 题：判断对错。

例如：我想去办个信用卡，今天下午你有时间吗？陪我去一趟银行？

　　★ 他打算下午去银行。　　　　　　　　　　　　(✓)

　　现在我很少看电视，其中一个原因是广告太多了，只要你打开电视，不管什么时间，也不管什么节目，总能看到那么多的广告，浪费我的时间。

　　★ 他喜欢看电视广告。　　　　　　　　　　　　(×)

1. ★ 他在书店。　　　　　　　　　　　　　　　　(　　)

2. ★ 朋友让我看他的文章。　　　　　　　　　　　(　　)

3. ★ 中秋节人们要吃月饼。　　　　　　　　　　　(　　)

4. ★ 王明现在在请客呢。　　　　　　　　　　　　(　　)

5. ★ 刘丽是一名优秀的警察。　　　　　　　　　　(　　)

6. ★ 我 22 号去买飞机票。　　　　　　　　　　　 (　　)

7. ★ 春天不能吃辣的。　　　　　　　　　　　　　(　　)

8. ★ 我准备去北京旅游。　　　　　　　　　　　　(　　)

9. ★ 猫的平衡能力很好。　　　　　　　　　　　　(　　)

10. ★ 只要锻炼身体就不会感冒。　　　　　　　　　(　　)

第二部分

第 11-25 题：请选出正确答案。

例如：女：该加油了。去机场的路上有加油站吗？
　　　男：有，你放心吧。
　　　问：男的主要是什么意思？
　　　A 去机场　　　B 快到了　　　C 油是满的　　　D 有加油站 ✓

11.　A 领工资了　　B 受表扬了　　C 当领导了　　D 换工作了

12.　A 想过生日　　　　　　　B 过完生日了
　　　C 想买蛋糕　　　　　　　D 想送男的蛋糕

13.　A 电话　　　B 电话号码　　C 本子　　　　D 钥匙

14.　A 要开会　　B 没时间　　　C 不想去接　　D 身体不舒服

15.　A 小明　　　B 小鸟　　　　C 小弟弟　　　D 小妹妹

16.　A 下个月　　B 明年　　　　C 不知道　　　D 马上

17.　A 太忙了　　　　　　　　B 很放松
　　　C 忙完了　　　　　　　　D 该去玩儿玩儿

18.　A 很满意　　B 不满意　　　C 很轻松　　　D 很紧张

115

19. A 小说　　　　B 动画片　　　C 动物　　　　D 植物

20. A 开会　　　　B 买衣服　　　C 看电影　　　D 上班

21. A 马路上　　　B 机场　　　　C 教室里　　　D 地铁上

22. A 两块二　　　B 12块　　　　C 十三块二　　D 13块

23. A 游泳　　　　B 办护照　　　C 买东西　　　D 办签证延期

24. A 女的走了　　B 男的走了　　C 阴天了　　　D 下雨了

25. A 这里环境不好　　　　　　　B 这里人太多了
　　C 这里咖啡太贵了　　　　　　D 这里咖啡不好喝

第三部分

第 26-45 题：请选出正确答案。

例如：男：把这个文件复印 5 份，一会儿拿到会议室发给大家。
　　　女：好的。会议是下午 3 点吗？
　　　男：改了，3 点半，推迟了半个小时。
　　　女：好，602 会议室没变吧？
　　　男：对，没变。
　　　问：会议几点开始？
　　　A 两点　　　B 3 点　　　C 3：30 ✓　　　D 6 点

26. A 学校　　　B 马路上　　　C 理发店　　　D 医院

27. A 看书　　　B 修电脑　　　C 吃早饭　　　D 玩儿游戏

28. A 明天　　　B 下个星期　　C 周末　　　　D 下个月

29. A 考试成绩不好　　　　　B 身体不舒服
　　C 她的小狗死了　　　　　D 没有工作了

30. A 春节　　　B 圣诞节　　　C 母亲节　　　D 新年

31. A 他毕业了　B 他在工作　　C 他是老师　　D 他是学生

32. A 房子　　　B 工作　　　　C 学历　　　　D 个子

33. A 在找材料　B 邮箱坏了　　C 着急发邮件　D 在找小明

34. A 是新出的　B 都卖完了　　C 不流行了　　D 只有一种颜色

35. A 售票员　　B 服务员　　　C 导游　　　　D 教师

36. A 很努力　　　B 难　　　　　C 无奈　　　　D 累

37. A 知识很多　　　　　　　B 兴趣很重要
　　C 考试延期了　　　　　　D 做事很难

38. A 植物　　　　B 画儿　　　C 书　　　　　D 花瓶

39. A 净化空气　　B 装饰房间　C 心情愉快　　D 让人烦恼

40. A 小学　　　　B 市场　　　C 饭店　　　　D 公园

41. A 又脏又乱　　B 很热闹　　C 很安静　　　D 环境好了

42. A 知识丰富　　　　　　　B 经验丰富
　　C 正确的人生态度　　　　D 多次失败

43. A 忘记经验　　B 积极乐观　C 反复思考　　D 受失败影响

44. A 书面作业　　B 口头作业　C 课后辅导　　D 课外活动

45. A 留作业　　　　　　　　B 练习表达
　　C 检查口头作业　　　　　D 提高能力

二、阅 读

第一部分

第46-50题：选词填空。

A 提　　B 坚持　　C 而且　　D 再　　E 成功　　F 跟

例如：她每天都（ B ）走路上下班，所以身体一直很不错。

46. 这个活动很（　　），经理对我们非常满意。

47. 她的化妆方法是（　　）电视学的，虽然不太专业，但是效果不错。

48. 王姐她们家想等儿子大学毕业以后（　　）搬到南方去。

49. 今天是我第一次讲课，你一定要给我（　　）点儿建议。

50. 小明喜欢去网吧，这不但浪费了很多钱，（　　）学习成绩也下降了。

第51-55题：选词填空。

A 绝对　　B 目标　　C 单调　　D 幅　　E 温度　　F 对

例如：A：今天真冷啊，好像白天最高（ E ）才2℃。
　　　B：刚才电视里说明天更冷。

51. A：（　　）女人来说，是事业重要还是家庭重要呢？
　　 B：关于这个问题，不同的人会有不同的看法。

52. A：这种手机的质量怎么样啊？我以前没见过这个牌子。
　　 B：放心吧，（　　）没问题。

53. A：这面墙什么装饰也没有，不好看。
　　 B：买两（　　）画儿挂上不就行了。

54. A：我觉得自己现在的生活太（　　）了，上班、回家、上网，每天都一样。
　　 B：要不你也来参加我们的俱乐部吧。

55. A：马上就要毕业了，打算找个什么样的工作啊？有（　　）了吗？
　　 B：别提了，我正为这事发愁呢！

第二部分

第 56-65 题：排列顺序。

例如：A 可是今天起晚了
　　　B 平时我骑自行车上下班
　　　C 所以就打车来公司　　　　　　　　　　　B A C

56. A 她从小就想成为一名歌手
　　B 最后她终于考上了音乐学院
　　C 经过不断的努力　　　　　　　　　　　_____

57. A 今天这个愿望终于实现了
　　B 所以我一直希望能有机会尝一尝
　　C 听说中国的饺子好吃　　　　　　　　　_____

58. A 尽管已经不在一起学习了
　　B 但是我们还是最好的朋友
　　C 也不经常联系了　　　　　　　　　　　_____

59. A 那里四季如春，风景如画
　　B 去年我去过一次昆明
　　C 有机会我还要去　　　　　　　　　　　_____

60. A 所以连续三年被评为优秀学生
　　B 她学习成绩特别好
　　C 而且尊敬老师，爱护同学　　　　　　　_____

61. A 7岁开始学拉小提琴
    B 现在已经是艺术学校的学生了
    C 我大概从3岁开始学画画儿   _____

62. A 我想一会儿再去看看
    B 可是号儿不全了
    C 昨天我看上一件衬衫   _____

63. A 老虎是陆地上最强大的动物之一
    B 它的适应能力很强
    C 因此分布很广泛   _____

64. A 我要租一套房子
    B 不用太大
    C 但是环境一定要好   _____

65. A 中国水资源比较缺乏
    B 这种情况更加严重了
    C 近年来随着用水量的增加   _____

第三部分

第 66-85 题：请选出正确答案。

例如：她很活泼，说话很有趣，总能给我们带来快乐，我们都很喜欢和她在一起。
　　★ 她是个什么样的人？
　　A 幽默 ✓　　　B 马虎　　　C 骄傲　　　D 害羞

66. 王姐真幸福，丈夫事业成功，儿子又聪明懂事，我要是能有她的一半就满足了！
　　★ 说话人是什么语气？
　　A 失望　　　B 羡慕　　　C 得意　　　D 嫉妒

67. 这儿的风景真好，环境也不错，公共设施还挺全，就是房价有点儿高，我们买不起。
　　★ 说话人对哪方面不太满意？
　　A 环境　　　B 公共设施　　C 条件　　　D 房价

68. 一个星期以来，我每天只吃苹果、喝白水，不吃饭，就连我最爱吃的冰淇淋也一次没吃。没办法，谁叫我现在这么胖！
　　★ 根据这段话可以知道什么？
　　A 我在减肥　　　　　　　B 我不爱吃饭
　　C 我喜欢苹果　　　　　　D 我不想吃冰淇淋

69. 一个人能不能在工作中做出成绩，与学历和出身没有关系，重要的是这个人有没有能力和信心。
　　★ 这句话告诉我们，一个人能力的大小决定着：
　　A 学历　　　B 出身　　　C 信心　　　D 成绩

70. 重庆今年下场大雪多好啊！我出生以来就没看见过几场雪。生活在北方的人每年都能看见好几场雪，真羡慕他们！

　　★ 通过这段话可以知道：

　　A 我是北方人　　　　　　B 我不喜欢重庆
　　C 我想看雪　　　　　　　D 我要去北方

71. 请大家放心，在比赛中我一定做到：尊重对手，尊重比赛规则，赛出水平，赛出风格，争取得到好成绩。

　　★ 他来这儿的目的是什么？

　　A 参加比赛　　B 观看比赛　　C 锻炼身体　　D 主持比赛

72. 吃饭没有规律的人，一般容易感觉累，没有力气，时间长了也会造成营养不良、贫血等现象，严重时还会得病。

　　★ 想健康，吃饭就要：

　　A 少吃　　　　B 有营养　　　C 有规律　　　D 多吃

73. 语言是文化的一部分，并在文化中发挥着相当重要的作用。同时，语言也受到文化的影响。

　　★ 这段话说的是：

　　A 文化　　　　　　　　　B 语言
　　C 科技　　　　　　　　　D 语言和文化的关系

74. 大熊猫是一种活泼的动物，喜欢吃竹子。它生活在森林茂盛、温暖湿润的地方，但现在大熊猫的数量却越来越少了。

　　★ 关于大熊猫，没提到的是：

　　A 越来越少　　B 喜欢竹子　　C 很活泼　　　D 生长很快

75. 人要生存就需要呼吸空气，一个成年人每天大约呼吸两万多次。因此，被污染了的空气对人体健康有很大的影响，甚至会危害人的生命。
    ★ 这段话谈论的主要内容是什么？
    A 呼吸方法　　　　　　　　B 空气的作用
    C 呼吸的重要性　　　　　　D 空气对人的影响

76. 学习方法是一种快速掌握知识的方法。可能每个人的学习方法都不一样，但是掌握了正确的学习方法却是成功的第一步。
    ★ 这段话主要谈的是什么？
    A 学习时间　　　B 学习态度　　　C 学习效率　　　D 学习方法

77. 仙人掌主要生长在美洲，是人们日常生活中不可缺少的一种特色蔬菜和水果，可以放在锅里煮，或是在火上烤，还有的人用它来酿酒。
    ★ 根据这段话，可以知道仙人掌：
    A 可以煮　　　　　　　　　B 不能吃
    C 不能做酒　　　　　　　　D 只生长在美洲

78. 运动可以使身体得到锻炼，也能够减轻人们的心理压力，因此，专家建议人们每天都适当地进行一些运动，比如慢跑、打羽毛球、游泳等。
    ★ 根据这段短文，运动可以：
    A 缓解疼痛　　　B 减少压力　　　C 认识朋友　　　D 赚钱

79. 随着国际文化交流的不断增多，旗袍已经不仅是中国女性的经典服装，许多外国女明星也开始穿起了旗袍，有的穿出了传统的味道，有的穿出了新的感觉。
    ★ 根据这段话，下面哪一项正确？
    A 只有明星穿旗袍　　　　　B 外国人不穿旗袍
    C 旗袍已经国际化　　　　　D 旗袍的设计应传统化

80-81.

进入21世纪以来，手机成了人们最常使用的通信设备。目前它的普及率已经非常高，甚至深入到了山区、林场。人们利用手机打电话、听音乐、拍照片、上网查资料，不仅提高了工作效率，也丰富了业余生活。

★ 下面哪一项不是手机的用途？
A 打电话　　　B 上网　　　C 拍照片　　　D 复印资料
★ 使用手机的好处不包括哪一项？
A 去林场的速度快　　　　B 与外界联系
C 提高工作效率　　　　　D 丰富业余生活

82-83.

"裸婚"是一个流行词语，也是一种对婚姻的新理解。它是指两个人结婚的时候没有房子、没有车，也不办婚礼、不去旅行。其中有的是因为没有钱；有的工资虽然很高，学历也很高，但是不想给彼此很大的压力。"裸婚"让我们知道，决定婚姻最主要的原因不是金钱，而是真正的爱情。

★ 两个人结婚，真正的原因应该是：
A 房子　　　B 爱情　　　C 金钱　　　D 学历
★ 这段话主要介绍：
A 生活方式　　B 金钱重要　　C 结婚形式　　D 幸福生活

84-85.

迈克尔·约瑟夫·杰克逊1958年8月29日生于美国印地安那州，是一名世界级流行音乐歌手、舞蹈家、演员、导演、音乐制作人，被称为"流行音乐之王"。他将黑人音乐与白人音乐巧妙地结合，形成自己独特的风格，再加上标志性的舞蹈动作，更使他获得了全世界众多歌迷的支持与喜爱。

★ 根据这段短文，下列哪类事情杰克逊没做过？
A 唱歌　　　B 跳舞　　　C 拍电影　　　D 写文章
★ 根据这段话，可以知道杰克逊：
A 喜欢白人音乐　　　　B 出生在美国
C 没当过导演　　　　　D 生活幸福

三、书 写

第一部分

第86-95题：完成句子。

例如：那座桥　　800年的　　历史　　有　　了
　　　那座桥有800年的历史了。

86. 给　　请　　我　　把　　钢笔　　递

87. 杯子　　我　　了　　让　　摔　　坏

88. 去　　我们　　坐　　吧　　还是　　火车

89. 空调　　买　　怎么样　　你　　的

90. 美　　海南岛　　一年四季　　很　　都

91. 一　　他　　睡觉　　就　　上课　　想

92. 看病　　多　　非常　　人　　医院　　的　　里

93. 合理　　做　　非常　　你　　的　　计划

94. 不是　　你们　　准备　　吗　　好　　已经　　了

95. 条件　　很好的　　提供　　学校　　给　　我们　　了

第二部分

第 96-100 题：看图，用词造句。

例如： 　　　乒乓球　　她很喜欢打乒乓球。

96.  见面

97.  电脑

98.  雨

99.  照顾

100.  高兴

新汉语水平考试

HSK（四级）模拟试卷 9

注　　意

一、HSK（四级）分三部分：

　　1. 听力（45 题，约 30 分钟）

　　2. 阅读（40 题，40 分钟）

　　3. 书写（15 题，25 分钟）

二、**听力结束后，有 5 分钟填写答题卡。**

三、全部考试约 105 分钟（含考生填写个人信息时间 5 分钟）。

一、听 力

第一部分

第 1-10 题：判断对错。

例如：我想去办个信用卡，今天下午你有时间吗？陪我去一趟银行？

★ 他打算下午去银行。　　　　　　　　　　　　（ ✓ ）

现在我很少看电视，其中一个原因是广告太多了，只要你打开电视，不管什么时间，也不管什么节目，总能看到那么多的广告，浪费我的时间。

★ 他喜欢看电视广告。　　　　　　　　　　　　（ × ）

1. ★ 我在中国。　　　　　　　　　　　　　　　（　）
2. ★ 我在学习打乒乓球。　　　　　　　　　　　（　）
3. ★ 医生认为王教授不用再住院了。　　　　　　（　）
4. ★ 我认为特别贵的东西不要在网上买。　　　　（　）
5. ★ 他总是考第一名。　　　　　　　　　　　　（　）
6. ★ 我知道这是谁的声音。　　　　　　　　　　（　）
7. ★ 领导现在重视他了。　　　　　　　　　　　（　）
8. ★ 我遇到了一个很好的机会。　　　　　　　　（　）
9. ★ 这棵树已经死了。　　　　　　　　　　　　（　）
10. ★ 我带回很多照片。　　　　　　　　　　　　（　）

第二部分

第11-25题：请选出正确答案。

例如：女：该加油了。去机场的路上有加油站吗？
　　　男：有，你放心吧。
　　　问：男的主要是什么意思？
　　　　A 去机场　　　B 快到了　　　C 油是满的　　　D 有加油站 ✓

11. A 办公室　　　B 飞机上　　　C 公司里　　　D 地铁上

12. A 问路　　　　B 讨论　　　　C 照相　　　　D 打招呼

13. A 上大学　　　B 工作　　　　C 考博士　　　D 读硕士

14. A 朋友的　　　B 邻居的　　　C 女的的　　　D 老张的

15. A 电脑　　　　B 洗衣机　　　C 衣服　　　　D 电视

16. A 太淡了　　　B 太甜了　　　C 酱油多了　　D 颜色鲜艳

17. A 会开车　　　　　　　　　　B 路太远
　　C 不会迟到　　　　　　　　　D 可能晚点儿到

18. A 刚跑完　　　B 已经瘦了　　C 时间太早　　D 不想跑步了

19. A 律师　　　　B 警察　　　　C 修暖气的　　D 卖啤酒的

20. A 在睡觉　　　B 受伤了　　　C 感冒了　　　D 忘记比赛了

21. A 玩具　　　　B 熊猫　　　　C 袜子　　　　D 信用卡

22. A 三点　　　　B 四点　　　　C 三点半　　　D 四点半

23. A 很饿　　　　B 很渴　　　　C 很冷　　　　D 很热

24. A 丢了　　　　B 坏了　　　　C 没电了　　　D 关机了

25. A 这个人太麻烦　　　　B 想了解他
　　C 冷静点儿　　　　　　D 不感兴趣

第三部分

第 26-45 题：请选出正确答案。

例如：男：把这个文件复印 5 份，一会儿拿到会议室发给大家。
　　　女：好的。会议是下午 3 点吗？
　　　男：改了，3 点半，推迟了半个小时。
　　　女：好，602 会议室没变吧？
　　　男：对，没变。
　　　问：会议几点开始？
　　　A 两点　　　B 3 点　　　C 3：30 ✓　　　D 6 点

26. A 书　　　　　B 文件　　　　C 光盘　　　　D 被子

27. A 海边　　　　B 医院　　　　C 学校　　　　D 邮局

28. A 帽子　　　　B 围巾　　　　C 股票　　　　D 领带

29. A 离家太远　　B 学费很贵　　C 学生太多　　D 食堂不好

30. A 内向　　　　B 外向　　　　C 安静　　　　D 马虎

31. A 男的不高兴　　　　　　　　B 女的还要去看
　　C 女主角不漂亮　　　　　　　D 女的没男朋友

32. A 五毛　　　　B 一块　　　　C 三毛五　　　D 四毛五

33. A 道歉　　　　B 找晓东　　　C 看小明　　　D 打孩子

34. A 失业了　　　B 失眠了　　　C 很兴奋　　　D 失去信心

35. A 经常刮风　　B 一直很冷　　C 空气湿润　　D 有片森林

36.	A 长得英俊	B 每天上网	C 失去勇气	D 不喜欢工作
37.	A 学京剧	B 当记录人员	C 修理零件	D 当辅导老师
38.	A 领导	B 服务员	C 司机	D 运动员
39.	A 很轻松	B 很辛苦	C 不能聊天儿	D 只是擦车
40.	A 金钱	B 质量	C 情感	D 健康
41.	A 注意坐姿	B 习惯坐着	C 爱喝咖啡	D 喜欢睡觉
42.	A 学校	B 剧院	C 公司	D 卧室
43.	A 训练	B 上课	C 准备比赛	D 开家长会
44.	A 面试	B 采访	C 打电话	D 拍电影
45.	A 会跳舞	B 很浪漫	C 演得好	D 经验丰富

二、阅 读

第一部分

第46-50题：选词填空。

A 申请　　B 骗　　C 民族　　D 坚持　　E 稍微　　F 通过

例如：她每天都（ D ）走路上下班，所以身体一直很不错。

46．小李和他的女朋友是（　　）别人介绍认识的。

47．小王，这QQ号码怎么（　　）啊？来，教教我。

48．中国有56个（　　），其中汉族人口最多。

49．我的头只是（　　）有点儿疼，不用担心，在家休息休息就会好的。

50．别（　　）我，我知道你根本没去图书馆。是不是又到网吧打游戏去了？

第51-55题：选词填空。

A 紧张　B 放弃　C 温度　D 哪儿　E 究竟　F 怪不得

例如：A：今天真冷啊，好像白天最高（ C ）才2℃。
　　　B：刚才电视里说明天更冷。

51．A：这个电影啊，我都看过两三遍了！
　　　B：（　　）说什么内容你都知道。

52．A：你（　　）邀请了多少人来参加婚礼呀？
　　　B：大概有30桌吧。

53．A：那个人我好像在（　　）见过。
　　　B：她是小王的爱人，上周来过我们公司，你怎么忘了？

54．A：不好意思，最近工作太（　　）了，把你的事给忘了。
　　　B：没关系，我不着急。

55．A：为了事业，他（　　）了这段10年的感情。
　　　B：那他的女朋友一定很伤心吧？

第二部分

第 56-65 题：排列顺序。

例如：A 可是今天起晚了
　　　B 平时我骑自行车上下班
　　　C 所以就打车来公司　　　　　　　　　　　　B A C

56. A 尽管父母反对
　　B 这让她的父母非常伤心
　　C 她仍然想要嫁给他　　　　　　　　　　　　_____

57. A 你都不要告诉他
　　B 不管是谁
　　C 因为这是我们两个人之间的秘密　　　　　　_____

58. A 虽然这家饭馆很小
　　B 附近没有哪家能比得过它的
　　C 可是菜做得相当好吃　　　　　　　　　　　_____

59. A 不过还没完全恢复
　　B 她的身体好多了
　　C 经过一个星期的治疗　　　　　　　　　　　_____

60. A 李强是一个爱看书的人
　　B 别的他几乎都看过
　　C 在我家，除了这本书　　　　　　　　　　　_____

61. A 最后乘坐飞机去海南
    B 再去妈妈的家乡贵阳
    C 我打算先到云南和四川   _____

62. A 就能了解世界上所有的事情
    B 网络不过是一个工具，就像字典一样
    C 但你永远不可能只拿着字典   _____

63. A 在我认识的所有老师中
    B 也是我最敬爱的一位老师
    C 她是最严格的   _____

64. A 肥胖的人越来越多
    B 于是出现了很多减肥产品
    C 可是效果却没有宣传的那么理想 _____

65. A 这样才能保持营养平衡
    B 还应该多吃蔬菜
    C 不要总是吃肉   _____

第三部分

第 66-85 题：请选出正确答案。

例如：她很活泼，说话很有趣，总能给我们带来快乐，我们都很喜欢和她在一起。

★ 她是个什么样的人？

A 幽默 ✓　　　B 马虎　　　C 骄傲　　　D 害羞

66. 在现实生活中，他是一个内向的男孩儿。但是，在网络世界里，他却非常活跃。通过网络，他交了很多没见过面的"好朋友"。

★ 为什么说他在网络里非常活跃？

　A 内向　　　　　　　B 胆子很大
　C 交了很多朋友　　　D 喜欢说话

67. 如果你学好了汉语，你就能走遍中国，就能更好地了解中国人和中国文化。

★ 更好地了解中国，应该：

　A 多看书　　B 学好汉语　　C 找个翻译　　D 来中国旅游

68. 春节的时候，坐火车回家的人特别多。为了解决买票难的问题，一般的火车票都要提前 10 天卖票，而特快车要提前 20 天卖票。

★ 坐普通火车提前几天买票？

　A 10 天　　　B 15 天　　　C 20 天　　　D 25 天

69. 真高兴！我终于毕业了，找到了一份好工作，而且还有了属于自己的飞机。难道这是在做梦吗？睁开眼睛，原来真的是梦啊！

★ 根据这段话，我：

　A 毕业了　　　B 上班了　　　C 买飞机了　　　D 做梦了

70. 吃饭前喝点儿汤，对身体很有好处，它有助于消化。而饭后喝汤却很容易导致肥胖。
    ★ 饭后喝汤：
    A 易消化　　　B 会苗条　　　C 容易发胖　　D 有利健康

71. 刚见到夏聪的时候，他很沉默，可当他知道夏聪是领导的女儿时，态度一下子却变得非常热情。
    ★ 根据这句话，可以知道：
    A 他很热情　　B 他懂艺术　　C 他态度变了　D 夏聪很漂亮

72. 老田的女儿考上大学后，只向家里要了一点儿学费。她一边打工一边学习，最后读完了大学。在大学期间，她每年都获得奖学金。
    ★ 老田的女儿：
    A 戴眼镜　　　B 成绩优秀　　C 还在打工　　D 不用交学费

73. 选择适当的时间去跳跳舞，可以让大脑更好地休息，而且还对睡眠有好处。它既是一种运动，也是一个有意思的活动，可以增加你和别人的交流，让你身心健康。
    ★ 这段话主要是谈：
    A 跳舞的好处　B 和别人交流　C 锻炼身体　　D 怎样减肥

74. 和熟悉的人在一起的时候，你会很自然、愉快地开玩笑。但是如果面对一个不太认识的人，也许你就不会这样随便了。
    ★ 和不熟悉的人开玩笑：
    A 有意思　　　B 很随便　　　C 不紧张　　　D 不太自然

75. 我觉得，送朋友礼物，最好是送那些既实用又有纪念意义的东西，价钱贵的东西不一定适合。
    ★ 我认为送朋友的礼物应该：
    A 及时　　　　B 选贵的　　　C 值得回忆　　D 仔细考虑

76. 遇到突然发生的事情，冷静的人不会慌张，也不会去依靠或埋怨别人，他会仔细思考解决问题的方法。

★ 冷静的人：

A 不成熟　　　B 爱埋怨　　　C 懂得思考　　D 不知道担心

77. 小言，我今天回来的时候发现门没锁，这要是进来小偷怎么办啊？以后你可要注意，不能再发生这样的事情了！

★ 根据这段话，可以知道小言：

A 是小偷　　　B 丢了东西　　C 今天不回来　D 忘了锁门

78. 多注意身边的人，特别是那些你觉得沟通能力特别强的人，看他们是怎样与人相处的，并试着慢慢地学习。你也许会发现，自己的沟通能力也会有所提高。

★ 根据这段话，我们应该：

A 学会沟通　　B 与人谈话　　C 减少交流　　D 原谅别人

79. 不好的习惯也是我们自己养成的。它一旦形成了，就会左右我们的行为。但是，只要我们努力，也会逐渐改掉这些坏习惯的。

★ 根据这段话，不好的习惯：

A 没关系　　　B 可以改正　　C 能够控制　　D 很难形成

80-81.

父亲教训儿子："老师跟我说，你上课总是爱说话，这个毛病你以后得改。"儿子不高兴地说："我为什么要改？上课时老师说的话比我多几倍呢！"

★ 父亲批评儿子是因为什么？

A 太笨　　　　B 看报纸　　　C 上课讲话　　D 成绩很差

★ 儿子什么意思？

A 会改的　　　B 受了委屈　　C 不会改的　　D 老师错了

82-83.

很多中国人喜欢吉利的号码，比如518、666、999等，据说这样能够带来好运气。为此，许多人甚至愿意花大价钱去购买这些吉利号码。其实这样做并不能改变什么，所谓的带来成功或好运气，也只是人们的心理作用。

★ 根据这段话可以知道，吉利号码：

A 代表运气　　　　　　B 很特别
C 能带来成功　　　　　D 不能改变命运

★ 根据这段话，可以知道：

A 能力重要　　　　　　B 要注意形象
C 数字带来好运气　　　D 518是吉利号码

84-85.

宇宙中的水星非常轻，体积也很小，和地球比起来，它只能算是个"矮个子"。它上面的环境很糟糕，太阳照到的地方，温度高达420℃以上；照不到的地方，温度会低至零下170℃左右。打雷、闪电是我们地球上常见的自然现象，可是在水星上却不会有。

★ 关于水星，可以知道：

A 很年轻　　　　　　　B 环境好
C 气温变化大　　　　　D 体积不大不小

★ 地球和水星的区别是：

A 植物不同　　　　　　B 水的重量不同
C 地球温度高　　　　　D 水星上没有闪电

三、书写

第一部分

第86-95题：完成句子。

例如：那座桥　　800年的　　历史　　有　　了
　　　那座桥有800年的历史了。

86. 很　　他　　仔细　　得　　观察

87. 化　　路上　　已经　　冰　　了　　的

88. 笑容　　的　　很　　老师　　亲切

89. 工作中　　不要　　带到　　把　　坏心情　　来

90. 山田　　叫　　去　　老师　　课程表　　取

91. 出去　　换　　玩儿　　再　　衣服　　完

92. 感兴趣　　邮票　　你　　纪念　　对　　吗

93. 下课　　一　　房间　　我　　就　　你的　　去

94. 电脑桌上　　钥匙　　放　　在　　着　　呢

95. 你　　翻译　　试着　　能　　一下　　不能

第二部分

第 96-100 题：看图，用词造句。

例如：  乒乓球　　她很喜欢打乒乓球。

96.  游泳

97.  太极拳

98.  足球

99.  打扫

100.  冷

新汉语水平考试

HSK（四级）模拟试卷 *10*

注　　意

一、HSK（四级）分三部分：

　　1. 听力（45 题，约 30 分钟）

　　2. 阅读（40 题，40 分钟）

　　3. 书写（15 题，25 分钟）

二、**听力结束后，有 5 分钟填写答题卡。**

三、全部考试约 105 分钟（含考生填写个人信息时间 5 分钟）。

一、听 力

第一部分

第 1-10 题：判断对错。

例如：我想去办个信用卡，今天下午你有时间吗？陪我去一趟银行？

　　★ 他打算下午去银行。　　　　　　　　　　（ ✓ ）

　　现在我很少看电视，其中一个原因是广告太多了，只要你打开电视，不管什么时间，也不管什么节目，总能看到那么多的广告，浪费我的时间。

　　★ 他喜欢看电视广告。　　　　　　　　　　（ × ）

1. ★ 听这个广播节目需要一个小时。　　　　　（　 ）

2. ★ 王教授的妻子有点儿矮。　　　　　　　　（　 ）

3. ★ 表格复印得很清楚。　　　　　　　　　　（　 ）

4. ★ 我很外向。　　　　　　　　　　　　　　（　 ）

5. ★ 这个地方变化很大。　　　　　　　　　　（　 ）

6. ★ 我完全看不懂说明书。　　　　　　　　　（　 ）

7. ★ 我知道这个作者。　　　　　　　　　　　（　 ）

8. ★ 养小动物不麻烦。　　　　　　　　　　　（　 ）

9. ★ 客人早上到。　　　　　　　　　　　　　（　 ）

10. ★ 老王知道密码。　　　　　　　　　　　　（　 ）

第二部分

第 11—25 题：请选出正确答案。

例如：女：该加油了。去机场的路上有加油站吗？
　　　男：有，你放心吧。
　　　问：男的主要是什么意思？
　　　A 去机场　　　B 快到了　　　C 油是满的　　　D 有加油站 ✓

11. A 商场　　　B 药店　　　C 饭店　　　D 超市

12. A 明天　　　B 马上　　　C 明天中午　　　D 今天下午

13. A 生病了　　　B 表停了　　　C 发奖金了　　　D 今天休息

14. A 妈妈　　　B 厨师　　　C 妻子　　　D 朋友

15. A 吃饭　　　B 找同事　　　C 去减肥　　　D 逛商场

16. A 不会游泳　　　B 没戴泳帽　　　C 在找爸爸　　　D 有点儿害怕

17. A 没有票了　　　　　　　B 海南太热
　　C 需要请假　　　　　　　D 得早点儿买票

18. A 下雨了　　　　　　　　B 明天下雪
　　C 比赛取消了　　　　　　D 女的是运动员

19. A 怀疑　　　　B 同意　　　　C 满意　　　　D 骄傲

20. A 医生　　　　B 司机　　　　C 卖眼镜的　　D 修理电脑的

21. A 没男朋友　　B 已经结婚了　C 觉得孤单　　D 工资不高

22. A 9054135　　B 9854351　　C 9854319　　D 9753451

23. A 这个样式好　　　　　　　B 不喜欢
　　C 非常喜欢　　　　　　　　D 给妈妈买一件

24. A 语法　　　　B 口语　　　　C 听力　　　　D 阅读

25. A 没兴趣　　　　　　　　　B 毕业后再去
　　C 专业不一样　　　　　　　D 不符合条件

第三部分

第 26-45 题：请选出正确答案。

例如：男：把这个文件复印 5 份，一会儿拿到会议室发给大家。
　　　女：好的。会议是下午 3 点吗？
　　　男：改了，3 点半，推迟了半个小时。
　　　女：好，602 会议室没变吧？
　　　男：对，没变。
　　　问：会议几点开始？
　　　A 两点　　　B 3 点　　　C 3：30 ✓　　　D 6 点

26. A 钱包　　　B 光盘　　　C 领带　　　D 衬衫

27. A 服务台　　B 办公室　　C 电子邮箱　D 贴在墙上

28. A 交通方便　B 楼下太吵　C 房租很贵　D 面积太小

29. A 8 点　　　B 9 点　　　C 8 点半　　D 20 分钟后

30. A 超市　　　　　　　　　B 电梯间
　　C 卖食品的地方　　　　　D 卖化妆品的地方

31. A 想看电视　　　　　　　B 要洗头发
　　C 新的质量不好　　　　　D 不相信广告

32. A 没带钥匙　B 电话丢了　C 快到家了　D 要去做客

33. A 很远　　　B 不是很大　C 收费　　　D 没有车位了

34. A 爱抽烟　　B 很时髦　　C 爱听京剧　D 喜欢民族音乐

35. A 不能预订　B 没房间了　C 他们是朋友 D 男的要住三天

36.	A	上班	B	找工作	C	开公司	D	读研究生
37.	A	兴奋	B	轻松	C	无奈	D	好奇
38.	A	喝酒	B	请客	C	运动	D	音乐
39.	A	显得有钱	B	喜欢安静	C	享受美食	D	和朋友聊天儿
40.	A	老师	B	家长	C	妈妈	D	心理医生
41.	A	很失望	B	有了信心	C	常被批评	D	比较聪明
42.	A	忘记事情	B	让人羡慕	C	心情放松	D	感到幸福

43. A 要坚持锻炼　　　　B 乐观很重要
    C 怎样节约时间　　　D 学会安排业余时间

44. A 没有结婚　B 工作辛苦　C 关心男朋友　D 很负责任

45. A 位置更重要　B 明年再买　C 越贵越好　D 便宜些好

二、阅 读

第一部分

第46-50题：选词填空。

A 坚持　　B 人家　　C 浪费　　D 水平　　E 顺着　　F 或者

例如：她每天都（ A ）走路上下班，所以身体一直很不错。

46．你（　　）这条路一直往前走，过两个红绿灯就能看到博物馆了。

47．会议定在下周一举行，你这周就得把材料交上来，周四（　　）周五都行。

48．他经常和中国人打交道，所以汉语（　　）很高。

49．你每天都坐在电脑前玩儿游戏，你不觉得自己是在（　　）时间吗？

50．你应该自己多动动脑筋，不要总跟（　　）学。

第51-55题：选词填空。

A 换　　B 温度　　C 回忆　　D 开玩笑　　E 刚　　F 自从

例如：A：今天真冷啊，好像白天最高（ B ）才2℃。
　　　B：刚才电视里说明天更冷。

51. A：你怎么又去逛街啊？昨天不是刚去过吗？
　　 B：哪儿啊，妈妈说我昨天买的衣服颜色不好，非让我去（　　）一件。

52. A：你知道王平现在在做什么吗？
　　 B：不知道，（　　）毕业以后，我就再也没见过他。

53. A：小刘，你在国外待了那么久，现在回来觉得还习惯吗？
　　 B：（　　）回国的时候挺不适应的，现在好多了。

54. A：我看你歌儿唱得不错，好好练练，也许将来能当歌星呢。
　　 B：别（　　）了，我还差得远呢。

55. A：半年的留学生活结束了，你有什么感受啊？
　　 B：我想，在这里我经历的所有的事情都将成为我美好的（　　）。

第二部分

第56-65题：排列顺序。

例如：A 可是今天起晚了
　　　B 平时我骑自行车上下班
　　　C 所以就打车来公司　　　　　　　　　　　B A C

56. A 其实只要味道好，服务好
    B 就一定能经营得红红火火
    C 不要总是说饭店的生意难做　　　　　　　_____

57. A 所以我只好去图书馆了
    B 可是宿舍里音乐声总是不断
    C 我喜欢在安静的地方学习　　　　　　　　_____

58. A 而是因为她性格非常好
    B 我之所以喜欢王宣
    C 不是因为她长得漂亮　　　　　　　　　　_____

59. A 我在这个城市生活了10年
    B 而且热情好客
    C 发现这里的人不仅善良　　　　　　　　　_____

60. A 总感觉自己好像就在家里一样
    B 每当我在国外和父母聊天儿时
    C 有了电脑真好　　　　　　　　　　　　　_____

61. A 虽然我没学过多少汉字
    B 但是由于经常吃中国菜
    C 所以我很熟悉中国的菜名   _____

62. A 还是从价格方面去考虑
    B 无论是从未来建设上看
    C 在这个地方购房都是很合适的   _____

63. A 他也会勇敢面对
    B 他是一个很坚强的人
    C 即使遇到再大的困难   _____

64. A 随着工资的增加
    B 交通的便利
    C 旅游已经成为人们节假日最好的选择 _____

65. A 所以刚到城里来打工时
    B 连马路都不敢过
    C 她从小就生活在偏远的农村   _____

第三部分

第 66-85 题：请选出正确答案。

例如：她很活泼，说话很有趣，总能给我们带来快乐，我们都很喜欢和她在一起。
　　★ 她是个什么样的人？
　　A 幽默 ✓　　　B 马虎　　　C 骄傲　　　D 害羞

66. 在我眼中，好学生不一定是成绩最好的，也不一定是最听话的，但他一定要有健康的心态，懂得关心别人、理解别人。
　　★ 我认为好学生的标准是：
　　A 学习好　　　B 穿得好　　　C 心态好　　　D 能力强

67. 爸爸和爷爷下象棋的时候经常输，所以爷爷总是夸自己的水平高。后来我才知道，爸爸是故意输的，目的就是为了让爷爷开心。
　　★ 爸爸是个什么样的人？
　　A 内向　　　B 孝顺　　　C 幽默　　　D 浪漫

68. 性格外向的人一般都是比较活泼开朗、对未来充满希望的人，他们充满自信，喜欢照顾别人，所以很容易和别人相处。
　　★ 性格外向的人：
　　A 爱发言　　　B 容易相处　　　C 不善言谈　　　D 不自信

69. 这次出差，原打算办完事后顺便回家乡看看亲戚，可公司来电话告诉我今天晚上必须回去，所以我的计划就得改变了。
　　★ 我原来的计划是：
　　A 想退票　　　B 晚上回去　　　C 要去旅游　　　D 回趟家乡

70. 不喜欢打扮却很干净的人，会给人一种朴素的感觉。但是如果会打扮，就会显得更年轻，更有精神。
    ★ 懂得打扮的人：
    A 爱干净　　　　B 性格怪　　　C 显得精神　　D 喜欢朴素

71. 和女朋友分手后，他的情况很糟糕，情绪也很不稳定，经常没有原因地发脾气，弄得我们这些朋友都不知道怎么安慰他才好。
    ★ 根据这段话，可以知道他：
    A 脾气好　　　　B 失恋了　　　C 很实在　　　D 不需要安慰

72. 据调查，有手机的人十之八九都会用它发送短信息。因为发短信简单、方便，还省钱，所以，现在短信的使用已经大大超过了传统的写信和打电话。
    ★ 根据这段话，人们更喜欢用什么方式联系？
    A 写信　　　　　B 发短信　　　C 打电话　　　D QQ 聊天儿

73. 人们在做错事的时候经常会说"对不起"，其实，有时"对不起"也是一种客气的说法，比如你让同事帮忙买点儿东西，可是东西卖没了，这个时候，同事也会说"对不起，没帮你买到"。
    ★ 根据这段话，"对不起"还有什么意思？
    A 代表伤心　　　B 做得不好　　C 做错了事　　D 表示客气

74. 现在我经常在网上看电影或电视剧，很方便，只要输入想看的电影或电视剧的名字，就可以马上看到，再也不用为太多的广告而烦恼了。
    ★ 我为什么选择在网上看电影或电视剧？
    A 很有趣　　　　B 节目很多　　C 没有广告　　D 看得清楚

75. 在古代，茶本来是一种药，后来才发展成为饮料。开始时，人们把新鲜的茶叶做成汤喝，后来为了方便保存和运输，才出现了我们今天喝的这种晒干了的茶叶。

　　★ 根据这段话，茶：

　　A 味道好　　　B 不易保存　　C 最初是药　　D 非常新鲜

76. 遇到比较麻烦的事情时，最好和家人或朋友商量一下，听听他们的意见。这并不代表你没有主意，做事犹豫，相反，这会增强你的判断能力和处理问题的能力。

　　★ 这段话主要谈的是什么？

　　A 与人相处　　B 减少矛盾　　C 尊重别人　　D 处理事情

77. 与别人签合同之前，一定要认真仔细地看一遍合同的内容，包括时间、地点、具体规定和双方的责任等问题。否则，如果由于自己粗心而造成物质、经济等方面的损失，是很不值得的。

　　★ 这段话主要谈：

　　A 负责任　　　B 签合同　　　C 赔偿问题　　D 生活态度

78. 被赞为"东方之珠"的香港，面积大约有1095平方千米。它原来只是一个临海的小村子，现在已经变成全球最富裕、经济最发达的地区之一。

　　★ 香港：

　　A 很繁荣　　　B 人口多　　　C 最发达　　　D 面积最大

79. 有时候，提醒比批评的效果更好。因为提醒比较委婉，也可以增加人的自信，同时，好心的提醒还可能避免错误的发生。

　　★ 根据这段话，批评会使人：

　　A 失败　　　　B 容易接受　　C 避免错误　　D 失去自信心

80-81.

　　一个人是否能够获得成功，主要是看他对人生的态度。成功的人与失败的人之间的差别就是：成功的人始终用积极的思考、乐观的精神和宝贵的经验去指导自己的人生。失败者则正好相反，他们总是生活在过去的失败当中，走不出那些阴影。

　　★ 根据这段话，成功来自：

　　　A 思考　　　B 态度　　　C 奋斗　　　D 健康

　　★ 和失败者相比，赢得胜利的人：

　　　A 更乐观　　B 有理想　　C 比较有名　　D 重视友谊

82-83.

　　身体温度能够保持相对稳定的动物，我们称它为恒温动物，就像大多数的鸟类一样。而身体温度随着环境温度的改变而改变的动物，就是变温动物。比如说蛇，它在冬天到来时，体温会逐渐下降，不吃食物，活动也几乎停止，但它依然能够活着。

　　★ 根据这段话可以知道多数鸟类：

　　　A 寿命短　　　　　　　B 吃得少
　　　C 可以治病　　　　　　D 是恒温动物

　　★ 关于变温动物，可以知道：

　　　A 不会死　　B 喜欢吃米　　C 体温会变化　　D 不喜欢活动

84-85.

　　妻子正在厨房里忙着，丈夫在她旁边不停地说："慢些，小心！赶快把鱼翻过来！油是不是太多了？有没有放盐啊？"妻子不满意地说："我懂得怎样炒菜！不用你告诉！"丈夫平静地回答道："你当然懂，亲爱的，我只是想让你知道，我在开车时，你在一旁不停地说话、嘱咐，我的感觉如何。"

　　★ 妻子在干什么？

　　　A 做鱼　　　B 吃饭　　　C 包饺子　　　D 打扫厨房

　　★ 丈夫想告诉妻子什么道理？

　　　A 要有同情心　B 习惯很重要　C 应互相理解　D 做人要诚实

三、书写

第一部分

第86-95题：完成句子。

例如：那座桥　　800年的　　历史　　有　　了
　　　那座桥有800年的历史了。

86. 克服　　很多　　是　　可以　　困难　　的

87. 激动　　她　　眼泪　　得　　流下　　了

88. 银行　　吗　　这家　　高　　的　　利息

89. 男朋友　　条　　玛丽　　领带　　送　　两

90. 不是说　　吗　　留学　　你　　出国　　不

91. 自行车　　走　　的　　我　　借　　被　　了

92. 时尚杂志　　那　　一本　　是　　的　　著名

93. 敲门声　　起床　　他　　就　　刚　　听到了

94. 意见　　请　　有　　写在　　里　　表格

95. 名字　　上　　写　　黑板　　的　　老师　　着

第二部分

第 96-100 题：看图，用词造句。

例如：  乒乓球　　她很喜欢打乒乓球。

96.  拍照

97.  钱

98.  篮球

99.  擦

100.  高

新HSK10回合格模試4級

リスニング問題スクリプト

模拟试卷1	162
模拟试卷2	168
模拟试卷3	174
模拟试卷4	180
模拟试卷5	186
模拟试卷6	192
模拟试卷7	198
模拟试卷8	204
模拟试卷9	210
模拟试卷10	216

HSK（四级）模拟试卷 *1*

大家好！欢迎参加 HSK（四级）考试。
大家好！欢迎参加 HSK（四级）考试。
大家好！欢迎参加 HSK（四级）考试。

HSK（四级）听力考试分三部分，共 45 题。
请大家注意，听力考试现在开始。

第一部分

一共 10 个题，每题听一次。

例如：我想去办个信用卡，今天下午你有时间吗？陪我去一趟银行？
　　★ 他打算下午去银行。

　　现在我很少看电视，其中一个原因是广告太多了，只要你打开电视，不管什么时间，也不管什么节目，总能看到那么多的广告，浪费我的时间。
　　★ 他喜欢看电视广告。

现在开始第 1 题：

1. 我不想找到好工作呀？可是现在太不容易了。
   ★ 他现在没有好工作。

2. 收到礼物时，只需表示感谢，不应该问价钱的高低。
   ★ 收到礼物时，应该问礼物多少钱。

3. 当得知儿子考上了有名的大学时，老张都不知道该说什么好了。
   ★ 当得知儿子考上了有名的大学时，老张不想说话。

4. 兰兰很早以前就想去南方看看了，可是她每次都是说说就算了。
   ★ 兰兰去南方玩儿过了。

5. 为了保护我们的环境，人人都要节约每一滴水。
   ★ 一个人节约了一滴水。

6. 我昨天给小李打了一个多小时的电话，让他去参加比赛，他就是不愿意。
   ★ 小李同意参加比赛。

7. 欣欣知道自己昨天对男朋友说的话很过分,她现在很后悔,想打电话向男朋友道歉。
   ★ 欣欣知道自己错了。

8. 一个人在国外生活有时会觉得很寂寞,不过没关系,我就住在你的隔壁,寂寞时就过来聊聊。
   ★ 我欢迎这个人来做客。

9. 我很喜欢那个女孩儿,可是我没向她做过任何表示,这是秘密。
   ★ 那个女孩儿知道我喜欢她。

10. 只要有时间,我就听中国歌曲,有时候还和中国朋友去KTV唱歌。
    ★ 我喜欢听中国歌曲。

第二部分

一共15个题,每题听一次。

例如:女:该加油了。去机场的路上有加油站吗?
    男:有,你放心吧。
    问:男的主要是什么意思?

现在开始第11题:

11. 男:这件衬衫号儿有点儿小,能不能给我换一件?
    女:好的。大一号儿的行吗?
    问:对话最可能发生在哪里?

12. 男:明天我们去唱歌,你也和我们一起去吧。
    女:我一定会抽时间去的。
    问:女的是什么意思?

13. 女:喂,您好!是刘丽丽的爸爸吧?她怎么还没来上学?
    男:啊,对不起!现在堵车,大约20分钟后能到。
    问:女的可能是刘丽丽的什么人?

14. 男:最近你好像瘦了很多啊。
    女:我每天都坚持慢跑40分钟。
    问:女的为什么瘦了?

15. 男：这是我从云南带回来的茶，你尝尝吧。
    女：嗯，味道不错！
    问：女的在做什么？

16. 男：这事你不知道就别问了。
    女：不问也行，以后有事你别找我！
    问：女的是什么语气？

17. 女：今天是炒鸡蛋呢，还是做鸡蛋汤？
    男：还是炒着吃吧。
    问：男的想吃什么？

18. 女：我的电脑又有问题了。
    男：找小李，他是这方面的高手。
    问：根据对话可知小李怎么样？

19. 男：老李今天看起来心情很好啊。
    女：他已经来这儿5年了，终于解决了住的问题。
    问：老李为什么高兴？

20. 女：奖金什么时候能发呀？
    男：原来说是这两天，但我刚听说要等到月末。
    问：什么时候发奖金？

21. 男：要是不工作就能有很多钱，那该多好！
    女：你做梦呢吧！
    问：女的是什么意思？

22. 女：这家商店的东西一点儿都不便宜，我们去别的地方看看吧。
    男：好，走吧。
    问：女的是什么意思？

23. 女：请问去星河广场是在这里坐车吗？
    男：反了，你应该到马路对面去坐。
    问：对话发生在哪儿？

24. 男：这么多人在排队，你为什么不到取款机那儿取呢？
    女：你看，那儿不正在修理吗？
    问：女的是什么意思？

25. 男：小静，你的毕业论文写得怎么样了？
    女：唉，虽然查了很多资料，可还差得远呢。
    问：小静的论文写完了吗？

第三部分

一共 20 个题，每题听一次。

例如：男：把这个文件复印 5 份，一会儿拿到会议室发给大家。
    女：好的。会议是下午 3 点吗？
    男：改了，3 点半，推迟了半个小时。
    女：好，602 会议室没变吧？
    男：对，没变。
    问：会议几点开始？

现在开始第 26 题：

26. 男：能给我换些零钱吗？
    女：你要换什么样的？
    男：两张 10 元的，两张 5 元的，一张 20 的。
    女：好，你数数。
    问：男的换了多少钱？

27. 男：老师，您知不知道今天谁过生日？
    女：是不是玛丽？
    男：不是她，是一个高个子的德国男生。
    女：那一定是杰西了。
    问：今天谁过生日？

28. 男：你看到网上的新闻了吗？
    女：太多了，你说的是哪一条？
    男：美洲的一个国家又地震了。
    女：是海地吧？看到了，损失挺大的。
    男：可不是。
    问：他们在谈什么？

29. 女：这儿的房子多少钱一平米？
    男：七千八。
    女：真不便宜！

男：可是这儿的位置好，环境好，交通又便利。
问：这儿的房子怎么样？

30. 女：李老板，最近家电生意怎么样啊？
    男：早就不做了。
    女：那您现在忙什么呢？
    男：我开了一家旅行社。
    问：李老板原来是做什么的？

31. 男：下班后我们去吃"必胜客"，怎么样？
    女：我有点儿吃够了。
    男：那你想吃什么啊？
    女：最好是中国小吃。
    问：女的想吃什么？

32. 女：早点儿休息吧，明天再写。
    男：不行啊，这份材料明天经理要看。
    女：看来你得开夜车了。
    男：没办法！
    问：女的是什么意思？

33. 男：昨天我爸爸给我买了很多鱼，一会儿去我家看看吧。
    女：好啊，我最爱吃鱼了。
    男：什么呀！是金鱼，可漂亮了。
    女：对不起，我弄错了。
    问：男的让女的做什么？

34. 女：这所学校离咱家也太远了！明年孩子上学可怎么办啊！
    男：你要是会开车就好了。
    女：也对，我可以去学学。
    男：这附近正好有个驾校，你明天去报名吧。
    问：女的想去学什么？

35. 男：第一次去你家，买点儿什么东西合适？
    女：买点儿水果就可以了。
    男：不少吗？
    女：少什么呀？你一个学生，意思意思就行了。
    问：女的是什么语气？

第36到37题是根据下面一段话：
　　现在，马路宽了，交通便利了，可是几个孩子一起走着去上学的却是越来越少，我们每天都要接送他们，因为我们越来越重视孩子的成长，同时也更加担心他们的安全。
　　36．说话人是谁？
　　37．根据这段话可以知道孩子们怎么样？

第38到39题是根据下面一段话：
　　中国人敬酒有很多规矩，比如说，喝酒时要先敬领导或者长辈；敬酒时如果互相碰了杯子，自己就要先把酒喝光，但不要要求对方都喝光。
　　38．和领导或长辈在一起喝酒的时候应该怎样做？
　　39．这段话主要在讲什么？

第40到41题是根据下面一段话：
　　王哲的父母看起来很严肃，但教育孩子的方式却比较宽松。虽然他们不赞成儿子玩儿电脑，但当他们看到孩子的成绩并没有因此而受到影响时，就让他自由发展了。
　　40．王哲的父母怎样教育孩子？
　　41．王哲怎么样？

第42到43题是根据下面一段话：
　　开心网是一个社会交际的网络，通过它，您可以与朋友、同学、同事、家人保持联系，及时了解他们的情况，与他们分享你的生活和快乐。欢迎各位网友加入到我们这个网络中来。
　　42．这段话可能出现在哪里？
　　43．这段话谈的是什么内容？

第44到45题是根据下面一段话：
　　电话已经成为我们生活中离不开的朋友，但如果我们长期不给这位朋友"洗澡"，不仅会影响它的质量，也会影响我们的健康。因此我们要经常把电话外面的灰尘擦掉，给它"洗澡"，以便延长它的使用时间。
　　44．根据这段话，"洗澡"是指：
　　45．这段话主要在谈什么问题？

听力考试现在结束。

HSK（四级）模拟试卷 2

第一部分

一共 10 个题，每题听一次。

例如：我想去办个信用卡，今天下午你有时间吗？陪我去一趟银行？
　　★ 他打算下午去银行。

　　　现在我很少看电视，其中一个原因是广告太多了，只要你打开电视，不管什么时间，也不管什么节目，总能看到那么多的广告，浪费我的时间。
　　★ 他喜欢看电视广告。

现在开始第 1 题：

1. 你是说小李吗？我上大学之前就天天和他在一起打球，怎么能不认识他呢？
　★ 我原来就认识小李。

2. 很多老人喜欢早上去公园锻炼身体，可是早上的空气不一定适合运动。
　★ 早上的空气一定不好。

3. 要是早知道会这样，我就不让你去了。
　★ 他早就知道会出现这种情况。

4. 王师傅做的鱼味道鲜美，不油腻，有机会你最好去尝一尝。
　★ 王师傅的鱼做得很好吃。

5. 我们班的同学都很喜欢跳舞，而且跳得非常好，所以，每当有演出的时候，我们都会积极参加。
　★ 我们班的同学都喜欢唱歌。

6. 当他站在台上，看到台下有很多观众时，立刻觉得非常紧张，结果台词全忘了。
　★ 他记得台词。

7. 那天，好不容易爬到山上，突然下起了大雨，结果我被淋成了"落汤鸡"。
　★ 他的衣服都湿了。

8. 客人告别时，主人要等客人起身后才可以站起来，不然好像是希望客人快点儿走，这样太不礼貌了。
　★ 主人送客人时应该先站起来。

9. 小刘这个人很成熟，有同情心，脾气也不错，可就是太小气，让人受不了。
   ★ 小刘很小气。

10. 你好！昨天我在这儿买的衬衫有点儿小，颜色也不太合适，能不能换一件？
    ★ 他在买衣服。

第二部分

一共 15 个题，每题听一次。

例如：**女**：该加油了。去机场的路上有加油站吗？
　　　男：有，你放心吧。
　　　问：男的主要是什么意思？

现在开始第 11 题：

11. **男**：吃完饭我们去唱歌好吗？
    女：不，人家想看电影嘛！
    问：男的和女的可能是什么关系？

12. **男**：我想今年去日本留学。
    女：毕业后再去吧，就差一年了。
    问：女的是什么意思？

13. **男**：当导游多好啊！可以去很多地方，还可以吃很多好吃的。
    女：那也没有你好啊！你有寒暑假呀！
    问：女的可能是做什么的？

14. **女**：麦克，你的作业呢？
    男：老师，对不起，昨天的作业太多，我……
    问：麦克怎么了？

15. **男**：再来点儿吧。
    女：不了，我现在得少吃，不然会发胖的。
    问：女的可能有什么打算？

16. **女**：还有小一点儿的房子吗？
    男：对不起，已经售完了。
    问：小的房子卖得怎么样？

17. 女：怎么这么快就回来了？钱取出来了吗？
    男：别提了，我忘带银行卡了。
    问：男的想做什么？

18. 女：你昨天又开夜车了吧？看你眼睛红的！
    男：是啊，我现在眼睛都睁不开了。
    问：男的是什么意思？

19. 女：你怎么这么小就抽烟？
    男：我跟我爸学的。
    问：关于爸爸，可以知道什么？

20. 女：考试的时候要仔细看题，不要马马虎虎的。
    男：知道了，你已经说了一百遍了。
    问：男的是什么态度？

21. 男：早上出去散散步，这一天都觉得有精神。
    女：是啊，年龄大了，就应该多运动。
    问：从对话中可以知道什么？

22. 女：这个电视剧很感人，快来一起看看吧。
    男：我可不想流眼泪。
    问：男的是什么意思？

23. 男：隔壁那家咖啡厅的咖啡怎么样？非常好喝吧？
    女：我觉得正好相反。
    问：女的是什么意思？

24. 女：明年我的女儿就要上小学了，还不知道让她去哪个学校好呢。
    男：离家近一点儿的最好。
    问：男的是什么意思？

25. 男：老婆，做什么好吃的呢？用不用我帮帮你啊？
    女：不用了，你只要把碗筷摆好就行了。
    问：对话可能发生在哪里？

第三部分

一共 20 个题，每题听一次。

例如：**男**：把这个文件复印 5 份，一会儿拿到会议室发给大家。
　　　女：好的。会议是下午 3 点吗？
　　　男：改了，3 点半，推迟了半个小时。
　　　女：好，602 会议室没变吧？
　　　男：对，没变。
　　　问：会议几点开始？

现在开始第 26 题：

26．**女**：音乐会的票搞到了吗？
　　男：你看，这是什么？
　　女：哇，太棒了！你可真了不起！
　　男：我行吧？
　　问：男的怎么样？

27．**女**：这次考试考得怎么样啊？
　　男：不怎么样。
　　女：快说呀，到底多少分？
　　男：60 分及格，我就差 1 分。
　　问：男的考了多少分？

28．**男**：周小丽怎么还没来？
　　女：她去医务室了。
　　男：她怎么了？
　　女：昨晚在街边吃了点儿东西，半夜就开始拉肚子。
　　问：周小丽现在在什么地方？

29．**女**：这首歌是谁点的？
　　男：可能是小李吧，这是他最喜欢的歌。
　　女：把麦克风给他。
　　男：快点儿，音乐都开始了！
　　问：对话发生在什么地方？

30. 女：喂，我是王芳，喂，喂！
    男：怎么了？
    女：我能听见小李的声音，可是他听不见我说话。
    男：是不是信号不好啊？
    女：不是，有时候就这样，我应该去修修了。
    问：女的想去修什么？

31. 男：快尝尝我做的鱼。
    女：你做的？
    男：怎么样？很好吧！我做鱼可是有名的。
    女：别吹牛了，哪有那么好啊！
    问：女的觉得鱼做得怎么样？

32. 女：你家养了这么多花儿呀？
    男：这还多？前天我姐姐还拿走了好几盆呢。
    女：能送给我两盆吗？
    男：这你可得问问我爸爸。
    问：这些花儿可能是谁养的？

33. 女：你今天穿得这么休闲，这是要去哪儿呀？
    男：啊，今天放假，跟公司的同事一起去郊游。
    女：你的工作真轻松。
    男：那你是没看见我忙的时候呢！
    问：男的工作怎么样？

34. 男：现在的孩子就喜欢玩儿电脑！
    女：是啊。我那孩子在电脑前一坐就是一天。
    男：那眼睛不累坏了啊？
    女：我就担心这个啊！
    问：女的担心什么？

35. 男：你要的光盘买到了吗？
    女：别提了，我好不容易找到了那个地方，可人家却说卖没了！
    男：那你真够倒霉的！
    女：不过还好，过两天就会有的。
    问：女的想做什么？

第 36 到 37 题是根据下面一段话：

网络给现代生活带来了方便，丰富了人们的业余生活，让人们在娱乐的同时能够学习到很多知识，但是如果过分地使用网络，也是十分有害的。

36．根据这段话，网络有什么作用？
37．这段话想告诉我们什么？

第 38 到 39 题是根据下面一段话：

下午儿子要去学游泳，我说："我们一起走着去吧。"他很高兴地同意了。以前，他都是坐车去的，还从来没有走过呢。一路上，他又蹦又跳，一会儿看看树，一会儿听听鸟儿叫，感觉特别新鲜。

38．儿子要去：
39．儿子对看到的一切觉得：

第 40 到 41 题是根据下面一段话：

各位领导、老师，下午好！今天我能拿到这个奖杯，我最想感谢的一个人就是我的老师。这一年她都陪在我的身边，安慰我，鼓励我，给了我很大的信心，让我能够坚持下来。没有她，就没有我的今天！

40．说话人最想感谢谁？
41．说话人现在的心情怎么样？

第 42 到 43 题是根据下面一段话：

糖葫芦是中国北方冬天常见的一种小吃。以前的糖葫芦主要是用山楂做成的，酸酸甜甜的，很好吃。可是现在，人们增加了它的种类，苹果、葡萄、橘子、草莓等都可以用来做糖葫芦，且味道甜美，营养丰富。

42．糖葫芦是中国哪里的小吃？
43．录音中没有提到哪种水果？

第 44 到 45 题是根据下面一段话：

我和李梅是同事。今天，我在回家的路上遇到了李梅，原来她上个星期搬家了，搬到了我家的楼下。李梅笑着对我说："以后你可以常常来我家玩儿了。现在我们不仅是同事，还是邻居了。"

44．关于李梅，可以知道什么？
45．我和李梅现在变成了：

听力考试现在结束。

HSK（四级）模拟试卷 3

第一部分

一共 10 个题，每题听一次。

例如：我想去办个信用卡，今天下午你有时间吗？陪我去一趟银行？
　　　★ 他打算下午去银行。

　　现在我很少看电视，其中一个原因是广告太多了，只要你打开电视，不管什么时间，也不管什么节目，总能看到那么多的广告，浪费我的时间。
　　　★ 他喜欢看电视广告。

现在开始第 1 题：

1. 我和小高说好三点钟在医院门口见面的，可是都三点半了也没看见他，打他手机又关机，真是急死人了！
　　★ 小高还没有来。

2. 多好的机会呀，可惜让我错过了！因为这事，妈妈都跟我生气了。
　　★ 他得到了这次机会。

3. 表演的时候，要放松，不要紧张，我们已经练过很多遍了，就把这次比赛看成是平时的练习吧。
　　★ 我们平时没有练习。

4. 现在是司机师傅换班的时间，所以不好打车，你再耐心等一会儿吧。
　　★ 现在打车不容易。

5. 减肥最好的办法就是锻炼和少吃东西，我不赞成吃减肥药，因为那样会对身体造成伤害。
　　★ 我不同意吃减肥药。

6. 他在一家五星级酒店工作，工资很高，还有奖金，公司给他提供了一套大房子。
　　★ 他没有房子住。

7. 当我们不开心时，适当地吃一些甜食会使心情变得好一些，比如巧克力和牛奶糖等。
　　★ 心情不好时应该喝牛奶。

8. 真没想到你这么年轻就读完研究生了。我去年也参加了研究生考试，可惜差了两分。
   ★ 我正在读研究生。

9. 出差时最好带着地图，这样就不会迷路了。
   ★ 出差时一定要带地图。

10. 现在的手机除了可以打电话以外，还可以听音乐、看电影、拍照、上网、玩儿游戏。
    ★ 现在的手机可以上网。

第二部分

一共15个题，每题听一次。

例如：女：该加油了。去机场的路上有加油站吗？
　　　男：有，你放心吧。
　　　问：男的主要是什么意思？

现在开始第11题：

11. 男：这是明年的工作计划，您看一下吧。
    女：我这儿还有点儿工作没做完，你先放在这儿吧。
    问：女的是什么意思？

12. 女：听说你决定不买车了，是真的吗？
    男：是呀，买了车还得洗车、保养什么的，太麻烦，再说，我家离公司也不远。
    问：他们在谈什么？

13. 男：小姐，这是203的钥匙。请给我结一下账。
    女：好的。您住了3天，一共是540块。
    问：男的想做什么？

14. 男：你们的导游英语怎么样？
    女：我们有专门的英语导游，都是通过国家级考试的，英语没问题。
    问：对话可能发生在哪儿？

15. 女：麦克为什么没来上课？
    男：昨天晚上他和朋友出去玩儿了，很晚才回来，现在肯定没起来呢！
    问：男的是什么意思？

16. 女：听说中国人过春节的时候，不但要吃饺子，还要吃鱼，有这回事吗？
    男：是啊，吃鱼的意思是"年年有余"，也就是希望富裕、有钱。
    问："年年有余"是什么意思？

17. 男：妈，这菜怎么这么淡啊？
    女：是吗？我尝尝。嗯，可能是我忘放盐了。
    问：这菜怎么样？

18. 男：你网球打得怎么样？
    女：还可以，小时候我学过，但是我最喜欢的还是打羽毛球。
    问：女的最喜欢的运动是什么？

19. 女：他怎么喝这么多酒啊？
    男：女朋友跟他分手了，心情不好。
    问：他怎么了？

20. 男：来，碰下杯，祝你新年快乐！
    女：别碰了，要是都喝了，我会醉的。
    问：他们正在做什么？

21. 男：今天晚上公司加班，我不回去吃晚饭了。
    女：怎么又加班啊？
    问：女的是什么态度？

22. 女：今天我买了两件大衣、一顶帽子，一共花了650块。
    男：别忘了还有一双500块钱的皮鞋呢！
    问：女的今天花了多少钱？

23. 女：电视里这个人是谁呀？
    男：他就是郭敬明，现在最红的网络作家之一。
    问：郭敬明是干什么的？

24. 女：我的电子信箱怎么打不开了？
    男：我看看。哎呀，密码错误，当然打不开。
    问：女的的电子信箱为什么打不开？

25. 女：你待着也没事，陪我出去逛逛街吧。
    男：逛街？我宁可在家睡觉！
    问：男的是什么意思？

第三部分

一共 20 个题，每题听一次。

例如：男：把这个文件复印 5 份，一会儿拿到会议室发给大家。
　　　女：好的，会议是下午 3 点吗？
　　　男：改了，3 点半，推迟了半个小时。
　　　女：好，602 会议室没变吧？
　　　男：对，没变。
　　　问：会议几点开始？

现在开始第 26 题：

26. 男：妈妈，我有点儿头疼，家里有没有药啊？
　　 女：我找找。还真有一盒，给你。
　　 男：这药已经过期了。
　　 女：是吗？那我再去给你买一盒。
　　 问：对话可能发生在哪儿？

27. 女：你怎么又擦车？昨天不是刚擦过吗？
　　 男：不擦不行啊！雪全化了，路上都是泥，弄得满车都是。
　　 女：用不用我帮你一把？
　　 男：不用，马上就完了。
　　 问：男的在做什么？

28. 女：小刘，你来看看，这电脑又怎么了？
　　 男：好像是死机了。
　　 女：怎么总死机呢？是不是因为有病毒啊？
　　 男：不是，这电脑都买好几年了，太旧了。
　　 女：赶紧换一台新的吧，多影响工作呀！
　　 问：关于这台电脑，我们知道什么？

29. 女：明天是情人节，你和你女朋友有什么安排呀？
　　 男：我和她约好一起去吃饭、看电影。你们俩呢？
　　 女：还不知道，我男朋友说要给我一个惊喜。
　　 男：还挺浪漫呢！
　　 问：根据对话，我们可以知道什么？

30. 男：这种电子词典多少钱？
    女：这种是新出的，不打折，5400元。
    男：太贵了！那种呢？
    女：那种原价4000，现在搞活动，打7折，2800。
    男：这个价钱还行，就买这款吧。
    问：男的买电子词典花了多少钱？

31. 男：小丽，快来看啊！进了，进了！
    女：谁进的？
    男：3号王强，接到球后，他用脑袋轻轻一顶就进了。太精彩了！
    女：我早就知道他很厉害。
    问：他们在看什么比赛？

32. 男：忙了一天，终于打扫完了。
    女：厨房也打扫了？
    男：那还用说！还有客厅、卧室、卫生间、书房，你看看！
    女：书架擦了吗？
    男：哟，这个忘了！
    问：男的没有做什么？

33. 男：我要买一张今天去北京的火车票。
    女：你要几点的？
    男：上午10点20的。
    女：对不起，已经卖没了。还有13点15和15点40的。
    男：那要13点15的吧。
    问：男的买了几点的车票？

34. 女：外面阴天了，马上要下雨了。
    男：糟了，我没带雨伞啊！
    女：没事儿，我可以把我这把伞借你。
    男：那你怎么办啊？
    女：我办公室里还有一把呢。
    问：根据对话可以知道什么？

35. 男：请问，今天美元兑换人民币的汇率是多少？
    女：现在的汇率是1美元兑换6.78元人民币。
    男：怎么又低了？那先给我换500美元吧。
    女：好，请填好这张表格。
    问：男的想做什么？

第 36 到 37 题是根据下面一段话：

业务员出差一般都坐火车，不过他们中大多数都不喜欢提前订票，觉得这样做太麻烦。但实际上提前订票，既可以避免买不到票，还可以省去排队的时间。此外，你也不用再为了买票而早早出发了。

36．这段话主要谈的是什么？

37．说话人觉得提前订票怎么样？

第 38 到 39 题是根据下面一段话：

我们公司以前的那台复印机已经用了五六年了，不但复印效果特别不好，而且还总是出问题。现在换了新的，复印速度比以前的快了两倍，不仅节约了大家的时间，还提高了工作效率，公司的员工都很高兴。

38．公司现在用的复印机怎么样？

39．公司的员工是什么态度？

第 40 到 41 题是根据下面一段话：

谢谢大家对我的支持。我虽然已经出道三年了，但拍的电影并不多，所以我还要特别感谢王子强导演，是他让大家看到了一个全新的我。拿到这个奖，对我来说是一个新的开始，我会继续努力的。谢谢大家！

40．说话人是做什么的？

41．根据录音，可以知道说话人：

第 42 到 43 题是根据下面一段话：

在泰国，酸辣汤这种小吃就相当于美国的汉堡包。不过相比之下酸辣汤就健康得多了。因为这种泰国小吃很受欢迎，于是便有人想到将做酸辣汤用的调味品放在土豆条上，制成了这种泰国独特的酸辣土豆条。

42．在泰国，酸辣汤是什么？

43．这种独特的土豆条是什么味道？

第 44 到 45 题是根据下面一段话：

最近我经常看到一些中青年人由于过度劳累而突然死亡的消息，这让我觉得很吃惊。虽然我们的生活条件变好了，但人们的压力却变得越来越大，休息、锻炼的时间也在减少，所以我觉得我们应该爱护身体，放松心情。

44．根据录音，那些中青年人为什么会突然死亡？

45．这段话告诉我们一个怎样的道理？

听力考试现在结束。

HSK（四级）模拟试卷 4

第一部分

一共 10 个题，每题听一次。

例如：我想去办个信用卡，今天下午你有时间吗？陪我去一趟银行？
　　★ 他打算下午去银行。

　　现在我很少看电视，其中一个原因是广告太多了，只要你打开电视，不管什么时间，也不管什么节目，总能看到那么多的广告，浪费我的时间。
　　★ 他喜欢看电视广告。

现在开始第 1 题：

1. 小王是我去年去旅行时认识的导游，他人很实在。
   ★ 我现在是导游。

2. 我只在周末的时候出去打工，平时在水果店里帮妈妈卖水果。
   ★ 我妈妈是卖水果的。

3. 虽然我们离得很远，但有时候我会给她发短信，或者问声好，或者讲个笑话。
   ★ 我每天都给她发短信。

4. 我最不会讲价了，去市场买东西，总是人家要多少钱，我就给多少钱。
   ★ 我只买便宜的东西。

5. 这首曲子非常轻松、优美，而且令人心情愉快，我们坐下来静静地听一会儿吧。
   ★ 这首曲子不会让人紧张。

6. 我认为应该对那些认真负责、热心助人的公共汽车司机进行表扬。
   ★ 我们要表扬所有的司机师傅。

7. 去朋友家做客之前，最好是先打个电话，不然会显得不太礼貌。
   ★ 应该先打电话，再去朋友家。

8. 我喜欢上网，经常花很多时间打游戏、看新闻、发电子邮件。
   ★ 我常常上网。

9. 我们大学同学的关系非常好，每年都会找时间聚几次。
   ★ 他们大学同学每年都聚会。

10. 今天是我的生日，老师说我可以当一天班长，这是我等了好久才等到的礼物，也是老师给我的最好的礼物。
    ★ 我不想要生日礼物。

第二部分

一共 15 个题，每题听一次。

例如：女：该加油了。去机场的路上有加油站吗？
　　　男：有，你放心吧。
　　　问：男的主要是什么意思？

现在开始第 11 题：

11. 男：听说小刘跟小王没来考试，他们病了吗？
    女：哪儿呀，他们昨天复习到很晚才睡觉，上午没起来。
    问：小刘和小王为什么没来考试？

12. 男：这么多种小食品，怎么还没选好啊？电影都要开始了！
    女：马上就好。
    问：男的是什么语气？

13. 男：开学了，孩子要交多少钱？
    女：我看看啊，服装费 200，书费 65，班费 50 ，电影票钱 35。
    问：孩子开学要交多少钱？

14. 男：音乐声太大了，吵死了！
    女：这还大呀？我怎么不觉得呢？
    问：根据对话，可以知道什么？

15. 女：明天我要参加婚礼，你看我换个发型怎么样？
    男：行啊，你的发型十多年都没变了。
    问：女的这个发型留了多长时间了？

16. 女：听说您很喜欢中国的字画。
    男：是啊，每次来到北京，我都要去画店，看到满意的就买回去几幅。
    问：男的带回去什么？

17. 女：请问洗手间在哪儿？
    男：一直往前走，到头儿往右拐就看见了。
    问：女的想去哪儿？

18. **女**：你觉得老李怎么样？
    男：人不错，就是上班爱迟到，下班爱早走。
    问：根据对话，可以知道老李怎么样？

19. **女**：老张，最近忙什么呢？
    男：退休了，在家养养花、喂喂鸟，帮助老伴儿做做饭，这样挺好。
    问：退休后老张感觉怎么样？

20. **女**：房间里太热，打开空调吧。
    男：你刚进来，当然觉得热，我觉得还行。
    问：男的是什么意思？

21. **女**：李刚，你带着女儿上哪儿去啊？
    男：刚上完舞蹈课，我带她回家吃点儿饭，下午还得学钢琴呢。
    问：李刚的女儿什么时候学钢琴？

22. **男**：老师，对不起，我不能上辅导课了，下午得去机场接我妈妈。
    女：没关系，你去吧。
    问：男的今天下午做什么？

23. **女**：我的脸色是不是很难看呀？要不我去做做美容？
    男：我看啊，多注意休息，锻炼锻炼就行了。
    问：男的是什么意思？

24. **男**：除了北京，你还去过哪些地方？
    女：我可不像你，没事就去旅游，我只去过上海和广州。
    问：从这句话中我们可以知道什么？

25. **男**：苏珊，回国的时候你打算给妈妈带点儿什么礼物啊？
    女：我妈妈喜欢中国的京剧，我要给她买一张京剧光盘。
    问：苏珊要送妈妈什么礼物？

第三部分

一共 20 个题，每题听一次。

例如：男：把这个文件复印 5 份，一会儿拿到会议室发给大家。
　　　女：好的，会议是下午 3 点吗？
　　　男：改了，3 点半，推迟了半个小时。
　　　女：好，602 会议室没变吧？
　　　男：对，没变。
　　　问：会议几点开始？

现在开始第 26 题：

26．男：请问明天上午有到上海的航班吗？
　　女：CA 1346，10 点起飞。
　　男：有稍晚一点儿的吗？
　　女：CA 6754，下午 3 点起飞，可以吗？
　　男：可以，买一张。
　　问：男的坐哪班飞机？

27．女：小刚，你怎么迟到了？
　　男：老师，我的表才 8 点。
　　女：你的表慢了 10 分钟，快去修修吧，别影响上课。
　　男：对不起，我下次一定注意。
　　问：现在可能几点？

28．女：师傅，请在这儿停吧，我到了。
　　男：好的，请慢点儿下。
　　女：多少钱？
　　男：22 块。
　　问：说话人是什么关系？

29．女：刘扬，好久不见，最近忙吗？
　　男：哟，大记者，你怎么来了？
　　女：来找你帮我妈看看，要不要做个手术。
　　男：阿姨在病房还是在急诊室呢？
　　女：在病房呢。
　　问：刘扬是做什么的？

30. 女：小王，什么时候让我们尝尝你做的川菜呀？
    男：说实话，我做川菜不太拿手。
    女：你不是四川人吗？
    男：可是我已经离开四川好多年了，现在都成半个北京人了。
    问：男的家乡在哪儿？

31. 女：校园里的取款机修好了没有？
    男：没呢，还不能取钱。
    女：可是我只有几块钱了。
    男：没关系，我可以借你点儿。
    问：女的为什么取不了钱？

32. 男：这儿有你的包裹。是什么东西啊？
    女：这是我从网上买的一条裤子。
    男：网上买的质量能好吗？
    女：还行，我买过好几次了。
    问：女的在哪儿买的裤子？

33. 女：小明，王阿姨给你介绍了一个女孩儿，你看看不？
    男：妈，你就别瞎操心了！
    女：怎么是瞎操心呢？你都这么大了。
    男：行了，别再说了，我去看还不行吗？
    问：根据对话，可以知道什么？

34. 女：王刚，你网球练得怎么样了？
    男：早就不练了，现在我学高尔夫呢。
    女：你怎么三天打鱼，两天晒网的？
    男：谁说的？我这叫兴趣广泛。
    问：女的说男的什么？

35. 女：这台洗衣机已经用了8年了，换台新的吧。
    男：不是还能用吗？
    女：能用是能用，可洗衣服的时候声音太大了，让人受不了。
    男：那就换一台吧。
    问：他们想做什么？

第36到37题是根据下面一段话：

如今，有越来越多的城里人希望利用休息日到农村去看看，尝尝农家饭，看看田园景色，去农家院摘水果，他们希望回到自然、绿色的世界，回到轻松愉快的生活状态中。这既丰富了城市居民的生活，又推动了农村旅游业的发展。

36．现在城市人喜欢做什么？

37．哪一项不是推动农村旅游发展的内容？

第38到39题是根据下面一段话：

新发地市场是北京最大的农贸市场，北京70%以上的蔬菜、80%以上的水果都在这里卖。随着节日的到来，到市场购物的车辆逐渐增多，给市场及周围道路带来了一定的交通压力。

38．新发地市场卖什么东西？

39．节日期间新发地市场及附近的情况如何？

第40到41题是根据下面一段话：

我一想到今天要跟朋友们一起骑车去长城就特别兴奋。昨天晚上，我很早就上床了，可就是睡不着。早上一听到闹钟的响声就马上起来，拿起背包就往集合地跑，到了那里才6点，离出发还有一个小时呢。朋友们一个都没来，想一想，我也太心急了，不过我真的希望早点儿看到路边的美景。

40．他为什么很兴奋？

41．他们几点出发？

第42到43题是根据下面一段话：

最近，在书店里阅读、买书的人越来越多。记者曾在"五一"期间到过北京市一家书店的少儿部采访，看到书架前有很多孩子都在认真地看书。据说，有很多家长特意带着水果、小凳把孩子送到这里，他们认为这种读书的气氛有助于孩子从小培养良好的阅读习惯。

42．现在很多人喜欢到哪里看书？

43．家长们为什么把孩子送到这里看书？

第44到45题是根据下面一段话：

对不起，老师，我得马上回家一趟，刚才我楼下的邻居打电话来说，我的房间漏水了，已经流到他家里了，让我快点儿回去看看是什么原因。我想可能是因为我来学校之前忘记关水龙头了。

44．说话人现在在哪儿？

45．说话人现在的心情怎么样？

听力考试现在结束。

HSK（四级）模拟试卷 5

第一部分

一共 10 个题，每题听一次。

例如：我想去办个信用卡，今天下午你有时间吗？陪我去一趟银行？
★ 他打算下午去银行。

现在我很少看电视，其中一个原因是广告太多了，只要你打开电视，不管什么时间，也不管什么节目，总能看到那么多的广告，浪费我的时间。
★ 他喜欢看电视广告。

现在开始第 1 题：

1. 妈妈很喜欢小狗，不管是吃饭还是看电视，总抱着它。
★ 妈妈的小狗不听话。

2. 今天早上，当我急急忙忙推开教室门时，同学们手拿鲜花，对着我微笑，桌子上还放着一个大大的生日蛋糕。
★ 今天是我同学的生日。

3. 星期天我带着妻子到城里去看一个朋友，因为不认识他的新家，我们在电话里约定在汽车站见面。
★ 我和朋友约定在汽车站见面。

4. 由于小吃的味道好，又比较便宜，因此越来越受到人们的喜爱。
★ 人们喜爱小吃是因为吃起来方便。

5. 春节前，很多人都要回家过年，所以火车、汽车的生意特别好，可是服务却比以前差了很多。
★ 春节的时候，火车客运非常繁忙。

6. 我的手机没电了，查不到小明的电话号码，真急人。
★ 我的手机坏了，所以很着急。

7. 目前世界各地的污染问题非常严重，最突出的表现是空气污染、海洋污染和城市环境污染。
★ 目前的污染问题中，城市环境污染最严重。

8. 国家延长节日假期后，人们的旅游时间更充足了，不仅能在国内旅游，还可以去国外观光购物。
   ★ 现在旅游的时间更长了。

9. 出席正式场合时，应该穿正式的服装，比如男人穿西服，女人穿套装。女士如果想穿裙子，就必须穿袜子，而且袜口不要露出来。
   ★ 女士出席正式场合时，最好不要穿裙子。

10. 在同一个问题上，年轻人和老人的认识会有些不同，但并不代表他们不能沟通。
    ★ 年轻人不能跟老人沟通。

第二部分

一共 15 个题，每题听一次。

例如：女：该加油了。去机场的路上有加油站吗？
　　　男：有，你放心吧。
　　　问：男的主要是什么意思？

现在开始第 11 题：

11. 男：旅游计划还没出来吗？
    女：经理不在，定不下来，不过下周末应该可以。
    问：旅游计划什么时候能做出来？

12. 男：你跳得那么好，联欢会时你一定得表演一个！
    女：我正在准备呢。
    问：根据对话可知女的怎么样？

13. 女：今天万达影城上映新片，咱们一起去看看吧。
    男：不行啊，明天就考试了，我还得复习呢！
    问：男的今晚可能做什么？

14. 女：中午想吃点儿什么？
    男：听你的，你是咱家领导。
    问：男的和女的是什么关系？

15. 女：小刘，听说出国留学的名额又增加了，你快点儿去报名吧。
    男：可是我已经答应女朋友不去了，现在怎么跟她说呀！
    问：男的心情如何？

16. 男：昨天我在这儿买的裤子有点儿肥，能不能给我换一条？
    女：可以，请先让我看一下购物小票。
    问：男的想干什么？

17. 女：李东，你也不小了，是不是该考虑一下个人问题了？
    男：话是这么说，可是也没有合适的呀！
    问：女的说的是什么事？

18. 女：出什么事了？前边怎么有那么多人呢？
    男：发生交通事故了！
    问：根据对话，可能发生了什么事？

19. 女：休息一会儿吧，我游不动了。
    男：好，我们上去歇歇。
    问：他们最可能在做什么？

20. 男：这儿可以订机票吗？
    女：可以，您要订哪天的？去哪儿？
    问：对话可能发生在哪里？

21. 女：我从小就很喜欢中国的功夫电影，还想学点儿中国功夫。
    男：你又不是男孩子，学这个干什么呀？
    问：男的是什么意思？

22. 男：您好，我是来应聘的，请问需要哪些材料？
    女：请让我看一下你的简历、毕业证书和推荐信。
    问：根据对话，应聘时哪个材料不需要？

23. 男：请问这儿附近有宾馆吗？
    女：离这儿不远有一家，走路10分钟就到了。
    问：男的在做什么？

24. 女：下周有文艺表演，老师让我弹钢琴，让小李唱歌，叫你跳舞。
    男：可是我想和小李换换。
    问：男的想表演什么？

25. 男：把号码告诉我，一会儿给你打过去。
    女：你怎么总是忘记我的电话号码呢？真是的！
    问：女的是什么语气？

第三部分

一共 20 个题，每题听一次。

例如：**男**：把这个文件复印 5 份，一会儿拿到会议室发给大家。
　　　女：好的。会议是下午 3 点吗?
　　　男：改了，3 点半，推迟了半个小时。
　　　女：好，602 会议室没变吧?
　　　男：对，没变。
　　　问：会议几点开始?

现在开始第 26 题：

26. **女**：经理，您找我有什么事?
    男：小刘，我要的资料都准备好了吗?
    女：准备好了。
    男：那就送到会议室吧，顺便通知各位业务经理去开会。
    女：好的，我马上就去。
    问：小刘可能是做什么工作的?

27. **男**：我说过多少次了，别总去外边吃东西，你就是不听。
    女：外边的小吃味道好嘛，而且以前我吃了也没事。
    男：虽然味道好，但有的不干净。
    女：我也没想到会拉肚子呀!
    问：根据对话，可以知道什么?

28. **男**：我想换个房间，可以吗?
    女：为什么啊?
    男：我那个同屋总在宿舍听音乐，我根本学习不了。
    女：那你搬到 304 吧。
    问：从对话中我们可以知道什么?

29. **女**：你经常看电视吗?
    男：不，我很少看，因为广告太多了。
    女：是啊，一集电视剧里边要插播好几段广告。
    男：太浪费时间了!
    问：男的为什么不喜欢看电视?

30. 女：早上好，刘医生。
    男：早上好。今天感觉怎么样？
    女：吃了你开的药，我感觉好多了，就是嗓子还有点儿疼。
    男：那我再给你开点儿药。回去以后注意多休息，过几天就会好。
    女：好的，谢谢！
    问：这两个人是什么关系？

31. 女：你能帮我整理一下行李吗？
    男：又要出差呀？
    女：是啊，跟经理去上海开会，明天就走。
    男：坐火车去吗？
    女：不是，王秘书给我们订了机票。
    问：女的怎么去上海？

32. 男：昨天的篮球比赛真精彩！
    女：是呀，好久没看到这么激烈的比赛了。
    男：两个队的水平差不多。
    女：可不是，要是最后一个三分球没进，我们就输了。
    男：是啊，就比他们多了一分，真危险！
    问：昨天的比赛他们队怎么样？

33. 男：没考上研究生，找工作也行啊！
    女：可是我还想再考一次，不然不是白努力了！
    男：那你再考不上怎么办呢？
    女：考不上再找工作。
    问：关于女的，可以知道什么？

34. 女：先生，你想选点儿什么？
    男：明天是情人节，我想给我女朋友买些花儿。
    女：那你打算花多少钱？
    男：钱不是问题，只要漂亮就行。
    问：男的为什么要给女朋友买花儿？

35. 女：听说你来北京一年了，能给我推荐几个旅游的地方吗？
    男：当然可以了，故宫、长城、颐和园……这些地方都很受欢迎。
    女：你有时间吗？陪我一起去吧。
    男：行啊，没问题！这个周末怎么样？
    女：好，谢谢你！
    问：根据对话，我们可以知道：

第 36 到 37 题是根据下面一段话：
　　现在，有些明星为了追求经济利益而写书，这样很不好，因为读者花钱买他们的书，是为了从书中获得有益的东西，所以希望他们写书的时候，最好认真地考虑一下自己的写作目的。
　　36．那些明星为什么写书？
　　37．说话人希望明星要考虑什么？

第 38 到 39 题是根据下面一段话：
　　原来我家孩子吃饭的时候，只想着自己，可是现在不一样了。他总是等长辈开始吃以后才拿起筷子。大人们都说他长大了，懂事了。我听着心里也挺高兴的。
　　38．说话人是谁？
　　39．她的孩子现在怎么样？

第 40 到 41 题是根据下面一段话：
　　随着人们生活质量的不断提高，手表已不仅仅是看时间的工具了。飞亚达表将良好的质量、优秀的设计与人们的个性、身份联系起来。戴上它，会使人感受不凡的气质。或许正像它的广告词中说的：飞亚达，一旦拥有，别无所求。
　　40．这段话最可能出现在哪儿？
　　41．根据这段话，可以知道飞亚达表怎么样？

第 42 到 43 题是根据下面一段话：
　　关于遵守时间这个问题，人们往往认为，遵守时间就是不迟到。那么早到行不行呢？有时也不太好。比如你去拜访亲戚或朋友，如果去得太早，可能主人还没准备好，这就可能会给他们造成一些不便。一般来说，提前两三分钟到比较好。
　　42．做客的时候，到得很早会怎么样？
　　43．根据这段话，下列哪种做法比较好？

第 44 到 45 题是根据下面一段话：
　　喝酒时，鼻子可以闻到酒的香气，眼睛可以看到酒的颜色，舌头可以知道酒的味道，只有耳朵不能享受到什么。于是聪明的希腊人就想出了一个办法：在喝酒时相互碰一下杯子，杯子就会发出响声，这样耳朵也得到享受了。
　　44．喝酒时，鼻子能够享受到：
　　45．这段话主要谈什么？

听力考试现在结束。

HSK（四级）模拟试卷 6

第一部分

一共 10 个题，每题听一次。

例如：我想去办个信用卡，今天下午你有时间吗？陪我去一趟银行？
★ 他打算下午去银行。

现在我很少看电视，其中一个原因是广告太多了，只要你打开电视，不管什么时间，也不管什么节目，总能看到那么多的广告，浪费我的时间。
★ 他喜欢看电视广告。

现在开始第 1 题：

1. 锻炼身体一定要坚持，不能今天去操场跑了两圈，明天就决定放弃了，这样不会有好的效果的。
★ 坚持锻炼就会有好的效果。

2. 对不起，这个柜台只收现金，不能使用信用卡，请到 5 号或 7 号柜台，那边可以。
★ 5 号柜台不能使用信用卡。

3. 我本来想大学一毕业就考研究生，可是妈妈说现在工作不好找，别失去这次机会，我只好听妈妈的话了。
★ 他正在读研究生。

4. 这篇作文的题目一看就很吸引人，内容也比较丰富，语言描写得也非常生动。一个留学生能写出这么好的文章，真让人佩服啊！
★ 这个留学生的作文写得非常好。

5. 他选择女朋友的标准是：大眼睛、高鼻子、白皮肤、乐观，还有喜欢打篮球。
★ 他现在有女朋友。

6. 我寄出去的信被退了回来，正当我感到奇怪的时候，却发现原来是我写错了地址，结果被同事们笑话了一天。
★ 同事写错了地址。

7. 今天要不是你提醒我，我肯定会忘了开会的时间。
★ 他忘了开会的时间。

8. 市内的房价太高了，郊区虽然便宜，但是有点儿远，不过我听说那儿要建地铁了，这样的话，在那儿买也行。
   ★ 他正在考虑卖房子。

9. 对面那家电影院现在和原来可不一样了，听小王说，那儿现在规模变大了，非常干净，还有空调，明天我们也去那儿看场电影吧。
   ★ 小王去过这家电影院。

10. 周秘书在电脑上制作了一个表格，可是她忘记保存，就把电脑关了。没办法，她不得不重新做了一个。
    ★ 这个秘书忘记了关电脑。

第二部分

一共15个题，每题听一次。

例如：女：该加油了。去机场的路上有加油站吗？
      男：有，你放心吧。
      问：男的主要是什么意思？

现在开始第11题：

11. 男：这么漂亮的蛋糕！今天是你的生日吗？
    女：不，这是送给小刘的，他过生日。
    问：今天谁过生日？

12. 女：老李，您的女儿在哪儿工作呢？
    男：哪有那么快呀？还有一年她研究生才毕业呢！
    问：老李的女儿怎么样？

13. 女：小周已经出国了？他怎么没通知大家呀？
    男：他不想麻烦大家，再说，他很快就会回来的。
    问：小周现在在哪儿？

14. 女：咱家的沙发还是我们结婚时买的呢，是不是应该换换了？
    男：是啊，已经10年了。
    问：他们结婚多长时间了？

15. 女：虽然小孙长得一般，可脾气好，人聪明、懂事，工作也好，我看他行。
    男：人家学历也高啊！
    问：根据对话可知小孙有什么缺点？

16. 女：你怎么才来啊？
    男：我好不容易才找到这儿。
    问：男的是什么意思？

17. 男：请问去"喜羊羊烤肉店"怎么走？
    女：一直走，别拐弯，看到必胜客再往东走50米就到了。
    问：男的可能想去吃什么？

18. 男：小李家的房子怎么样啊？
    女：非常不错。阳光好，面积也大，客厅布置得特漂亮，就是书房有点儿小。
    问：女的对小李家的房子哪一点不满意？

19. 男：妈，您看人家小海，从上到下穿的都是名牌，可我呢……
    女：别比这些，你应该比学习。
    问：男的是什么语气？

20. 男：再去游一圈啊？
    女：不了，我有点儿累了。你去吧，我在上面等你。
    问：他们可能在做什么？

21. 男：这个皮箱的密码是多少来着？
    女：看你这记性，不就是儿子的生日吗？
    问：男的怎么了？

22. 女：真希望我将来的工作能够既轻松时尚，又可以挣很多钱。
    男：现实一点儿吧，能找到一份合适的就不错了！
    问：他们在谈论什么？

23. 男：请问，这里卖烟吗？
    女：一楼不卖。你到二楼电梯的右边，那里是烟酒区。
    问：什么地方可以买烟？

24. 男：妈，我那条牛仔裤洗完了吗？
    女：没呢，洗衣机坏了，我正联系人来修理呢。你先穿别的吧。
    问：男的牛仔裤为什么没洗？

25. 女：小明，洗完手要把水龙头关上。
    男：知道了。
    问：男的是什么意思？

第三部分

一共 20 个题，每题听一次。

例如：男：把这个文件复印 5 份，一会儿拿到会议室发给大家。
　　　女：好的。会议是下午 3 点吗？
　　　男：改了，3 点半，推迟了半个小时。
　　　女：好，602 会议室没变吧？
　　　男：对，没变。
　　　问：会议几点开始？

现在开始第 26 题：

26. 女：你还记得我们的小学老师吗？
    男：当然记得，个子高高的，瘦瘦的。
    女：对，我昨天在公园里遇到他了。
    男：他早就退休了吧？
    女：是啊，现在都有孙子了。
    问：女的看见了谁？

27. 女：小健，香蕉皮不能扔到地上，快点儿捡起来。
    男：那我放在桌子上，行吗？
    女：行，不过你最好扔到垃圾桶里，不然我还得收拾。
    男：好吧。
    问：小健最后把香蕉皮扔到哪儿了？

28. 男：这件衣服挺漂亮啊，一看就知道是大商场里的东西。
    女：哪儿啊，是在小店里找到的，质量也不错。
    男：怎么不去商场啊？
    女：商场里的价钱在小店里能买三件。
    问：女的为什么不在商场买？

29. 男：一个月不见，你怎么瘦了这么多？
    女：工作太累了，天天都加班。
    男：还以为你在减肥呢。
    女：原来是这么打算的，可现在省钱了。
    问：女的原来打算做什么？

30. 男：哟，都到了，菜点完了吗？
    女：差不多了，想吃的都要了。
    男：啤酒香鸭呢？
    女：好吃吗？
    男：最近我和朋友吃了两次，味道不错，你们也尝尝吧。
    问：男的建议点什么菜？

31. 男：这张合影已经好多年了吧？
    女：是啊，那时我刚出生。
    男：这是你妈妈吧？她真漂亮！
    女：哎，时间过得真快，30年过去了，我觉得自己都老了！
    男：别这么说，你还很年轻！
    问：这张照片已经多少年了？

32. 男：最近几年，我的家乡变化很大，人们的生活比以前好多了。
    女：经济发展了，生活水平一定会提高的。
    男：不过，我家门前的那条河却没有以前那么干净了。
    女：是啊，现在环境污染是一个大问题。
    问：男的遗憾什么？

33. 女：这里的图书数量最多，种类最全。
    男：是新开的吗？
    女：不是，只不过这个楼是新盖的。
    男：文学类的书在哪边？
    女：跟我来，我对这儿特别熟悉。
    问：他们最有可能在哪儿？

34. 女：哟，小飞，买了这么多东西？
    男：晚上有场球赛，我一边吃，一边看。
    女：不是27号吗？
    男：你是不是糊涂了？仔细看看，不就是今天吗？
    问：球赛什么时候开始？

35. 女：慢点儿，路上有冰！
    男：胆小鬼！这多刺激啊！像拍电影！
    女：安全第一！如果这样，你以后还是别开了，免得我担心。
    男：行了行了，我慢点儿就是了。
    问：路面怎么样？

第 36 到 37 题是根据下面一段话：

在生活中，每一个朋友都可以成为你的老师，他们的热心、幽默、努力等都可以成为你学习的对象。同时，你也应该热心地帮助身边的每一个朋友，让他们了解你的优点，这样你也可以成为他们的老师。

36．你可以学习朋友的什么？
37．这段话主要告诉我们什么？

第 38 到 39 题是根据下面一段话：

这儿原来只有一家商店，东西卖得不仅贵，而且服务态度也很差，可是没办法，去别的商店需要走很远的路。现在不同了，附近又开了几家，这样有了竞争，他们变得一家比一家好了。

38．说话人是谁？
39．现在的商店怎么样？

第 40 到 41 题是根据下面一段话：

水是我们生活中不可缺少的东西，可是你知道吗？水的好坏对身体有很大的影响。受到了污染的水对我们的身体有害，所以，我们要尽量喝没有受到污染的干净的水。

40．水在我们的生活中怎么样？
41．我们应该喝什么样的水？

第 42 到 43 题是根据下面一段话：

小李，你这么晚才回来！我已经等了你很长时间了。快过来坐下，我想和你谈谈。小李，你和刘芳的事准备得怎么样了？什么时候去拍结婚照啊？日子已经选好了，饭店有没有订下来啊？我得准备通知亲戚和朋友啊！

42．说话人最可能在哪儿？
43．小李和刘芳要做什么？

第 44 到 45 题是根据下面一段话：

这么多年来，学生们给我带来了很多快乐。比如说，由于工作忙，我常常忘记自己的生日，可是他们会记得，并陪我过生日；当我生病的时候，是他们关心我、照顾我。我想，我一辈子都不会后悔从事这个职业的。

44．说话人是做什么的？
45．说话人心情怎么样？

听力考试现在结束。

HSK（四级）模拟试卷 7

第一部分

一共 10 个题，每题听一次。

例如：我想去办个信用卡，今天下午你有时间吗？陪我去一趟银行？
　　　★ 他打算下午去银行。

　　现在我很少看电视，其中一个原因是广告太多了，只要你打开电视，不管什么时间，也不管什么节目，总能看到那么多的广告，浪费我的时间。
　　★ 他喜欢看电视广告。

现在开始第 1 题：

1. 我昨天买的苹果，今天全吃光了。
   ★ 我把苹果都吃了。

2. 下一站是北方公园，有在北方公园下车的乘客请提前作好准备。
   ★ 北方公园到了。

3. 南方很少下雪，这次来北方出差，第一次看见这么大的雪，我非常兴奋。
   ★ 南方从来不下雪。

4. 无论是谁都不要总是忙于工作，要尽量抽出一些时间陪陪家人和朋友。
   ★ 要尽量抽出时间与家人和朋友在一起。

5. 妈妈是上海人，因为工作的关系来到了东北，她现在已经在这儿生活 30 多年了。
   ★ 妈妈今年 30 多岁。

6. 麦克很爱玩儿，常常这个周末还没过完，就开始安排下个周末的活动了。
   ★ 下个周末麦克没有活动。

7. 如果你喜欢这首歌，可以买张光盘，也可以直接从网上付费下载，特别方便。
   ★ 从网上下载歌曲很方便。

8. 以前的两次汉语水平考试，对我来说有点儿难，但这次难度更大了，特别是语法部分。
   ★ 我觉得这次考试不太难。

9. 昨天晚上我把朋友送上火车后已经很晚了，那时候已经没有公共汽车和地铁了，所以我只好打的回家。
   ★ 我是坐出租车回家的。

10. 我很喜欢花儿，可是不知道为什么，每次买回来，养不长时间花儿就死了。
    ★ 我不会养花儿。

第二部分

一共15个题，每题听一次。

例如：**女**：该加油了。去机场的路上有加油站吗？
　　　男：有，你放心吧。
　　　问：男的主要是什么意思？

现在开始第11题：

11. **男**：妈妈，我想洗个澡。
    女：等一会儿再洗吧，热水器里的水还没热呢。
    问：女的是什么意思？

12. **女**：小张，我这个月的钱好像有点儿问题，是不是没发加班费？
    男：对不起，可能是我忘了，下个月再给你补上吧。
    问：女的这个月的钱怎么了？

13. **女**：小刚，快点儿走啊，同学们都等你呢。
    男：班长，我感冒了，这次扫雪我能不能不去啊？
    问：同学们要去干什么？

14. **男**：你怎么会喜欢上他呢？你找男朋友的标准不是挺高的吗？
    女：别看他长得不怎么样，学历还是挺高的。
    问：女的对男朋友哪个方面满意？

15. **男**：慧美，你有什么吃的吗？我饿了。
    女：巧克力，你吃吗？我刚跟李丽要的。
    问：现在谁有巧克力？

16. **女**：别听小王的，要是容易，人家早就自己当老板了。
    男：放心吧，我虽然经验不足，但还不至于像他那么笨。
    问：男的觉得自己怎么样？

17. 男：我帮了她，她不但不感谢我，反而说我不好。
    女：她怎么能这样呢？
    问：女的是什么意思？

18. 男：你怎么了？脸色这么不好？
    女：别提了，刚才在门口碰到一只狗，它突然向我跑过来，差点儿没把我吓死。
    问：女的怎么了？

19. 女：小桐，想不想看看我新买的车？
    男：你的驾驶证不是昨天才下来的吗？怎么这么快就买车了？
    问：男的的话是什么意思？

20. 女：您是小强的爸爸吧？今天找您来，是因为小强昨天又跟同学打架了。
    男：这孩子太不听话了，我回去一定好好教育他。
    问：说话人大概是什么关系？

21. 女：她怎么能这么不讲道理呢？我要去问问她。
    男：你去不但解决不了问题，反而会使你们的关系更糟糕。
    问：男的是什么意思？

22. 男：服务员，有热水吗？
    女：对不起，12点以后就不提供热水了。不过，房间里有免费的矿泉水。
    问：对话大概发生在哪儿？

23. 男：今天下午我要去一趟公安局，我的护照还有一个月就到期了。
    女：那你可得快点儿去，不然就赶不上去欧洲旅游了。
    问：男的今天下午要去哪儿？

24. 男：周末我们去酒吧吧，听说有很多留学生去那里练习口语。
    女：我还是喜欢茶馆的气氛，想练习口语，约几个中国朋友一起去，不是更好吗？
    问：女的是什么意思？

25. 男：您知道书店在哪儿吗？
    女：你跟我一起走吧，我要去商店买衣服，正好路过书店。
    问：女的想告诉男的什么？

第三部分

一共 20 个题，每题听一次。

例如：男：把这个文件复印 5 份，一会儿拿到会议室发给大家。
　　　女：好的。会议是下午 3 点吗？
　　　男：改了，3 点半，推迟了半个小时。
　　　女：好，602 会议室没变吧？
　　　男：对，没变。
　　　问：会议几点开始？

现在开始第 26 题：

26．男：快点儿收拾吧，来不及了。
　　女：急什么？还有一个小时呢。
　　男：现在已经 8 点了，打的也得半个多小时才能到呢，再说，我们和小李约好 8 点 45 在车站见面。
　　女：那好，我马上就完事。
　　问：他们的火车可能是几点的？

27．女：请问，王龙是在这儿住吗？
　　男：是啊，他现在不在家。您是……？
　　女：我是他姐姐。我以前怎么没见过你呀？
　　男：我是他大学同学，刚搬来的。现在跟他合租这个房子。
　　问：女的跟王龙是什么关系？

28．女：大强，生意做得怎么样啊？
　　男：刚开始还行，现在是越做越赔钱！还比不上我在学校的时候呢！
　　女：那就回去吧，虽然挣得不多，可省心啊。
　　男：是啊，我现在想清楚了。
　　问：男的原来可能是做什么的？

29．女：你看什么呢？笑得这么开心。
　　男：动画片，你也来看吧。
　　女：我没时间，还得做饭呢。你什么时候开始喜欢儿子看的节目了？
　　男：谁说只有孩子才能看呀？这个动画片大人也能看。
　　问：说话人是什么关系？

30. 男：你妹妹打算什么时候回老家？
    女：还定不下来，她说火车票和汽车票都不好买。
    男：要不然你就给她买张飞机票吧。
    女：那也太贵了。还是等等吧。
    问：女的是什么意思？

31. 男：咦，天怎么阴了呢？是不是要下雨呀？
    女：天哪，我的被子还在外边晒着呢。
    男：那你快点儿回去吧。
    女：我还是给同屋打个电话吧，让她帮我收一下。
    问：女的有什么办法？

32. 女：明天是您和妈妈的结婚纪念日，您送她什么礼物啊？
    男：给她钱怎么样？让她想买什么就买什么。
    女：那不一样，您还是给她买个礼物吧。
    男：那你替我买一束花儿吧。
    问：男的要送妻子什么礼物？

33. 男：听说邮局旁边新开了一家健身中心，挺好的，你去了吗？
    女：去了，还不错，我正在考虑办一张年卡呢。
    男：你这么忙，能常去吗？
    女：也是，谢谢你提醒我，不然又白花钱了。
    问：女的最后是怎么决定的？

34. 男：天这么好，你拿把伞去哪儿呀？
    女：出去逛逛。中午太热，我怕晒黑了。
    男：人家年轻人还都喜欢晒得黑一点儿呢，那叫健康！
    女：我要是那样，还不难看死了呀？
    问：女的出去的时候为什么打着伞？

35. 男：听说中国人很热情，每次请客吃饭都点很多菜。
    女：嗯，是跟我们不一样。
    男：那吃不完不是太浪费了吗？
    女：没关系，可以打包。
    问："打包"是什么意思？

第 36 到 37 题是根据下面一段话：

　　毕业离校之前，很多学生把用不着的东西拿出去卖，什么书啊、本啊、学习机啊，甚至还有衣服、裤子什么的。每当这个时候，宿舍楼外面都显得非常热闹。
　　36．学生们在做什么？
　　37．这种事发生在哪儿？

第 38 到 39 题是根据下面一段话：

　　许多年轻女孩子为了减肥，往往不吃早餐，只吃一点儿水果和蔬菜。营养学家认为，这样长时间不吃早餐，会缺乏营养，还容易引起很多疾病。
　　38．很多女孩子用什么方法减肥？
　　39．经常不吃早餐会怎么样？

第 40 到 41 题是根据下面一段话：

　　这几年，我们经常会听到或看到明星自杀的新闻，这让很多人都不能理解。在普通人眼中，明星既可以得到很多人的喜爱，又可以赚很多钱，非常令人羡慕。其实，明星也有很多痛苦、无奈，还有别人不能想象的压力。
　　40．根据这段话，当明星的好处有哪些？
　　41．明星面临什么样的问题？

第 42 到 43 题是根据下面一段话：

　　北京的张先生到哈尔滨出差，本来准备去中央大街看看，可没想到被路边的一家书店吸引了。书店很大，环境也好，读书的人很多。张先生看到了自己喜欢的一本书，并认真地读了起来，两个小时过去了，他才走出那个书店。
　　42．张先生为什么改变了主意？
　　43．张先生什么时候离开那里的？

第 44 到 45 题是根据下面一段话：

　　王小宇在这次数学比赛中得了第一名。他平时学习就很认真，而且还喜欢帮助别人。作为他的同学，我应该向他学习，争取在明年的比赛中也能取得好成绩。我希望能和他一样，成为各个方面都非常优秀的学生。
　　44．说话人是什么样的心情？
　　45．关于说话人，可以知道什么？

听力考试现在结束。

HSK（四级）模拟试卷 8

第一部分

一共 10 个题，每题听一次。

例如：我想去办个信用卡，今天下午你有时间吗？陪我去一趟银行？
　　★ 他打算下午去银行。

现在我很少看电视，其中一个原因是广告太多了，只要你打开电视，不管什么时间，也不管什么节目，总能看到那么多的广告，浪费我的时间。
　　★ 他喜欢看电视广告。

现在开始第 1 题：

1. 你好，我想买一本刘小平的小说《蓝色的梦》，请问这儿有吗？
　　★ 他在书店。

2. 我的一个朋友拍了很多照片放在了他的博客里，还告诉我去看看。
　　★ 朋友让我看他的文章。

3. 农历八月十五是中国的传统节日——中秋节，这一天人们都要吃月饼。
　　★ 中秋节人们要吃月饼。

4. 王明，恭喜你考上了研究生！你是不是该请客了？
　　★ 王明现在在请客呢。

5. 刘丽，我们看了那部电视剧，你演的人民警察给我们留下了很深的印象。
　　★ 刘丽是一名优秀的警察。

6. 我的签证办下来了，打算 22 号出发，明天就得去买飞机票了。
　　★ 我 22 号去买飞机票。

7. 春天吃东西应该清淡一些，要多吃新鲜蔬菜和水果，少吃肉和辣的，尤其要少喝酒。
　　★ 春天不能吃辣的。

8. 我刚从北京回来，这次不仅参观了许多旅游景点，还尝到了很多当地的小吃。
　　★ 我准备去北京旅游。

9. 传说猫有九条命，不容易死，这么说主要是因为猫的平衡能力强，即使从很高的地方掉下来也不容易受伤。
   ★ 猫的平衡能力很好。

10. 感冒是最常见的疾病，要想预防感冒，就要有充足的时间休息，加强锻炼，并且保持个人及环境卫生。
    ★ 只要锻炼身体就不会感冒。

第二部分

一共 15 个题，每题听一次。

例如：女：该加油了。去机场的路上有加油站吗？
　　　男：有，你放心吧。
　　　问：男的主要是什么意思？

现在开始第 11 题：

11. 女：王飞，你怎么这么高兴？
    男：我今天拿到了第一份工资，能不乐吗！
    问：男的为什么高兴？

12. 男：你什么时候过生日啊？
    女：我呀，已经吃过今年的生日蛋糕了！
    问：女的是什么意思？

13. 男：你在找什么？把抽屉弄得这么乱！
    女：王丽的电话号码不知道让我记在哪儿了。
    问：女的在找什么？

14. 男：我今天没有时间接孩子，你下了班去接一下吧。
    女：行，正好我今天不忙。
    问：男的为什么不能接孩子？

15. 女：哎呀，小明，你家的鸟儿跟我说话了！
    男：那有什么奇怪的？它还会唱歌呢！
    问：谁会唱歌？

16. 女：杨教授，听说您要去国外讲学，什么时候出发？
    男：签证还没办完呢，日期定不下来呀。
    问：杨教授什么时候去国外？

17. 女：明天我们去玩儿玩儿吧，你已经忙了一个月了。
    男：是该放松放松了。
    问：男的是什么意思？

18. 女：考试结束了，你怎么看起来一点儿也不轻松啊？
    男：今天的题太多了，有两道还没看呢，时间就到了！
    问：男的怎么了？

19. 女：你喜欢灰太狼吗？
    男：不喜欢。不过，这部动画片倒是很有意思。
    问：他们在谈论什么？

20. 女：明天你陪我去买衣服吧。
    男：明天上午我有一个重要的会议，下午我们再去吧。
    问：他们明天一起做什么？

21. 女：红灯、红灯，快，停，停！多危险啊！
    男：不好意思，刚才我没注意！
    问：对话可能发生在哪儿？

22. 女：苹果一斤两块二，您要买五斤以上就两块钱一斤。
    男：那我买六斤吧。
    问：一共多少钱？

23. 女：天这么热，下午跟我一起去游泳吧。
    男：不行，我的签证要到期了，我得去办延期。
    问：下午男的可能会做什么？

24. 男：天阴了，估计要下雨，我看你就别走了。
    女：那好吧，我明天再走。
    问：根据对话，下列哪一项是对的？

25. 男：在这儿喝点儿咖啡，怎么样？
    女：我们还是换一个地方吧，这儿的咖啡，一杯就一百八！
    问：女的是什么意思？

第三部分

一共 20 个题，每题听一次。

例如：**男**：把这个文件复印 5 份，一会儿拿到会议室发给大家。
　　　女：好的。会议是下午 3 点吗？
　　　男：改了，3 点半，推迟了半个小时。
　　　女：好，602 会议室没变吧？
　　　男：对，没变。
　　　问：会议几点开始？

现在开始第 26 题：

26. **男**：你觉得哪里不舒服？
　　 女：我牙疼。
　　 男：张开嘴，我看一下，是这颗牙吗？
　　 女：是！
　　 问：对话可能发生在哪儿？

27. **女**：吃饭了！别玩儿了。
　　 男：我刚玩儿了一会儿。
　　 女：你都坐在电脑前一上午了，还说一会儿？
　　 男：再给我一分钟就行。
　　 问：男的可能正在做什么？

28. **男**：我想换套新家具，可是那家商场的东西太贵了！
　　 女：你可以打折的时候再去买啊。
　　 男：那得等到什么时候啊？
　　 女：下周他们就有优惠活动，你可以去看看。
　　 问：女的建议男的什么时候去买？

29. **男**：你怎么哭了？
　　 女：我养的那只小狗死了！
　　 男：哦，怪不得，但是你也别太难过了。
　　 女：养了一年多，死了，能不难过吗？
　　 男：小动物都不好养。
　　 问：女的为什么哭？

30. 男：快到元旦了，你有什么计划吗？
    女：我正和几个朋友商量着哪天出去聚聚呢。你有什么打算？
    男：还没想好呢。
    女：要不你参加我们的聚会吧。
    问：什么节日快到了？

31. 男：请问，李老师在吗？
    女：在，请进。
    男：我想让老师帮我指导一下论文。
    女：好，你稍等一下。
    问：关于男的，我们可以知道什么？

32. 男：你不是说他不错吗？怎么又分手了？
    女：别提了，他不但没有房子，而且学历也低。
    男：房子以后慢慢买呗，本科学历也足够了呀。
    女：可是，可是他的个子也不高啊。
    问：哪个条件女的没说？

33. 男：你有小明的邮箱吗？
    女：我给你看看。
    男：麻烦你快点儿，我有一份材料需要马上给他。
    女：我找到了，给你。
    问：男的怎么了？

34. 女：先生，您要买手机吗？
    男：现在哪款卖得比较好？能不能给我推荐一下？
    女：这款是今年新出的，现在很受欢迎，特别流行。
    男：还有别的颜色吗？
    女：别的都卖完了，只剩下这一种颜色了。
    问：根据对话我们知道这款手机怎么样？

35. 男：各位朋友，下午好！欢迎大家来沈阳游玩！
    女：沈阳有哪些好玩儿的地方？
    男：沈阳的名胜古迹很多，有"一宫两陵"、"大帅府"等。
    女：沈阳有什么好吃的吗？
    男：当然有了，"老边饺子"、"马家烧麦"等都很有名。
    问：男的是做什么的？

第 36 到 37 题是根据下面一段话：

　　作为一名教师，要懂得培养学生的学习兴趣，因为兴趣是最好的老师。当学生对一门功课感兴趣时，即使遇到了难题，也会想办法去解决。如果不感兴趣，再容易理解的问题，也不愿意去思考。

　　36．做自己喜欢的事会感到：
　　37．这段话主要告诉我们什么？

第 38 到 39 题是根据下面一段话：

　　绿色植物能够净化空气，美化环境，还能使人心情愉快，精神放松。所以很多人都喜欢把绿色植物买回家去，摆放在卧室和客厅里，既能够装饰，又有利于健康。

　　38．根据这段话，很多人喜欢在房间里放什么？
　　39．房间里摆放这些东西不会怎么样？

第 40 到 41 题是根据下面一段话：

　　以前这个地方是一个大市场，虽然很热闹，但是环境比较差。前几年政府决定进行城市改造，将这儿变成了一个公园。现在这里到处是鲜花和绿草。每到周末，许多人就会和家人、朋友一起来这里散步、游玩。

　　40．原来这儿是什么地方？
　　41．现在有什么变化？

第 42 到 43 题是根据下面一段话：

　　一个人是否能够获得成功，主要是看他对人生的态度。成功的人始终用积极的思考、乐观的精神和宝贵的经验去指导自己的人生。失败者却正好相反，他们总是被过去的失败影响着，不能积极地面对未来。

　　42．获得成功的关键是：
　　43．成功者是怎样面对人生的？

第 44 到 45 题是根据下面一段话：

　　语文中的口头作业一般是指朗读课文或表达练习，孩子往往不重视。因此需要家长帮助老师检查孩子的完成情况，以便发现他们学习上的问题，从而提高孩子们的语言表达能力。

　　44．根据这段话可知孩子不重视什么？
　　45．根据这段话，家长应该做什么？

听力考试现在结束。

HSK（四级）模拟试卷 9

第一部分

一共 10 个题，每题听一次。

例如：我想去办个信用卡，今天下午你有时间吗？陪我去一趟银行？
★ 他打算下午去银行。

现在我很少看电视，其中一个原因是广告太多了，只要你打开电视，不管什么时间，也不管什么节目，总能看到那么多的广告，浪费我的时间。
★ 他喜欢看电视广告。

现在开始第 1 题：

1. 来到中国以后，我学会了用筷子吃饭，还学了一点儿中国功夫，现在我正在学习写毛笔字。
★ 我在中国。

2. 我很喜欢打乒乓球，可是打得不好，有时间我想找个专业教练教教我。
★ 我在学习打乒乓球。

3. 医生建议王教授继续住院观察一天，可他就是不听。没办法，他女儿只好把他接回了家。
★ 医生认为王教授不用再住院了。

4. 我觉得网上购物一定要有所选择，比如书本、服装或者娱乐的东西可以在网上买，但价钱特别贵的东西最好不要在网上购买。
★ 我认为特别贵的东西不要在网上买。

5. 刚到这个班级的时候，他的成绩很不好，可他并没有灰心，经过一段时间的努力，他在这次考试中得了第一名。
★ 他总是考第一名。

6. 这声音听起来有点儿熟，但我一下子想不起来是谁了。
★ 我知道这是谁的声音。

7. 原来领导不重视你，是因为你能力不足，还不知道努力学习，现在你进步这么大，他对你的态度当然就不一样了！
★ 领导现在重视他了。

8. 像这样的机会很难遇到，你要懂得珍惜，好好把握住它，就会成功的！
   ★ 我遇到了一个很好的机会。

9. 快来看，这棵树竟然长出了叶子！原来它一直半死不活的，我还以为它会慢慢地死了呢。
   ★ 这棵树已经死了。

10. 会议结束之后，公司组织我们去参观了那里的名胜古迹，我拍了很多照片，给你看看。
    ★ 我带回很多照片。

第二部分

一共15个题，每题听一次。

例如：女：该加油了。去机场的路上有加油站吗？
　　　男：有，你放心吧。
　　　问：男的主要是什么意思？

现在开始第11题：

11. 男：今天下午3点，所有留学生都在图书馆门前集合。
    女：好，我去教室通知一下。
    问：对话最可能发生在哪儿？

12. 男：注意了，大家都看我，我数到3就开始照了！
    女：等会儿，我先摆个姿势。
    问：他们在做什么？

13. 男：小洋，你明年该大学毕业了吧？想找个什么样的工作？
    女：王叔叔，我都读了两年硕士了，明年准备考博士呢。
    问：女的现在做什么呢？

14. 男：这小狗真漂亮，几岁了？
    女：不知道，我朋友出差，让我帮他照顾两天。
    问：这是谁的小狗？

15. 女：咱们家应该换台电视了吧？我觉得海尔公司新出的那种不错。
    男：随你便。这种小事，都听你的！
    问：女的想买什么？

16. 女：这个菜我没做好，酱油放多了。
    男：怪不得颜色有点儿不对！
    问：这个菜怎么了？

17. 女：还有15分钟演出就要开始了，来不及了吧？
    男：没关系，我知道有条近路，应该可以提前几分钟到的。
    问：男的是什么意思？

18. 男：你不是说要坚持跑步，一个月减10斤吗？这都几点了，还不起来？
    女：那已经是我过去的打算了。
    问：女的是什么意思？

19. 女：请问是王先生吗？我家的暖气漏水了，您能不能给修一下？
    男：好的，请把你家的地址告诉我。
    问：男的是做什么的？

20. 女：比赛时怎么没看见班长呢？
    男：别提了，前天他上楼的时候摔了一跤，现在正在床上躺着呢。
    问：班长怎么了？

21. 女：我才收拾完的屋子，怎么又弄得这么乱？
    男：乐乐说她的小熊猫玩具不见了，我正在帮她找。
    问：男的在找什么？

22. 男：经理什么时候回来啊？现在都3点了，这份文件还等着他签字呢！
    女：他刚才来电话说，让你再等他半个小时。
    问：经理什么时候回来？

23. 男：这是什么天儿啊！真想到冰箱里凉快凉快！
    女：你去隔壁待会儿吧，那儿有空调。
    问：男的觉得怎么样？

24. 男：王丽，刚才我给你打电话，怎么打不通呢？
    女：哎呀，对不起，刚才开会，把手机关了。
    问：王丽的手机刚才怎么了？

25. 女：快看，这个男明星多帅！以前我怎么没见过呢？是个新人吧？
    男：我们能不能看点儿别的！
    问：男的是什么意思？

第三部分

一共 20 个题,每题听一次。

例如:男:把这个文件复印 5 份,一会儿拿到会议室发给大家。
　　　女:好的。会议是下午 3 点吗?
　　　男:改了,3 点半,推迟了半个小时。
　　　女:好,602 会议室没变吧?
　　　男:对,没变。
　　　问:会议几点开始?

现在开始第 26 题:

26.女:文件带来了吗?
　　男:哎呀,我把它落在车上了。
　　女:你这是什么记性啊!
　　男:我马上去拿。
　　问:男的忘记拿什么了?

27.女:你看见李明了吗?
　　男:刚才在教室看见他了。
　　女:他没在呀!
　　男:那可能被老师找去了吧。
　　女:我去看看。
　　问:李明现在可能在哪儿?

28.男:这条领带看起来不错,颜色也挺好的。
　　女:既然喜欢,就买一条吧。
　　男:不知道现在有没有优惠?
　　女:那边写着呢,"买一百,送一百"。
　　男:还挺合适的。
　　问:男的想买什么?

29.男:你想让儿子念哪个高中啊?
　　女:还没想好呢。
　　男:"英才"怎么样?
　　女:那可是有钱人的儿女才能去的地方。
　　问:"英才"学校怎么样?

30. 女：你小女儿爱唱爱跳的，挺活泼呀！
    男：是啊，整天就喜欢听音乐，还常常跟着唱。
    女：有没有参加音乐特长班啊？
    男：打算明年送她去。
    问：男的女儿是什么样的性格？

31. 男：昨天的电影怎么样？
    女：好极了！尤其是男主角，英俊、浪漫，对朋友还好。
    男：看把你迷的。
    女：如果我将来找男朋友，一定找个和他一样的。
    问：根据对话，可以知道什么？

32. 女：哟，买个这么大的西瓜！
    男：现在便宜了，三毛五一斤，很多人都在抢着买呢！
    女：前两天还7毛呢！降得太快了！
    男：现在西瓜不是多了嘛。别说了，切开尝尝怎么样。
    问：今天的西瓜便宜了多少钱？

33. 男：妈妈，今天我把小明家的杯子打碎了。
    女：什么？你怎么这么不小心呢？
    男：是小东先推我，我才碰碎的。
    女：算了，你还是带我去小明家一趟吧。
    问：妈妈为什么要去小明家？

34. 男：你妈怎么样了？
    女：医生说可以做手术，但恐怕效果不会很好。
    男：那你和家人是怎么决定的？
    女：别提了，昨天我一夜都没睡着，就想这事了！
    问：女的怎么了？

35. 女：今天怎么又刮风了？
    男：这边的天气就是这样，习惯了就好了。
    女：我要赶快给我的皮肤补充点儿水。
    男：你们女的就是爱美。对了，天气预报说，明天不仅刮风，气温还要下降呢。
    问：这儿的天气怎么样？

第36到37题是根据下面一段话：

大学毕业后，我一直没找到工作。每天在家里做的事，除了上网就是上网，妈妈总是很担心我。不过我也不是一分钱不挣。每周有五个晚上，我要给小聪辅导语文和数学，并教她一些简单的英语。

36．妈妈为什么担心他？

37．他每周五个晚上做什么？

第38到39题是根据下面一段话：

很多人羡慕我们这些给领导开车的人，其实这个工作很累。除了正常的工作时间，有时候，即使是休息日，领导叫你，你也得马上就到。另外，车子一定要保持干净，因为领导的车子代表着领导的形象。

38．说话人是谁？

39．说话人的工作怎么样？

第40到41题是根据下面一段话：

如今，越来越多的人开始认识到健康的重要。在饭桌上吃饭的时候，开始注意吃的食物是否有营养；在办公室里工作的时候，开始注意坐的姿势是否正确；甚至在睡觉前，也开始思考睡觉的质量。

40．现代人越来越重视什么？

41．办公室里的人怎么样？

第42到43题是根据下面一段话：

欢迎大家来参加这次家长会。一个学期很快又过去了，孩子们有了很多的收获，也取得了很大的进步。看着他们一天天成长，我感到非常高兴，当然，这些成绩是离不开你们的大力支持和配合的。我在这里向各位家长表示感谢！

42．说话人最可能在哪儿？

43．他们在做什么？

第44到45题是根据下面一段话：

你好，方林。《生活真浪漫》这部电视剧现在非常受欢迎，男女老少几乎都在看它。你在剧中演的那个人物，大家很喜欢，你表演得非常精彩。那么，今天你能不能对电视机前的观众谈谈你在拍这部剧时的感受？

44．说话人在做什么？

45．关于方林，可以知道什么？

听力考试现在结束。

HSK（四级）模拟试卷 *10*

第一部分

一共 10 个题，每题听一次。

例如：我想去办个信用卡，今天下午你有时间吗？陪我去一趟银行？
　　★ 他打算下午去银行。

　　现在我很少看电视，其中一个原因是广告太多了，只要你打开电视，不管什么时间，也不管什么节目，总能看到那么多的广告，浪费我的时间。
　　★ 他喜欢看电视广告。

现在开始第 1 题：

1. 这个汉语广播节目每天晚上 6 点开始，7 点结束，我们正好吃完晚饭就可以听了。
 ★ 听这个广播节目需要一个小时。

2. 快看，那个长头发、又高又瘦、戴着圆形眼镜的女人就是王教授的妻子，听说她是一位有名的律师。
 ★ 王教授的妻子有点儿矮。

3. 这台复印机是不是有问题了？怎么把我的表格复印得这么不清楚啊！
 ★ 表格复印得很清楚。

4. 我的性格怎么说呢？有时候我非常喜欢热闹，可有时候我又很喜欢一个人安静地待着。
 ★ 我很外向。

5. 10 年之后，当我再次来到这里时，发现这里到处都是高楼，马路又宽又平，已经没有一点儿过去的样子了。
 ★ 这个地方变化很大。

6. 这个照相机的说明书都是英文的，我不太懂，你能不能帮我翻译一下？主要是这一段。
 ★ 我完全看不懂说明书。

7. 这篇小说的作者我了解，她原来是一个做生意的人，后来根据自己的经历写了这篇小说，没想到受到了很多读者的欢迎。
 ★ 我知道这个作者。

8. 最近几年，在城市中养小猫小狗需要办很多手续，还要经常给它们打针，带它们出去玩儿也有一些规定。
   ★ 养小动物不麻烦。

9. 您好，麻烦您给我订两个双人间，晚上七点钟客人会到，请提前在房间里准备好水果和矿泉水。
   ★ 客人早上到。

10. 进入这个程序需要密码，可是密码只有老王一个人知道，他现在又出去了，所以你只能等他回来再看了。
    ★ 老王知道密码。

第二部分

一共 15 个题，每题听一次。

例如：女：该加油了。去机场的路上有加油站吗？
      男：有，你放心吧。
      问：男的主要是什么意思？

现在开始第 11 题：

11. 男：服务员，麻烦你把这两个菜打包。
    女：好的，请稍等一下。
    问：对话发生在哪里？

12. 女：王老师，您好，请问您现在有时间吗？
    男：我马上要出去办点儿事，下午两点你再到我的办公室来吧。
    问：王老师什么时候回来？

13. 女：都 8 点半了，你怎么还不来上班啊？
    男：啊！是吗？糟糕，我的表停了，这下我的奖金可全没了！
    问：男的为什么没去上班？

14. 女：这菜做得真不错，你是从哪儿学的？
    男：平时我妈做饭的时候，我就在一旁看着，慢慢地就学会了。
    问：男的跟谁学的做菜？

15. 女：我听同事说，和平街有家中医减肥的地方，效果很好，明天我就去看看。
    男：小心点儿，别被人家骗了！
    问：女的明天想去做什么？

16. 女：东东，快下来游啊。
    男：等一会儿，爸爸给我拿游泳帽去了。
    问：关于孩子，可以知道什么？

17. 女："五·一"咱们去海南旅游，怎么样？
    男：太好了！不过，机票我们得提前买好，到时候去旅游的人一定特别多。
    问：男的是什么意思？

18. 女：我天天盼望着看这场比赛呢！为什么不比了？
    男：天气预报说，明天有大雨。
    问：根据对话，可以知道什么？

19. 男：谁做出了那道难题？太让人佩服了！
    女：除了我，还会有别人吗？
    问：女的是什么态度？

20. 女：这两种眼镜有什么区别？看起来好像一样。
    男：这种是太阳镜，而那种适合长时间在电脑前工作的人使用，可以缓解眼睛疲劳。
    问：男的可能是做什么的？

21. 男：听说你有男朋友了，快给大家介绍介绍。
    女：这又是谁胡说的呀！
    问：关于女的，可以知道什么？

22. 男：你的QQ号码是多少？告诉我一下。
    女：9854351。我现在正在网上，你申请加我做好友吧。
    问：女的的QQ号码是多少？

23. 男：这件衣服挺漂亮，你试试呗！
    女：漂亮？这样式，我妈妈穿还差不多！
    问：女的是什么意思？

24. 男：刘梅，考试成绩出来了吧？你考得怎么样？
    女：不太好，语法85分，口语比语法多5分，听力才78分。
    问：刘梅的哪门成绩最不好？

25. 男：那家医院正在招聘护士，你怎么不去试试呢？
    女：人家要求有两年工作经验的，我才刚毕业。
    问：女的是什么意思？

第三部分

一共 20 个题，每题听一次。

例如：男：把这个文件复印 5 份，一会儿拿到会议室发给大家。
　　　女：好的。会议是下午 3 点吗？
　　　男：改了，3 点半，推迟了半个小时。
　　　女：好，602 会议室没变吧？
　　　男：对，没变。
　　　问：会议几点开始？

现在开始第 26 题：

26. 女：过几天我老公过生日，你说我送他什么礼物好呢？
　　 男：衬衫、钱包或者领带都行啊。
　　 女：衬衫他太多了，领带他也不缺。
　　 男：那就选个钱包吧。
　　 女：我看行，就听你的。
　　 问：女的决定买什么？

27. 男：你的材料准备得怎么样了？
　　 女：还差一点儿。
　　 男：明天能弄完吗？
　　 女：应该没问题。
　　 男：那你写完之后把它发到我的邮箱里吧。
　　 问：女的会把材料发到哪儿？

28. 男：小张，听说你搬家了？
　　 女：是呀。
　　 男：我也正想换个地方呢，我那儿楼下是个饭店，吵得很！
　　 女：小王说他家附近有套房子要出租，要不你过去看看？
　　 问：男的住的地方怎么样？

29. 女：李冰，明天上午 8 点半在 102 教室集合，别忘了。
　　 男：8 点半？不是 8 点吗？
　　 女：老师说推迟半个小时了，你还不知道吗？
　　 男：是吗？我一点儿也不知道。
　　 问：他们到底什么时候集合？

30. 女：请问，化妆品在哪儿卖？
    男：地下超市有，二楼也有。
    女：二楼的在哪个方向？
    男：上了电梯左拐，直走，就可以看见了。
    女：谢谢！
    问：女的在找什么？

31. 男：原来的洗发水不是挺好的嘛，为什么又用这个牌子的了？
    女：你是不是不看电视啊？好多电视台都有它的广告，现在很流行的。
    男：做广告的就一定好吗？做了广告，价格更高。
    女：不管怎么样，我要试一试再说。
    问：男的是什么意思？

32. 男：小李，你怎么站在门口不进去啊？
    女：别提了，钥匙落在屋里了。
    男：到我家来坐一会儿吧，你阿姨也在家。
    女：不用了，我刚给爸爸打完电话，他马上就回来了。
    问：女的怎么了？

33. 男：看来，这个地方也不能停车了。
    女：那可怎么办啊！
    男：马路对面有个地下停车场，我们去那儿看看吧。
    女：好吧，不过那里不是免费的。
    问：那个停车场怎么样？

34. 女：平时你喜欢听什么样的音乐？
    男：当然是流行的，你呢？
    女：我和你可不一样。
    男：那你喜欢听什么？
    女：我一般都是听民族音乐，这完全是受我爸爸的影响。
    问：关于女的的爸爸，可以知道什么？

35. 女：对不起，先生，我们这儿已经没有空房间了。
    男：我昨天已经预订完了，这是我的护照。
    女：稍等，我给您查查……您预订的是双人间，三天的，对吗？
    男：是的。
    女：您的房间号码是305，这是房卡，请您拿好。
    问：根据对话，可以知道什么？

第 36 到 37 题是根据下面一段话：

一个刚毕业的研究生来到一家公司，公司经理说："你的学历太高了，我们这份工作本科生做就可以了！"他又来到了另外一家公司，这里的老板说："你的学历很高，可是我们需要的是一个有经验的人。"

36．这个人在做什么？

37．这个人会是什么样的心情？

第 38 到 39 题是根据下面一段话：

如果你和中国人相处的时间比较长，你就会发现，中国人很喜欢请客。其实中国人请客的原因不是为了吃到好吃的饭菜，而是想和朋友们见见面，坐在一起聊聊天儿，热闹热闹。

38．根据对话可以知道中国人喜欢做什么？

39．中国人这样做的原因是什么？

第 40 到 41 题是根据下面一段话：

孩子在成长的过程中，需要多一些鼓励，少一些批评。记得有个农村孩子刚转到我们班时，没有信心，成绩也很一般。后来我经常表扬他，鼓励他，很快他有了学习的热情和信心，成绩也迅速得到了提高。

40．说话人是谁？

41．那个孩子后来怎么样？

第 42 到 43 题是根据下面一段话：

学会合理地安排业余时间，对我们的身体会很有帮助。比如说打球，可以锻炼身体；看看电影、听听音乐，可以放松心情。而有的人却喜欢去喝酒，而且还喝得很多。尽管喝酒是沟通感情的一种方法，但时间长了，对人的身体很有害。

42．听音乐可以怎么样？

43．这段话主要想告诉我们什么？

第 44 到 45 题是根据下面一段话：

我们打算明年结婚，现在正在考虑买房子的事。我想在市中心买一套房子，这样可以离我的单位近一点儿，可是我的男朋友却不同意，他想选择远一点儿的地方，因为价钱会便宜些。

44．关于说话人，可以知道什么？

45．对于买房子，她男朋友有什么意见？

听力考试现在结束。

新HSK10回合格模試4級

解答・解説

模拟试卷1	224
模拟试卷2	230
模拟试卷3	236
模拟试卷4	243
模拟试卷5	249
模拟试卷6	256
模拟试卷7	262
模拟试卷8	269
模拟试卷9	275
模拟试卷10	281

HSK（四级）模拟试卷 *1*

解 答

一、听 力

第一部分

1. ✓ 2. ✗ 3. ✗ 4. ✗ 5. ✗ 6. ✗ 7. ✓ 8. ✓
9. ✗ 10. ✓

第二部分

11. A 12. B 13. B 14. A 15. B 16. B 17. B 18. D
19. C 20. C 21. D 22. B 23. B 24. B 25. D

第三部分

26. B 27. C 28. C 29. B 30. A 31. D 32. B 33. C
34. B 35. A 36. B 37. D 38. A 39. D 40. C 41. D
42. B 43. A 44. D 45. B

二、阅 读

第一部分

46. F 47. A 48. E 49. B 50. C 51. E 52. F 53. B
54. A 55. D

第二部分

56. BAC 57. CAB 58. ABC 59. BCA 60. BAC
61. BAC 62. CBA 63. ACB 64. CAB 65. ACB

第三部分

66. A 67. C 68. A 69. A 70. B 71. A 72. C 73. B
74. D 75. C 76. B 77. C 78. C 79. A 80. B 81. D
82. A 83. C 84. B 85. A

三、书　写
第一部分

86. 运动对健康有好处。（運動は健康によい。）
87. 他从来没有来过北京。（彼は今まで北京に来たことはない。）
88. 办公室的门关着呢。（事務室のドアは閉まっている。）
89. 这场比赛吸引了很多观众。（今回の試合は多くの観衆を魅了した。）
90. 把作业写完再去打球。（宿題を終えてから球技をしに行く。）
91. 墙上贴着一张成绩单。（壁に成績表が貼られている。）
92. 麦克汉语说得很流利。（マイクは中国語を流ちょうに話す。）
93. 他没有一天不迟到的。（彼が遅刻しない日はない。）
94. 照相机叫李力借走了。（カメラは李力が借りていった。）
95. 这顶帽子的颜色深了一点儿。（この帽子の色は少し濃くなった。）

第二部分（解答例）

96. 晚会上同学们一边唱一边跳，表演得很精彩。
    （学友たちが夜の集いで歌いながら踊り、演技がとても素晴らしかった。）
97. 这朵红色的花儿真漂亮。（この赤い花は本当にきれいだ。）
98. 这些球迷正在为他们喜欢的球队加油。
    （サポーターが自分たちの好きなチームのために応援をしているところだ。）
99. 你看，他们吃得多香啊，我也想买一碗尝尝。
    （ほら、なんて美味しそうに食べているんだ、私も一杯買って食べてみたい。）
100. 手机使我们和其他人的联系越来越方便了。
    （携帯電話は我々とその他の人との連絡をどんどん便利にしている。）

解説

1. 男の人はよい仕事を見つけたいと思っているが、それは"太不容易了（あまりにも難しい）"と言っていることから、この文が正しく、彼は現在よい仕事が見つかっていないと判断できる。
2. "不应该问价钱的高低（値段が高かったか安かったかを聞くべきではない）"と言っていることから、この文が間違っていると判断できる。
3. 息子が大学に受かって、張さんはとても喜び、感激しているはずである。そのせいでなんと言ったらいいかわからないだけで、話をしたくないわけではない。よってこの文は間違い。
4. "说说就算了"は、話すばかりで行動していないという意味である。よってこの文は間違い。
5. "人人"は"每一个人（各人）"の意味。本問は、各人が水を節約すべきであると言っているため、この文は間違い。
6. "他就是不愿意（彼は同意しなかった）"とあることから、この文は間違いだと判断できる。
7. 欣欣が言いすぎたと気づいて今は後悔し、謝りたいと思っていることは、自分が過ちを犯

したと知っていることを示している。よってこの文は正しい。

8. "寂寞时就过来聊聊（寂しいときは話をしにおいで）"と言っていることから、この文は正しいと判断できる。
9. "我没向她做过任何表示，这是秘密（僕は彼女になんら意思表示をしておらず、これは秘密である）"と言っていることから、女の子は"我"が彼女を好いていることを知らないのだと判断できる。よってこの文は間違い。
10. "只要有时间，我就听中国歌曲（私は時間さえあれば、中国の歌を聞いている）"と言っていることから、この文は正しいと判断できる。
11. 男性の"~有点儿小，能不能给我换一件？（~は少し小さいので、交換してもらえますか）"という発言から、会話がデパートで発生した可能性が最も高いとわかるので、Aを選択。
12. 女性の"我一定会抽时间去的（きっと時間を割いて行きます）"という発言から、女性が必ず行くであろうことがわかるので、Bを選択。
13. 女性の"她怎么还没来上学？（彼女はなぜまだ登校していないのでしょうか）"という発言から、女性が劉麗麗の先生であるらしいと判断できるため、Bを選択。
14. 女性の"我每天都坚持慢跑40分钟（40分のジョギングを毎日続けているの）"という発言から、女性が痩せたのはジョギングのためだとわかるので、Aを選択。
15. 男性がお茶を持ち帰り、女性が味わったあとに"味道不错（美味しい）"と言っているのは、女性がお茶を飲んでいることを示している。よってBを選択。
16. 女性の"以后有事你别找我！（今後は何かあっても私のところに来ないで）"という発言から、女性が怒っていると判断できるため、Bを選択。
17. 女性が男性に卵をどうやって食べるか尋ね、男性が"还是炒着吃吧（やっぱり、いって食べよう）"と言っているのは、男性がいり卵を食べたいと思っていることを表している。よってBを選択。
18. 女性がパソコンが壊れたと言い、男性が李くんは"这方面的高手（この分野の達人）"だと言っていることから、李くんはコンピューターの修理ができるのだと判断できるため、Dを選択。
19. 女性の"终于解决了住的问题（やっと住まいの問題が解決した）"という発言から、李さんが住む家を見つけたとわかるので、Cを選択。
20. 男性の"但我刚听说要等到月末（でもさっき、月末まで待たなくてはならないと聞いた）"という発言から、ボーナスの支給日が月末に変更されたとわかるので、Cを選択。
21. "你做梦呢吧（なに夢なんか見てるのよ）"は、相手の考えが現実的ではない、実情に合致していないという意味であるから、Dを選択。
22. 女性の"这家商店的东西一点儿都不便宜（この店の品物はちっとも安くない）"という発言から、その店の品は高いのだと判断できるため、Bを選択。
23. 女性が"~是在这里坐车吗？（~はここから乗るのですか）"と聞き、男性が"应该到马路对面去坐（通りの向かいに行って乗らなければなりません）"と言っていることから、女性がバス停でバスの乗り方を尋ねているのだとわかる。よってBを選択。
24. 男性が女性を現金自動預け払い機のほうに行かせようとするが、女性は"那儿不正在修理吗？（あっちは修理中でしょ）"と言っている。"不……吗？（……ではないのか）"は反語文で、否定形によって肯定の意味を表しているため、Bを選択。

25. 静さんは自分の論文が"还差得远呢"であると言っており、その意味は、完成までにはまだ多くの時間がかかるということなので、Dを選択。
26. 男性は"两张10元的，两张5元的，一张20的（10元2枚、5元2枚、20元1枚）"が必要だと言っており、全部で50元を両替したとわかるので、Bを選択。
27. 女性は"那一定是杰西了（それはきっとジェシーだ）"と言っている。"是"は肯定の判断を表すので、Cを選択。
28. 男性が"你看到网上的新闻了吗？（インターネットのニュースを見ましたか）"と尋ねていることから、彼らがあるニュースについて話しているとわかる。よってCを選択。
29. 男性が"这儿的位置好，环境好，交通又便利（ここは場所も環境もよくて、交通も便利だ）"と言っているので、Bを選択。女性が"真不便宜（本当に高い）"と言っているのでAは間違い。C、Dについては男性は言及していない。
30. "早就不……了（とっくに……ではなくなっている）"は現在のことではなく、会話より前のことを表しているため、Aを選択。
31. 女性の"最好是中国小吃（一番いいのは中国の軽食）"という発言から、彼女が中国の軽食を食べたがっているとわかるので、Dを選択。
32. "开夜车"は夜遅くまで仕事や勉強をするという意味なので、Bを選択。
33. "什么呀！（なんだよ！）"は前の内容に対する否定である。男性は金魚がきれいだと言い、女性を家に連れていって見せてあげようと考えているので、Cを選択。
34. 男性は女性が車の運転ができるようになることを望んでおり、女性は"也对，我可以去学学（それもそうね、習いに行ってもいいわ）"と言っている。これは女性が車の運転を習いたいと考えていることを示しているので、Bを選択。
35. 形容詞+"什么呀？"は反駁を表しており、"少什么呀？"は「少なくない」の意。"意思意思"は、ただそういう気持ちがあることを表し、学生なのだから気持ちだけで十分だとたしなめているので、Aを選択。
36. 自分は毎日、子供の通学の送り迎えをしなければならないと言っていることから、話し手が保護者であると推測できるので、Bを選択。
37. 話し手が子供たちの安全を憂慮していると言っていることから、子供たちが保護者から心配されていることがわかるので、Dを選択。
38. 酒を飲むときには"要先敬领导或者长辈（まず指導者あるいは先輩に勧めなければならない）"とあるので、Aを選択。
39. 最初に"中国人敬酒有很多规矩（中国人が酒を勧めるときには多くの決まりがある）"と主題がはっきりと述べられており、そのあとは具体的な説明であるため、Dを選択。
40. 王哲の両親は"但教育孩子的方式却比较宽松（だが子供の教育の仕方はわりと寛容である）"とあるので、Cを選択。
41. "让他自由发展（彼を自由にさせている）"とあることから、王哲は普段わりと自由であると推測できるため、Dを選択。
42. 最後の"欢迎各位网友加入到我们这个网络中来（ネットユーザー各位が私たちのネットワークに加入されるのを歓迎します）"という部分が、この話がインターネット上のものであると示している。よってBを選択。
43. この話は"开心网"上でできることを紹介しているので、Aを選択。

44. "我们要经常把电话外面的灰尘擦掉，给它'洗澡'（私たちは常に電話の表面のほこりを拭き取り、「風呂に入れて」やらねばならない）"という部分から、ここでいう"洗澡"は、電話の表面についたほこりを拭き取ることを指しているとわかる。よってDを選択。

45. "不给～会影响它的质量（～しないと、その品質に影響する）"と"以便延长～（それによって～を延ばす）"という部分から、この話は最初から最後まで電話の手入れについて述べているとわかるので、Bを選択。

46. "始终"は始めから今までの間ずっとという意味である。家の価格がいっこうに下がらないというのがこの文の意味なので、Fを選択。

47. 必要なのは"工作人员（職員）"を修飾する限定語である。"大使馆"は限定語になれるうえ、"工作人员"が働いている職場であることを明示しているので、Aを選択。

48. "负责"には形容詞的用法があり、（仕事で）尽くすべき責任を全うし、非常に真面目であることを表す。これが問題の趣旨に合致するので、Eを選択。

49. 介詞"替（～に代わって）"は口語でよく用いられる表現で、対象者を導き出し、"给（～に）"や"为（～のために）"の意味を持つ。これが問題の趣旨に合致するので、Bを選択。

50. "遵守（遵守する）"は決まりや規則などに従って行動し、それに背かないことを指す。問題の趣旨に合致するので、Cを選択。

51. "就是（ただ～である）"は逆接文において、全体的にはよいのだが、やや満足のいかない点があるという状況を表している。文の前半は"新娘长得很漂亮（新婦はとてもきれいだ）"と述べているが、後半では背が低いという欠点を指摘しているので、Eを選択。

52. 相手はリモコンの使い方を知りたがっているのだから、説明書を探さねばならない。よってFを選択。

53. "以及（および）"は、並列された名詞成分をつなぐ働きをするが、3つ以上をつなげる場合は、最後の項目の前に置く。よってBを選択。

54. "表达"は言葉あるいは動作などによって、内在する思想や感情などを表してみせるという意味で、問題の趣旨に合致するので、Aを選択。

55. "看不起"は「軽視する」という意味である。他人を軽視する人が大嫌いだと言っているので、Dを選択。

56. Bは状況を示し、AとCは"如果……就……（もし……なら……）"という形で仮定を表すので、解答はBACとなる。

57. Cは"屋子（部屋）"についての短所を述べているが、Aは逆接を使ってその長所を述べており、Bはその補足であるため、解答はCABとなる。

58. Aは状況で、Bはさらなる説明である。"实际上（実際は）"はここでは逆接を表しており、Cは前述に対する補足となっている。よって解答はABCとなる。

59. BとCは"由于……（所以/因此）……（……なので〔だから/そのため〕……）"という形で因果関係を表し、文全体の原因を表す。（ここでは"所以"あるいは"因此"などが省略されている。）Aは最後の結果。よって解答はBCA。

60. BとAはともに状況であるが、AはBに対する補足となっている。Cの"却（～だが）"は逆接を表しているので、解答はBAC。

61. 関連語句"如果……就……（もし……なら……）"は仮定を表し、Cは結果となっている。よって解答はBAC。

62. 関連語句"（虽然）……却……（……〔だが〕，しかし……）"は逆接を表すが、ここでは"虽然（……だが）"が省略されている。Aは前述に対する総括なので、解答はCBA。
63. AとCはともに原因であるが、通常"随着（～につれて）"が導くフレーズは前に置かれる。Bは結果であるため、解答はACBとなる。
64. Cは状況で、AとBはそれに対する補足。"甚至（甚だしきに至っては）"は累加を表し、通常は後ろに置かれるため、解答はCAB。
65. 関連語句"不仅……还……（……ばかりか、さらに……）"は累加を表す。Bは前述の状況にもとづいて提示された意見。よって解答はACBとなる。
66. 文中に"请父母帮忙照顾孩子（両親に子供の世話を手伝ってもらう）"とあるため、Aを選択。
67. 文中に"停车成了一个难题（駐車が難題となっている）"とあり、"难题"とは解決するのが難しい問題のことであるから、Cを選択。
68. "拿着礼物去亲戚、朋友家拜年（贈り物を携えて親戚や友人の家に年始のあいさつに行く）"という記述から、年始のあいさつには贈り物をしなければならないとわかるので、Aを選択。
69. "还可以跟叔叔一起到河里游泳（叔父と一緒に川に行って泳ぐことができた）"という記述が、"我"が水泳が好きなことを表しているため、Aを選択。
70. "一……就……（……するとすぐ……）"は前後の2つの動作が続けざまに発生することを表し、"可是（しかし）"は逆接を表す。"一问到物理成绩就不说话了（物理の成績を尋ねたとたんに黙る）"が、前述の「文学・歴史について話し出すと、とても興奮する」という記述と対比をなしていることから、彼女の物理の成績がよくないとわかるので、Bを選択。
71. "没想到（思いもよらなかった）"は、物事が予想を上回ったことを表す。文脈から"我"が以前は剛くんの性格がよいと思っていたのにそうではなかったことがわかるので、Aを選択。
72. 文中にジョニーは"生活很单调（生活が単調だ）"と思っているとあるので、Cを選択。
73. 文中に"与人打交道的时候（人とつきあう際）"には、"多学习别人的长处（なるべく人の長所を見習う）"ことが必要だとあることから、Bを選択。
74. 文脈から"社会竞争越来越激烈（社会における競争がますます激しくなっている）"が、"找工作难（就職難）"の原因であるとわかるので、Dを選択。
75. "原来～人特别多（以前は～する人がとても多かった）"という記述から、火鍋店が繁盛していたとわかるため、Cを選択。
76. 文中に"一个人有理想，那么他就会知道自己努力的方向（人は理想を持っていれば、自分が力を注ぐべき方向がわかる）"とあるので、Bを選択。
77. "室内的温度达不到18℃，一般都在13℃左右（室内の温度は18℃に満たず、大体いつも13℃前後である）"という記述が、温度が低いということを述べているので、Cを選択。
78. 最初に"现在越来越多的明星开始做善事（今、ますます多くの有名芸能人が慈善事業を始めている）"とあることから、Cを選択。
79. 文中に"可以到海边去游泳（海辺に行って泳ぐことができる）"とあるので、Aを選択。
80. 文中に"如果你懂得感谢别人，你就能拥有快乐与幸福（人に感謝することを知っていれば、満足感や幸福を手に入れることができる）"とあるので、Bを選択。
81. この文は主として、受けた恩に感謝することのよい点について述べているので、Dを選択。
82. 文中に"回来以后，他们都说，这次活动太有意义了（帰ってきてから、彼らは皆今回の活

動はとても有意義だったと言った)" とあるので、Aを選択。
83. "学校组织学生去民族文化村参观 (学校は学生を集めて民族文化村に見学に行った)" という記述から、これは課外活動であるとわかるので、Cを選択。
84. この文章は最初から最後まで割り箸の使用状況と、それによってもたらされる害について述べているので、この文章が伝えたいことはBの割り箸の使用を控えるということである。
85. B、C、Dはどれも文中に出てこない。文頭で割り箸が普遍的に用いられていること、後続文でそれらの割り箸が主に木材によって作られていることが述べられているので、Aを選択。

HSK（四级）模拟试卷 2

解 答

一、听 力
第一部分
1. ✓　2. ×　3. ×　4. ✓　5. ×　6. ×　7. ✓　8. ×
9. ✓　10. ×

第二部分
11. B　12. C　13. B　14. B　15. B　16. A　17. A　18. A
19. D　20. D　21. A　22. D　23. B　24. D　25. B

第三部分
26. A　27. D　28. D　29. B　30. A　31. A　32. C　33. B
34. A　35. A　36. B　37. D　38. C　39. A　40. D　41. C
42. B　43. C　44. D　45. B

二、阅 读
第一部分
46. D　47. A　48. B　49. C　50. E　51. B　52. A　53. F
54. E　55. C

第二部分
56. ACB　57. BAC　58. BAC　59. BCA　60. ACB
61. CBA　62. BAC　63. ACB　64. CBA　65. ACB

第三部分

66. D　　67. D　　68. A　　69. A　　70. C　　71. C　　72. D　　73. A
74. C　　75. C　　76. B　　77. C　　78. D　　79. B　　80. B　　81. C
82. C　　83. A　　84. C　　85. B

三、书 写
第一部分

86. 这项治疗费用很高。(この治療費はとても高い。)
87. 他经常用香皂洗脸。(彼はいつも石けんで顔を洗う。)
88. 这块手表设计得怎么样？(この腕時計のデザインはどうですか。)
89. 院子里停着一辆汽车。(庭に車が1台、止まっている。)
90. 不要把这个消息告诉别人。(この知らせをほかの人に言ってはいけない。)
91. 经理让我快点儿交计划书。(支配人は私に計画書を急いで提出させた。)
92. 我怎么能不来呢？／我怎么不能来呢？
　　(どうして行かないことなどできよう。／どうして行けないことがあろうか。)
93. 玛丽在教室里上课呢。(マリーは教室で授業をしている／受けている。)
94. 桌子被学生们搬走了。(机は学生たちが運んでいった。)
95. 北京是世界著名的古城。(北京は世界に名立たる古都である。)

第二部分（解答例）

96. 这些辣椒看起来很辣，其实一点儿都不辣。
　　(これらの唐辛子は見たところとても辛そうだが、じつはちっとも辛くない。)
97. 这条船速度非常快。(この船の速度は非常に速い。)
98. 这次会议很成功，他们讨论了很长时间，并且解决了很多问题。
　　(今回の会議は大成功で、彼らは長時間にわたって討論したうえ、多くの問題を解決した。)
99. 这些鱿鱼真新鲜，我们买点儿吧。(イカが本当に新鮮だから、少し買いましょう。)
100. 我送她鲜花时，她高兴极了。(私が花を贈ったら、彼女はとても喜んだ。)

解説

1. "上大学之前就天天和他在一起打球（大学に入る前は毎日、彼と一緒に球技をしていた）"と言っていることから、話し手が李くんを知っていると判断できるので、この文は正しい。
2. "不一定适合（必ずしも適しているとは限らない）"は、適していることもあれば、適していないこともあることを指している。よってこの文は間違い。
3. "要是（もし）"は仮定を表す。問題文は「こうなると前もって知っていたら、私はあなたを行かせなかった」という意味である。彼は最初は知らなかったのだと判断できるため、この文は間違い。

4. "鱼味道鲜美，不油腻（魚は味がよく、油っこくない）"とあることから、魚料理が美味しいとわかるので、この文は正しい。
5. "我们班的同学都很喜欢跳舞（私たちのクラスの生徒はみなダンスが大好きだ）"とあることから、クラスメートたちが好きなのはダンスだとわかる。話し手は歌を歌うことについては触れていないので、この文は間違い。
6. "结果台词全忘了（その結果、台詞をすべて忘れてしまった）"とあるので、この文は間違い。
7. "结果我被淋成了'落汤鸡'（その結果、私はすっかり「ぬれネズミ」になってしまった）"とあることから、服が全部ぬれたとわかるため、この文は正しい。
8. "主人要等客人起身后才可以站起来（主人は客が立ち上がってから立つことができる）"とあるので、主人が先に立ち上がるのは間違いだとわかる。
9. "可就是太小气（だが、とてもケチである）"とあるので、この文は正しいとわかる。
10. "昨天我在这儿买的（昨日、私がここで買った）"と"换一件（交換する）"という部分から、彼は服を交換していると判断できる。よってこの文は間違い。
11. 女性の"人家想看电影嘛！（私は映画が見たいの！）"という発言は恋愛中の人、あるいは夫婦の間で交わされる甘えた物言いであるので、Bを選択。
12. 女性の"毕业后再去吧，就差一年了（卒業してから行きなさい、あとたった の1年じゃない）"という発言は、1年たってから日本に行くことを提案しているので、Cを選択。
13. 男性の"当导游多好啊！（旅行ガイドの仕事はいいですね！）"という発言に対し、女性は"那也没有你好啊！（あなたほどではありませんよ。）"と答えていることから女性の仕事は旅行ガイドであると推測できるので、Bを選択。
14. マイクの"对不起，昨天的作业太多（すみません、昨日の宿題は多すぎて）"という発言から、マイクは宿題が多すぎて終わらなかったのだと推測できるため、Bを選択。
15. 女性の"得少吃，不然会发胖的（食べる量を控えないと、太っちゃう）"という発言から、女性はダイエットをしているとわかるので、Bを選択。
16. 男性が"已经售完了（もう売れてしまいました）"と言っているので、Aを選択。
17. 女性の"钱取出来了吗？（お金は下ろしたの？）"という質問から、男性が外出していたのはお金を下ろしに行きたかったためだとわかるので、Aを選択。
18. 女性が、男性の目が赤いことに気づき、"昨天又开夜车了吧？（昨日もまた徹夜したんでしょ？）"と尋ねていることから、男性は昨夜、寝ていないとわかる。男性の"眼睛都睁不开了（もう目を開けていられない）"という回答は、男性が眠気を覚えて眠りたがっていることを示しているので、Aを選択。
19. 男の子がタバコを吸っていて、"跟我爸学的（父さんのまねだよ）"と言っていることから、彼の父親はタバコを吸うのだとわかるため、Dを選択。
20. "你已经说了一百遍了（君はもう100回は言っている）"という発言から、男性は女性の口数が多すぎると思い、不機嫌になっていると推測できるため、Dを選択。
21. 男性の"早上出去散散步，这一天都觉得有精神（朝、散歩に出かけた日は元気が湧いてくるようだ）"という発言、女性の"应该多运动（なるべく運動しなければ）"という発言から、2人とも運動の長所を述べているとわかる。よってAを選択。
22. "我可不想流泪（私は涙を流したくなんかない）"という発言から、男性はドラマを見たいと思っていないとわかるので、Dを選択。

23. 男性が"非常好喝吧？（とても美味しいでしょう？）"と聞き、女性が"我覚得正好相反（自分はあいにく正反対だと思う）"と答えていることから、女性は美味しくないと思っているとわかる。よってBを選択。
24. "离家近一点儿的最好（少しでも家から近いのが一番よい）"という発言から、男性が家から近い学校がいいと思っているとわかるため、Dを選択。
25. 会話から、女性が食事の支度をしていること、2人が夫婦であること、女性が男性に食器を並べさせようとしていることがわかる。よって会話はおそらく家の中で発生しているため、Bを選択。
26. "我行吧？（僕ってすごいだろ？）"と言っていることから、男性は自分が有能だと思い、得意になっているとわかる。よってAを選択。
27. "60分及格，我就差1分（60点で合格だが、自分は1点足りなかった）"という発言から、男性は59点だったとわかるので、Dを選択。
28. 女性が"她去医务室了（彼女は医務室に行った）"と言っていることから、周小麗は現在、医務室にいるとわかるので、Dを選択。
29. "这首歌是谁点的？（この歌は誰が入れたの？）""麦克风（マイク）"の2点から、彼らはカラオケボックスで歌っているとわかるため、Bを選択。
30. 会話中の"喂，喂！（もしもし，もしもし！）""信号不好（信号電波が悪い）"という表現は、電話をかけるときによく用いられるものであるため、Aを選択。
31. "别吹牛了，哪有那么好啊！（うそ言わないで、どこがそんなに美味しいのよ！）"という発言から、女性は男性が作った魚料理をそれほど美味しいと思っていないとわかる。よってAを選択。
32. "这你可得问问我爸爸（それは父に聞かなければ）"という発言から、花は男性の父親が育てているとわかるので、Cを選択。
33. "那你是没看见我忙的时候呢！（それじゃ、あなたは私が忙しいときを見ていないんですね！）"という発言から、男性にはとても忙しいときがあるとわかるので、Bを選択。
34. 男性の"那眼睛不累坏了啊？（それでは目が悪くなりませんか）"という発言、女性の"我就担心这个啊（私はそれが心配なんです）"という発言から、女性は子供の視力を心配しているとわかるので、Aを選択。
35. 男性が女性に"你要的光盘买到了吗？（あなたの欲しがっていたCDは買えましたか）"と尋ねていることから、女性はCDを買いたがっていることがわかる。よってAを選択。
36. "让人们在娱乐的同时能够学习到很多知识（人々を楽しませると同時に、多くの知識を学ばせることができる）"とあることから、インターネットを利用することで知識を学べるとわかるので、Bを選択。
37. 話し手は初めはインターネットの長所を述べているが、そのあとに"如果过分地使用网络，也是十分有害的（必要以上にインターネットを利用すれば、大いに害となる）"と述べている。このことから話し手は、我々がインターネットを客観的、かつ正しく認識しなければならないと告げているのだとわかる。よってDを選択。
38. "下午儿子要去学游泳（息子は午後、いつも水泳を習いに行く）"とあるので、Cを選択。
39. 最後の"感覚特別新鲜（とても新鮮に感じていた）"という部分から、息子は目にするすべてをとても新鮮に感じていたとわかるので、Aを選択。

40．話し手が"我最想感謝的一个人就是我的老師（私が最も感謝したいのは私の先生です）"と述べているので、Dを選択。
41．これは、ある人が賞をもらったときに語った話である。彼女は感謝の気持ちを述べながら、心から感動しているので、Cを選択。
42．初めに"糖葫芦是中国北方冬天常见的一种小吃（「糖葫蘆〔サンザシなどの飴掛け〕」は中国北部で冬によく見られるおやつである）"と述べられているので、Bを選択。
43．音声ではリンゴ、ブドウ、ミカン、イチゴが挙げられており、バナナについては触れていないので、Cを選択。
44．"原来她上个星期搬家了（なんと彼女は先週、引っ越しをした）"とあるので、Dを選択。
45．"我和李梅是同事～原来她上个星期搬家了，搬到了我家的楼下（私と李梅は同僚だ～なんと彼女は先週、引っ越しをして、私の家の階下に移ってきた）"とあることから、李梅は以前は単に"我"の同僚であったが、今はご近所でもあるとわかる。よってBを選択。
46．"尽快"はできるだけ早くということを表す。本問はできるだけ早く言い終えるという意味にするのが適切なので、Dを選択。
47．副詞"果然（果たして）"は、事実が述べたことや考えたことと同じであることを表す。よってAを選択。
48．"挑"（tiāo）は、複数の人や事物の中から要求にかなうものを探し出すという意味である。本問では"很多漂亮女孩儿（たくさんのきれいな女の子）"の中から一人を選んでガールフレンドにすると言っているので、Bを選択。
49．"态度（態度）"は人の振る舞いや表情を指す。本問では、あの理髪店はお客に対するサービスがよいと言っているので、Cを選択。
50．"还是（やはり）"はここでは接続詞として選択疑問文の中で用いられ、いくつかの項目から1つを選ぶことを表している。よってEを選択。
51．"弄"は、なんとかして手に入れることを指す。本問は、なんとかして野球のチケット2枚を入手したという意味であるので、Bを選択。
52．"不愿意"はしたくないの意。本問では、ここは非常に美しいので離れたくないと述べている。よってAを選択。
53．"了不起（素晴らしい）"は、長所が際立っている、非凡である、非常に優れていることを表し、人を表彰あるいは称賛するのに用いる。これが問題の趣旨に合致するので、Fを選択。
54．方位名詞"上"の抽象的な意味は領域を表すことができ、よく"在"とともに"在……上（……の上に）"という構造をなす。これが問題の趣旨に合致するので、Eを選択。
55．"不得不（～せざるを得ない）"は、どうしてもそうするしかないという意味である。これが問題の趣旨に合致するため、Cを選択。
56．関連語句"不仅……而且……（……であるばかりか、……である）"は累加を表す。Bの"它"は"烤鸭（アヒルの丸焼き）"を指しているので、解答はACB。
57．Bは状況と範囲の略述、AとCはそれに対する説明で、関連語句"不管……总……（……に関わりなく、……）"は条件を表す。よって解答はBAC。
58．Bは説明する対象を指しており、AとCはそれに対する解説、"据统计（統計によれば）"は統計の結果を導き出している。よって解答はBAC。
59．BとCはともに状況を提示しているが、通常、時間が最前に置かれる。Aは前述の状況に

対する説明で、原因を明示しているので、解答はＢＣＡとなる。

60．Aは状況。"但是（しかし）"は状況の転換を表し、"而且（しかも）"は前述に対する補足で累加を表している。よって解答はＡＣＢとなる。

61．Cは述べる対象を指している。BとAはともに前述に対する説明だが、関連語句"因为……所以……（……なので、だから……）"が省略されていて、彼は面接のときに素晴らしい受け答えをしていたので、とても印象に残っているという意味になる。よって、ＣＢＡという解答になる。

62．Bは原因で、AはBを受けて物事が発生したことを表している。Cは結果なので、解答はＢＡＣ。

63．Aは説明する対象を指している。CとBはそれに対する説明で、関連語句"虽然……但……（……であるが、しかし……）"は逆接を表している。よって、解答はＡＣＢとなる。

64．Cは状況を提示、BとAはそれに対する解説であり、関連語句"只要……就……（……しさえすれば、……）"は条件を表している。解答はＣＢＡ。

65．Aは説明する対象を指しており、Cは補足、Bは結果である。"后来（その後）"は時間を表す接続詞で、この語を伴うフレーズは通常、後ろに置かれるため、解答はＡＣＢとなる。

66．"聪明人～不管遇到多大的困难，他们都敢于面对（聡明な人は～どんなに大きな困難にぶつかろうとも、恐れず正面から向き合う）"という記述から、聡明な人の振る舞いがわかるので、Dを選択。

67．"商场里的东西可以保证质量（デパートの品は品質が保証されている）"という記述から、顧客が満足している理由は商品の品質がよいためだとわかるので、Dを選択。

68．"我和孩子没有一天不担心他的（私と子供が彼の心配をしない日はない）"という記述から、"他"が子供の父親だとわかるので、Aを選択。

69．"今年的冬天雪却很少～让我感到很难过（今年の冬は雪が少なく～私はとても悲しかった）"という記述から、"我"が悲しかったのは今年の冬は雪があまり多くなかったためだとわかる。よってAを選択。

70．"打招呼（あいさつする）""点头（会釈する）"の2語はどちらもあいさつすることを表すので、Cを選択。

71．"应排队等候（並んで待つべきである）"とあるので、Cを選択。

72．最後に"是一本综合性时尚生活杂志（総合的なファッション、生活雑誌である）"とあるので、Dを選択。

73．"可是冬天的时候，暖气烧得不好（しかし冬には暖房の効きが悪い）"とあり、暖房が暖かくないとわかるので、Aを選択。

74．"爱情、婚姻、事业等的不顺利（恋愛、結婚、事業などがうまくいかない）""很多明星都去看心理医生（多くの有名芸能人が心療内科医にかかっている）"という記述から、有名芸能人のストレスが大きいとわかるため、Cを選択。

75．"追求浪漫，所以看电影的人多了起来（ロマンを求めるため、映画を見る人が増えてきた）"とあるので、Cを選択。

76．最初の文は余暇の趣味について述べており、後述の例はこの文に対する証明となっている。このことから、この文は主として余暇の趣味について述べているとわかるので、Bを選択。

77．この文から、パソコンの登場によって、人々は書類をその中に保存できるようになり、そ

うすれば会議のときに身軽で便利だということがわかる。よってCを選択。
78. "一个孝顺父母的人，一定值得别人尊重（親孝行な人は、間違いなくほかの人から尊敬されるに値する）"とあるので、Dを選択。
79. "不管是吃饺子还是吃年糕，都要等到半夜12点放过鞭炮后才开始吃（餃子を食べるにしても、餅菓子を食べるにしても、夜中の12時に爆竹を鳴らしてから食べ始めなければならない）"という記述から、Bを選択。
80. "孩子参加各种各样的辅导班，它们占用了孩子大量的业余时间（子供は様々な補修クラスに参加しており、それが子供の余暇の多くを占領している）"とあるので、Bを選択。
81. "我认为家长应该给孩子一个健康、快乐、没有压力的环境~这样才对他们的学习有好处（保護者は子供に健康的で楽しく、ストレスのない環境を与えるべきで~そうすることこそが彼らの学習にとって恩恵をもたらすのだと私は思う）"という記述から、作者は健康的で楽しい環境が子供の学習にプラスになると考えているのがわかる。よってCを選択。
82. 子ウサギは"准备为熊猫拍一张彩色照片（パンダのためにカラー写真を撮るつもりだった）"とあるので、Cを選択。
83. 最後に"结果织小了，小兔子戴不上（小さくて、結局子ウサギはかぶれなかった）"とあるので、Aを選択。
84. "就算在一年中最热的时候，南极和北极依然非常寒冷（たとえ一年のうちで最も暑いときでも、南極と北極は依然として非常に寒い）"とあるので、Cを選択。
85. 最後に"地球的环境越来越糟糕，南极和北极也开始变热了（地球の環境はどんどん悪くなっており、南極も北極も暑くなり始めている）"とあるので、Bを選択。

HSK（四级）模拟试卷 3

解答

一、听力

第一部分

1. ✓   2. ✗   3. ✗   4. ✓   5. ✓   6. ✗   7. ✗   8. ✗
9. ✗   10. ✓

第二部分

11. C   12. A   13. A   14. B   15. D   16. C   17. C   18. C
19. A   20. A   21. C   22. D   23. A   24. B   25. C

第三部分

26. C   27. A   28. D   29. D   30. D   31. B   32. D   33. B
34. D   35. A   36. B   37. D   38. A   39. C   40. C   41. C

42. C　　43. D　　44. C　　45. B

二、阅读
第一部分

46. B　　47. F　　48. D　　49. A　　50. C　　51. F　　52. C　　53. A
54. D　　55. E

第二部分

56. CBA　　57. ACB　　58. BAC　　59. BCA　　60. ACB
61. ACB　　62. BAC　　63. ABC　　64. ACB　　65. ACB

第三部分

66. B　　67. B　　68. C　　69. A　　70. D　　71. B　　72. A　　73. C
74. B　　75. B　　76. A　　77. B　　78. A　　79. B　　80. D　　81. C
82. A　　83. D　　84. B　　85. C

三、书写
第一部分

86. 把这篇课文读一遍。（このテキストを一度読む。）
87. 会议室里走出来一个人。（会議室から人が1人出てきた。）
88. 是谁丢了钥匙？（誰が鍵をなくしたんだ？）
89. 他想去商店买生日礼物。（彼は誕生日プレゼントを買いに店に行きたいと思っている。）
90. 哥哥比弟弟大三岁。（兄は弟より3歳年上だ。）
91. 比赛结果出来了吗？（試合の結果は出ましたか。）
92. 这种生活让人向往。（人はそういう生活にあこがれる。）
93. 公司派我去上海考察。（会社は私を上海の視察に派遣する。）
94. 约翰被老师批评了。（ヨハンは先生に批判された。）
95. 他不喜欢体育运动。（彼はスポーツが嫌いだ。）

第二部分（解答例）

96. 这个地方很干净，也很安静。（ここは清潔で、しかも静かだ。）
97. 这是中国很有名的茶，我给你倒一杯怎么样？
　　（これは中国で有名なお茶です。一杯入れてあげましょうか。）
98. 这只小狗很喜欢跟人握手。（この子犬は人と握手するのが大好きだ。）
99. 都快9点了，哥哥竟然还没起床。（もうすぐ9時になるのに、兄はまだ起きていない。）

100. 最近学校组织我们参观了鲁迅故里，我们在那儿照了一张照片。
(最近、学校の手配で魯迅の故郷の見学に行き、私たちはそこで写真を1枚撮った。)

解説

1. "三点半了也没看见他（3時半になっても彼は現れなかった）"と言っていることから、現在は3時半すぎで、高くんがまだ来ていないとわかる。よってこの文は正しい。
2. "可惜让我错过了（残念なことに逃した）"という発言から、彼はこのチャンスを得られなかったとわかるので、この文は間違い。
3. "我们已经练过很多遍了（私たちはもう何度も練習した）"と言っているので、この文は間違い。
4. "不好"＋動詞は「容易ではない」という意味を表す。"不好打车（タクシーを拾いにくい）"とあるので、この文は正しい。
5. "我不赞成吃减肥药（私はダイエット薬を飲むのには反対だ）"と言っているので、この文は正しい。
6. "公司给他提供了一套大房子（会社は彼に大きな家を提供した）"とあるので、彼には家があるとわかる。よってこの文は間違い。
7. 挙げられている例は"巧克力和牛奶糖（チョコレートとミルクキャンディー）"であるため、この文は間違い。
8. "可惜差了两分（惜しいことに2点足らなかった）"とあることから、話し手は大学院に受からなかったとわかるので、この文は間違い。
9. "最好（できるだけ）"地図を持っていくのがよいと言っているのであって、"一定（必ず）"持っていけとは言っていないので、この文は間違い。
10. 挙げられた例によれば、携帯電話で可能なのは"听音乐、看电影、拍照、上网、玩儿游戏（音楽を聞く、映画を見る、写真を撮る、インターネットにアクセスする、ゲームで遊ぶ）"である。よって現在の携帯電話はインターネットにアクセスすることができるとわかるので、この文は正しい。
11. 女性の"我这儿还有点儿工作没做完,你先放在这儿吧（まだ終わっていない仕事があるので、そこに置いておいて）"という発言から、女性は急いで仕事を終わらせてから見ようとしていると推測できるので、Cを選択。
12. "听说你决定不买车了（車を買わないことにしたと聞いた）""买了车还得洗车、保养什么的,太麻烦（車を買ったら洗車とか、メンテナンスとかしなければならないので、とても面倒だ）"という発言から、彼らは車を買うことについて話しているとわかるので、Aを選択。
13. 男性の"请给我结一下账（会計をお願いします）"という発言、女性の"您住了3天，一共是540块（3泊のご宿泊で、合計540元になります）"という発言から、男性はチェックアウトしようとしているとわかるため、Aを選択。
14. "你们的导游英语怎么样？（あなた方のガイドの英語はどうですか）"という発言から、会話が旅行社で発生したと推測できるので、Bを選択。
15. 男性の"昨天晚上他和朋友出去玩儿了，很晚才回来，现在肯定没起来呢！（昨日の夜、彼は友達と遊びに出かけて、だいぶ遅くになってやっと帰ってきた。今はきっとまだ寝てる

よ)"という発言から、Dを選択。

16. 男性が"年年有余（年ごとにゆとりが生まれますように）""也就是希望富裕、有钱（つまり豊かで、お金持ちになれますようにということさ）"と言っているので、Cを選択。

17. 男性の"这菜怎么这么淡啊？（この料理、なんでこんなに味が薄いの）"という発言から、味が薄いとわかるので、Cを選択。

18. "我最喜欢的还是打羽毛球（私がいちばん好きなのはやっぱりバドミントン）"と言っているので、Cを選択。

19. 男性の"女朋友跟他分手了（彼女と別れた）"という発言から、彼が失恋したとわかるので、Aを選択。

20. "碰下杯（杯を突き合わせる）""我会醉的（酔ってしまう）"という発言から、彼らは酒を飲んでいると推測できるので、Aを選択。

21. "怎么又加班啊？（なんでまた残業なの？）"は反語表現で、残業すべきではないの意。この発言から、女性は男性の残業をあまり快く思っていないと推測できるので、Cを選択。

22. "一共花了 650 块（全部で 650 元使った）""别忘了还有一双 500 块钱的皮鞋呢（それに 500 元の皮靴も買ったじゃないか）"という発言から、女性が今日使ったのは 650 元 + 500 元 = 1,150 元とわかるので、Dを選択。

23. 男性の"他就是郭敬明,现在最红的网络作家之一（彼こそが郭敬明で、今最も人気のあるネット作家の一人だよ）"という発言から、郭敬明は作家であるとわかるので、Aを選択。

24. 男性の"密码错误,当然打不开（パスワードが間違ってる、これじゃ開けるわけないよ）"という発言から、電子メールのメールボックスが開けないのはパスワードを間違えていたためだとわかるので、Bを選択。

25. "宁可（むしろ……するほうがいい）"は、いくつかある選択肢を比較して１つを選び出すということである。本問中の男性は街をぶらつくことと寝ることを比較し、"在家睡觉（家で寝る）"ことを選択したことから、街をぶらつくのが好きではないと推測できる。よってCを選択。

26. "妈妈,我有点儿头疼,家里有没有药啊？（お母さん、ちょっと頭が痛いんだけど、家に薬はある？）"という発言から、この会話が家の中で発生したと推測できるので、Cを選択。

27. "你怎么又擦车？（なんでまた車を磨いてるの）"という発言から、男性が車を磨いているとわかるため、Aを選択。

28. 男性の"这电脑都买好几年了,太旧了（このパソコンは買ってから何年もたっていて、古すぎる）"という発言から、パソコンがフリーズするのは古すぎるせいだとわかるので、Dを選択。

29. "明天是情人节（明日はバレンタインデーだ）""我和她约好一起去吃饭,看电影（僕は彼女と食事をして、映画を見る約束をしている）"という発言から、男性は明日デートがあるとわかるので、Dを選択。

30. 会話から、男性は高いほうは買わず、割引きになっている電子辞書を買ったとわかるので、Dを選択。

31. "他用脑袋轻轻一顶（彼は軽くヘディングした）"とあることから、彼らが見ているのはサッカーの試合だとわかるため、Bを選択。

32. "书架擦了吗？（本棚は拭いたの？）""哟，这个忘了！（あ、それは忘れた！）"というやり取りから、男性は本棚を拭いていないとわかるので、Ｄを選択。
33. "那要13点15的吧（それじゃ13：15のにします）"という発言から、男性は13時15分の切符を買ったとわかるので、Ｂを選択。
34. "马上要下雨了（今にも雨が降ってきそう）""我没带雨伞啊（私は傘を持ってきていない）""我办公室里还有一把呢（私は職場にもう一本ある）"という発言から、まだ雨は降っていないこと、男性は傘を持っていないが、女性は傘を持っており、さらに職場にもう１本あるということがわかる。よってＤを選択。
35. "请问，今天美元兑换人民币的汇率是多少？（あの、今日のアメリカドルと人民元の交換レートはいくらですか）""那先给我换500美元吧（それじゃ、とりあえず500ドル交換してください）"という発言から、男性は両替したいのだとわかるので、Ａを選択。
36. "提前订票（前もって切符を予約する）""买不到票（切符を入手できない）"とあることから、主として切符を買うことについて話しているとわかるので、Ｂを選択。
37. "提前订票（前もって切符を予約する）""可以省去排队的时间（並ぶ時間を省ける）"とあるので、Ｄを選択。
38. "复印速度比以前的快了两倍（コピーの速さが以前の２倍になった）"とあるので、Ａを選択。
39. 最後に"公司的员工都很高兴（社員は皆喜んでいる）"とあるので、Ｃを選択。
40. 話し手が"拍的电影并不多（撮影した映画は決して多くありません）""感谢王子强导演（王子強監督に感謝する）"と述べていることから、彼女は俳優だと推測できる。よってＣを選択。
41. "拿到这个奖，对我来说是一个新的开始（この賞をもらったことは、私にとっては新たなスタートです）"との発言から、彼女が賞をもらったとわかるため、Ｃを選択。
42. 初めに"在泰国，酸辣汤这种小吃就相当于美国的汉堡包（タイでは、トムヤムクンのような軽食は米国のハンバーガーに相当する）"と述べられ、トムヤムクンが軽食の一種だとわかるので、Ｃを選択。
43. "制成了这种泰国独特的酸辣土豆条（タイ独特の味である酸っぱくて辛いフライドポテトになる）"とあるので、Ｄを選択。
44. "经常看到～由于过度劳累而突然死亡的消息（過度の疲労によって突然死するニュースをよく見かける）"という部分から、過度の疲労が死亡原因になっているとわかるので、Ｃを選択。
45. 最後に"所以我觉得我们应该学会爱护身体，放松心情（それゆえ、私たちは体をいたわり、心をリラックスさせることを覚えるべきだと私は思う）"とあることから、この話は私たちに体をいたわるよう気をつけなければならないと述べていることがわかる。よってＢを選択。
46. "应……的邀请（……の招きに応じ）"は決まった組み合わせであるので、Ｂを選択。
47. "方便"は「便利」という意味で、"交通方便"は交通条件がよく、便利だということである。よってＦを選択。
48. "下来"は動詞"脱（脱ぐ）"の後ろに付いて方向補語の働きをし、分かれること・離れていくことを表す。これが問題の趣旨に合致するので、Ｄを選択。
49. 動詞"抽"は中に混じっている物を取り出すことを表す。本問は、本棚にあるたくさんの

本の中から1冊を取り出すという意味なので、Aを選択。

50. "到处"は場所を表し、「あらゆるところ」を指す。本問では"我"があらゆるところを探したという意味になるので、Cを選択。
51. この会話では、内装にいくらかかるかは今はまだ確定できていない。"大概（だいたい）"は推量、不確定であることを表し、これが問題の趣旨に合致するので、Fを選択。
52. "決定"はある物事に対し、選択を行ない考えを決めるという意味であり、問題の趣旨に合致するので、Cを選択。
53. 学生は先生に、この問題の最終的に正しい解答は何かと尋ねているので、Aを選択。
54. "可不是（そうですね）"は同意の観点や見方を表す。会話では、2人目の人は対聯〔対句を書いた掛け物〕を反対に貼ってしまい、相手の言ったことに同意しているので、Dを選択。
55. "靠"は頼るという意味である。会話では、2人目の人は"她"が今後、何に頼って生きるのかわからないと言っているので、Eを選択。
56. Cは状況、Bは出現した意外な状況の説明、Aは結果を表しているので、解答はCBAとなる。
57. Aは状況。CとBはともに前述に対して例を挙げて説明しているが、BはCに対する補足になっている。よって解答はACB。
58. Bは時間を指しており、通常一番初めに来る。関連語句 "先……然后……（まず……、その後……）"は順序を表しているので、解答はBAC。
59. Bは状況の紹介。CとAはともに前述に対する強調だが、Cは条件で、Aは結果である。よって解答はBCA。
60. "据……统计（……の統計によれば）"は統計の数字13%を導いており、Bは前述に対する評価である。よって解答はACB。
61. AとCはともに習慣を紹介しているが、CはAに対する補足となっている。Bは結果。よって解答はACB。
62. Bは時間の明示。AとCはともに状況であるが、通常 "同时（それと同時に）"を用いたフレーズは後ろに置かれるため、解答はBAC。
63. 関連語句 "无论……还……（……であれ、また……であれ）"は条件を表しており、Cは結果の明示なので、解答はABC。
64. Aは原因で、CとBは結果の明示。関連語句 "尽管……还……（……にもかかわらず、やはり……）"は逆接を表している。解答はACB。
65. 関連語句 "虽然……但是……（……だが、しかし……）"は逆接を表しており、Bは結果なので、解答はACB。
66. "当你因为爱好去做一件事情的时候，就会～精神愉快（趣味のために何かをするときには、楽しい気持ちになる）"とあることから、楽しいのはそれが好きだからだと言える。よってBを選択。
67. "年糕含水分少,不容易消化（餅菓子には水分が少ないので、消化されにくい）"とあるので、Bを選択。
68. "堆雪人是～一种游戏,除了堆雪人,孩子们还可以打雪仗（雪だるま作りは～遊びで、雪だるまを作る以外にも雪合戦ができる）"とあるので、雪合戦も遊びの1つだとわかる。よってCを選択。

69. "由于票价太贵，很多情侣也不能经常去，群众对此非常不满意（チケットが高すぎるため、多くのカップルたちもしょっちゅう行くことはできず、大衆はこれに非常に不満を抱いている）"という記述の中の"此（これ）"は、前述の"票价太贵"を指している。よってAを選択。

70. パールミルクティーは"最能吸引年轻的消费者（若い消費者を最も引きつけることができる）"とあるので、Dを選択。

71. "正确的做法是在饭后两小时或饭前1小时吃水果（正しい食べ方は食後2時間後、あるいは食事1時間前に果物を食べる）"とあるので、Bを選択。

72. "我非常喜欢我的学生（私は自分の学生がこのうえなく好きだ）"とあることから、彼は教師だとわかるので、Aを選択。

73. この文はパンダの外見を紹介しているので、Cを選択。

74. "一个性格很和善的领导往往更受员工喜爱（性格の優しいリーダーは往々にして従業員からより好かれる）"とあるので、Bを選択。

75. 新鮮な豆乳を飲むことは"对身体很有好处（体にとてもよい）"とあるので、Bを選択。

76. "路上堵车了（道路が渋滞していた）"とあるので、Aを選択。

77. "流行的事～虽然很多人喜欢（流行している物は～多くの人が好んでいるが）"とあるので、Bを選択。

78. "在谈话时，不要谈疾病等不愉快的事情，不要询问女士年龄及是否结婚等（会話をするとき、疾病などの不愉快な事柄について話したり、女性に年齢や結婚しているかどうかなどを尋ねたりしてはいけない）"という記述から、B、C、Dは間違いであるとわかる。よってAを選択。

79. "只有学会放弃（放棄することを身につけてこそ）""让生活更加美好（人生をより素晴らしくする）"ことができるとあるので、Bを選択。

80. "导致营养缺乏（栄養不足を招いた）"が、ウサギが栄養不良であったことを表しているので、Dを選択。

81. "本来兔子最有希望得到冠军，可现在冠军给了小鸟（本来ならウサギが優勝する可能性が最も高かったのに、優勝は今や小鳥に与えられた）"という記述から、最終的には小鳥が優勝したとわかるため、Cを選択。

82. "成为朋友（友達になる）""得到朋友（友達を得る）""得到友谊（友情を得る）"などの語句から、この文は主として交友について述べているとわかるので、Aを選択。

83. "如果你首先积极主动地伸出友谊之手，你就已经成功了一半（先にあなたが熱心に自ら進んで友好の手を差し伸べれば、あなたはもう半分は成功したも同然なのだ）"という記述から、正しい解答はDだとわかる。

84. "要想选择好未来的职业，上大学之前就应该作好准备（未来の職業をしっかり選びたいのであれば、大学に入る前からきちんと準備をしておくべきである）"という記述から、Bを選択。

85. 最後に"就能够与别人拉开很大一段距离了（人に大きく水をあけることができる）"とあり、この意味は人に先駆けるということなので、Cを選択。

HSK（四级）模拟试卷 4

解答

一、听力

第一部分

1. × 2. ✓ 3. × 4. × 5. ✓ 6. × 7. ✓ 8. ✓
9. ✓ 10. ×

第二部分

11. D 12. C 13. C 14. D 15. D 16. D 17. B 18. C
19. A 20. D 21. B 22. D 23. A 24. D 25. C

第三部分

26. C 27. D 28. A 29. C 30. B 31. B 32. A 33. C
34. D 35. B 36. D 37. C 38. C 39. A 40. B 41. C
42. A 43. B 44. C 45. B

二、阅读

第一部分

46. A 47. F 48. C 49. E 50. D 51. B 52. C 53. A
54. D 55. F

第二部分

56. BAC 57. ACB 58. CBA 59. BAC 60. ACB
61. ABC 62. BAC 63. CBA 64. ACB 65. ACB

第三部分

66. D 67. A 68. D 69. C 70. D 71. D 72. B 73. D
74. D 75. B 76. A 77. B 78. A 79. B 80. C 81. A
82. D 83. A 84. C 85. C

三、书写
第一部分

86. 从上午到下午工作八个小时。（午前から午後まで8時間働く。）
87. 我想学会三种语言。（私は3つの言語をマスターしたい。）
88. 他刚刚从北京回来。（彼は北京から戻ったばかりだ。）
89. 北方的天气变化比较快。（北方は天気の変化が比較的早い。）
90. 我们要按照学校的规定做。（私たちは学校の決まりどおりにやらなければならない。）
91. 苏杭一带人的口味清淡。（蘇州、杭州辺りの人の味付けはあっさりしている。）
92. 他想去美国留学。（彼はアメリカに留学したいと思っている。）
93. 请把手机递给叔叔。（叔父に携帯電話を渡してください。）
94. 我对这件事很感兴趣。（私はこの件にとても興味がある。）
95. 墙上挂着一幅画儿。（壁に絵が1枚掛けてある。）

第二部分 （解答例）

96. 去公园游玩儿的时候，要爱护花草，保护环境。
    （公園で遊ぶときは、草花を大切にし、環境を保護しなければならない。）
97. 已经很晚了，女孩儿还在认真地工作。
    （もう遅い時間なのに、女の子がまだ一生懸命、仕事をしている。）
98. 这辆公共汽车上人很少，一点儿也不挤。
    （このバスは乗客が少なく、まったく混んでいない。）
99. 上火车或者飞机以前，所有的行李都要进行安全检查。
    （列車や飛行機に乗る前には、すべての荷物の安全検査を行なわなければならない。）
100. 这就是我送你的礼物，可爱吗？（これが私からあなたへのプレゼントです。可愛い？）

解説

1. "小王是我去年去旅行时认识的导游（王くんは私が去年、旅行に行ったときに知り合ったガイドだ）"とあり、ガイドなのは王くんだとわかる。よってこの文は間違い。
2. "帮妈妈卖水果（母を手伝って果物を売っている）"とあるので、この文は正しい。
3. "有时候（ときどき）"は毎日ではないことを指しているため、この文は間違い。
4. "去市场买东西，总是人家要多少钱，我就给多少钱（市場に買い物に行くと、いつも言い値で買っている）"という表現から、話し手は買い物のときに値段交渉ができず高い値で買ってしまうのだとわかるので、この文は間違い。
5. "轻松（軽やか）""心情愉快（愉快な気持ち）"とあることから、この曲は人を緊張させたりしないと判断できる。よってこの文は正しい。
6. この文は、表彰されるべきは"那些认真负责、热心助人的（あの真面目で責任感があり、親切に人助けをする）"運転手であって、すべての運転手ではないと限定しているため、こ

の文は間違い。

7. "最好（できることなら）"はそうするべきだということを表しており、後述の"不然～（さもないと）"は、前もって電話しなかった場合の結果をより強調している。よってこの文は正しい。
8. "经常花很多时间～（いつも多くの時間を費やし）"とあることから、この文は正しいとわかる。
9. "每年都会找时间聚几次（毎年、時間を見つけて数回集まる）"とあるので、この文は正しい。
10. "等了好久（長いこと待って）"という表現が、"我"がプレゼントを楽しみにしていたことを示しているため、この文は間違いだと判断できる。
11. 女性が、彼らは"上午没起来（午前中は起きなかった）"と言っているので、Dを選択。
12. "怎么还没～啊？（どうしてまだ～なんだ）""要～了！（もうすぐ～してしまう）"という発言から、男性は焦っていて不機嫌になっていると判断できるので、Cを選択。
13. 女性の"服装费200，书费65，班费50，电影票钱35（制服代200、教科書代65、学級費50、映画代35）"という発言から、全部で350元を支払わなければならないと算出できるので、Cを選択。
14. "音乐声太大了，吵死了！（音楽の音が大きくて、うるさくてたまらない）"という発言が、男性が不満に思っていることを表している。よってDを選択。
15. 男性が"你的发型十多年都没变了（君の髪型は10年以上変わってないからな）"と言っているので、Dを選択。
16. 会話の中に"喜欢（好き）""字画（書画）""去画店（書画店に行く）""看到满意的就买回去几幅（気に入ったものを見つけたら数幅買って帰る）"という表現が出てくる。"幅"は"字画"の量詞。これらのことから、男の人が買って帰るのは書画だとわかるので、Dを選択。
17. "洗手间"は"厕所（トイレ）"のことなので、Bを選択。
18. 男性は李さんのことを"上班爱迟到，下班爱早走（出勤時はしょっちゅう遅刻するのに、退勤時はさっさと帰る）"と言っており、李さんが時間どおりに出退勤していないことを示しているので、Cを選択。
19. 男性の"这样挺好（こういうのはとてもいい）"という発言から、張さんは今の生活にとても満足しているとわかるので、Aを選択。
20. 女性がエアコンをつけようと言ったのに対し、男性は"我觉得还行（僕はまだつけなくて大丈夫だ）"と言っている。これは、男性がエアコンをつける必要がないと思っているということを表しているので、Dを選択。
21. 男性が"下午还得学钢琴呢（午後はさらにピアノの練習をしなければならない）"と言っているので、Bを選択。
22. "下午得去机场接我妈妈（午後は母を迎えに空港に行かなければならない）"とあるので、Dを選択。
23. 女性がエステに行こうかと言い出したのに対し、男性は"多注意休息，锻炼锻炼就行了（休養を取って体を鍛えるよう、よく気をつければそれでいい）"と言っている。このことから、男性が彼女に賛成していないとわかるので、Aを選択。
24. 女性の"我可不像你，没事就去旅游（私はあなたと違って、用もないのに旅行に行ったりしない）"という発言から、男性はしょっちゅう旅行に出かけていて、あちこち行ったこと

があるとわかる。よってDを選択。

25. 女性の"我要给她买一张京剧光盘（私は彼女に京劇のCDを買うつもりだ）"という発言から、スーザンは母にCDをプレゼントするつもりだとわかるため、Cを選択。

26. "CA 6754，下午3点起飞，可以吗？（CA6754が午後3時の出発になりますが、よろしいですか）""可以（結構です）"とあることから、男性が乗る飛行機はCA6754だとわかるので、Cを選択。

27. "我的表才8点（僕の時計は今8時になったところです）""你的表慢了10分钟（君の時計は10分遅れている）"とあるので、今は8時10分だとわかる。よってDを選択。

28. 女性の"師傅，请在这儿停吧，我到了（運転手さん、止めてください。ここで結構です）"という発言から、会話が車内で発生したとわかり、続いて女性が金額を尋ねていることから、話し手は運転手と乗客であると判断できる。よってAを選択。

29. "来找你帮我妈看看，要不要做个手术（母を診てもらおうと思って来ました。手術が必要でしょうか）"という発言から、劉揚は医者であると推測できるため、Cを選択。

30. "我已经离开四川好多年了（私は四川を離れてもう何年にもなります）"という発言から、男性の郷里が四川であるとわかるので、Bを選択。

31. "校园里的取款机修好了没有（校内のATMの修理は終わった？）""没呢，还不能取钱（まだだよ、まだお金は下ろせない）"という発言から、ATMが故障しているとわかるため、Bを選択。

32. "这是我从网上买的一条裤子（これは私がインターネットで買ったズボンよ）"という発言から、Aを選択。

33. 王おばさんが明くんに"介绍了一个女孩儿（女の子を1人紹介する）"というくだりと、母が彼に"看看不（会ってみたら？）"と尋ねていることから、明くんには彼女がいないと推測できるため、Cを選択。

34. "三天打鱼，两天晒网（3日魚を取り、2日網を干す）"は何事も長続きせず、根気がないこと、つまり三日坊主を表す。よってDを選択。

35. "这台洗衣机已经用了8年了（この洗濯機はもう使って8年になる）""那就换一台吧（じゃあ交換したら）"という発言から、彼らは洗濯機を買おうとしているとわかるので、Bを選択。

36. "希望利用休息日到农村去看看（休日を利用して農村を見に行く）"とあるので、Dを選択。

37. "尝尝农家饭，看看田园景色，去农家院摘水果（農家の料理を食べたり、田園風景を見たり、農家の庭で果物を取ったりする）"とあることから、"种菜（野菜を栽培する）"だけが音声中で言及されていないとわかる。よってCを選択。

38. "蔬菜（野菜）""水果（果物）"とあるので、Cを選択。

39. "给市场及周围道路带来了一定的交通压力（市場とその周辺の道路に一定の渋滞をもたらす）"とあるので、Aを選択。

40. "一想到今天要跟朋友们一起骑车去长城就特别兴奋（今日、友人たちと自転車で万里の長城に行くのだと思ったらとても興奮した）"というくだりから、"我"が興奮した理由がわかる。よってBを選択。

41. "到了那里才6点，离出发还有一个小时呢（そこに着いたときはやっと6時で、出発する時間まであと1時間もあった）"というくだりから、出発する時間が7時だとわかるので、C

を選択。

42. "在书店里阅读、买书的人越来越多（書店で本を読んだり、購入したりする人がだんだん増えている）"というくだりの"越来越多"という表現が、人々は書店に行って本を読んだり、購入したりするのが好きだということを示している。よってAを選択。
43. "他们认为这种读书的气氛有助于孩子从小培养良好的阅读习惯（彼らはこのような読書の雰囲気が、子供が幼いうちから読書の習慣を身につけるのに役立つと考えている）"とあるので、Bを選択。
44. "对不起，老师，我得马上回家一趟（すみません先生、すぐに家に戻らなければならないんです）"とあり、話し手が現在、学校にいるとわかるため、Cを選択。
45. "我得马上回家一趟"というくだりが、彼がとても急いでいることを示しているので、Bを選択。
46. "之一"は複数の中の1つという意味である。世界で最も貴重な動物の中の1つという意味なので、Aを選択。
47. "组织"は分散している人や事物を手配し、統一性を持たせるという意味である。本問は、学生がみなで活動に参加するよう学校がまとめ、手配するという意味なので、Fを選択。
48. "主动（積極的である）"は"被动（受動的である）"の反対で、外部からの力に促されることなく行動することを指す。本問では会社が従業員に、顧客に会ったときには自分から積極的に相手にあいさつするよう求めているので、Cを選択。
49. この文は暮らしの中の出来事は人に様々な感銘を与え、人を喜ばせることもあれば、悲しませることもあるという意味である。本問で必要なのは形容詞を加えることであるが、選択肢の中であてはまるのは"快乐（楽しい）"のみ。よってEを選択。
50. 介詞"与（……と）"は対象を導いて、"和""跟""同"などと同じ意味を表し、よく書き言葉に用いられる。よってDを選択。
51. "左右（前後）"は数詞の後ろに付いて、その数と大差ないことを表す。本問では、話し手が箱の重量が大体25kgであると予想しているので、Bを選択。
52. "不像话（ひどい）"は、言葉や行動が道理や人情にかなっていないことを指し、人を非難したり、批判するのに用いる。本問では話し手が、張東が時間どおりに来ないことを批判しているため、Cを選択。
53. 動詞"交（提出する）"は、事物を関係のある方面に移すことを表す。本問は論文を先生に渡すという意味なので、Aを選択。
54. 副詞"回头（あとで）"は、動作や物事がやがて発生することを表し、"一会儿（まもなく）"の意味に相当する。本問では、話し手があとで時間を見つけて説明しようと思っているということなので、Dを選択。
55. "礼貌（礼儀正しい）"は、言葉遣いや動作が謙虚で丁寧であることを指す表現。本問では話し手が、アンナのあいさつもしない振る舞いが人に対して失礼で、礼儀正しくないと言っているので、Fを選択。
56. BとAはともに原因だが、AはBに対する補足になっている。Cは結果。よって解答はBAC。
57. AとCはともに原因だが、通常"……的时候（……のとき）"は前に置かれる。Bは結果。よって解答はACB。

58. Cは状況で、"我"はこの文の主語。関連語句"只要……就……（……しさえすれば……）"は条件を表しているので、解答はCBA。
59. Bは"作为"が主語を引き出しており、AとCはともにそれに対する説明だが、Aの"我们"は主語。よって解答はBAC。
60. "……，是……（……は……である）"は常用文型。Bは前述に対する説明で、"它"は前述の状況を指しているため、解答はACB。
61. AとBはともに状況だが、通常"……的时候（……のとき）"は前に置かれる。Cは結果。よって解答はABC。
62. 関連語句"如果……就……（もし……なら……）"は仮定を表す。CはAに対する補足なので、解答はBAC。
63. CとBはともに原因だが、CはBの原因でもある。Aは結果。よって解答はCBA。
64. Aは観点の説明。CとBはともにその理由の説明であるが、通常"……的同时（……と同時に）"というフレーズは前に置かれるので、解答はACB。
65. AとCはともに状況だが、Cの"这"はAの"暴风雪（猛吹雪）"を指している。Bは結果なので、解答はACB。
66. "事实上，走别人没走过的路，往往更容易成功（実際は、人が歩いたことのない道を歩くと、得てして成功しやすい）"という記述から、作者は人とは違う道を歩くことに賛成しているとわかるので、Dを選択。
67. "当一名优秀的医生是我学习的动力（優秀な医者になるというのが私の原動力である）"とあることから、"我"の理想は医者になることであるとわかる。よってAを選択。
68. パソコンとテレビ電話が"拉近了我们跟外面世界的距离（私たちと外の世界との距離を縮めた）"ことによって、人々はもう"与亲人分离的痛苦了（親しい人と別れるつらさ）"に耐える必要がなくなったとあることから、パソコンとテレビ電話は暮らしに役立っているとわかる。よってDを選択。
69. "一听到家乡人的声音，我总是很兴奋（郷里の言葉を耳にすると、私はいつも気持ちが高ぶる）"という記述が、他郷にある人の心情を物語っている。このことから、この人物はよその土地にいると推測できるので、Cを選択。
70. "让大家去看交通事故的图片展览（みんなに交通事故の写真の展覧会を見に行かせた）"とあるので、Dを選択。
71. "价钱也不贵（値段も高くない）"とあることから、Dを選択。
72. "你能感到自己还有追求（自分にはまだ頑張ることがあると思える）""那么，这是一件多么值得高兴的事情啊！（ならば、それはなんと喜ばしいことだろう）"とあるので、Bを選択。
73. 実際に行なったことがないのなら、それはあなたの関心事ではなく、実際に行なったことがあり、本当に好きなものだけがあなたの関心事であるといえる、と文中にあることから、本問は主として関心事について述べていると判断できる。よってDを選択。
74. "他们永远用一颗积极、快乐的心去面对困难，争取成功（彼らはいつも積極的かつ明るい気持ちで困難に向き合い、成功を勝ち取る）"という記述から、楽観的な人は困難を恐れないとわかるので、Dを選択。
75. "跟……交流（……と交流する）"は"和……沟通（……と意志を疎通させる）"という意味である。多くの保護者が"没有办法跟他们交流（彼らとの交流の仕方を知らない）"と言わ

れることもある、と書かれているので、Bを選択。
76. "卫生局昨天通知~（衛生局が昨日~するよう通知した）""重点检查~的卫生（~の衛生を重点的に検査する）"とあるので、Aを選択。
77. "英语老师讲的课我几乎一点儿都听不懂，这种情况让我觉得非常失望（英語の先生の講義がほとんどまったく聞き取れず、この状況に私はひどく失望した）"とあるので、Bを選択。
78. "以前大学毕业后很容易找到一个稳定的工作（以前は大学を卒業すれば、安定した仕事をたやすく見つけられた）"とあるので、Aを選択。
79. "交通广播节目很不错（交通ラジオ番組はとてもよい）""尤其受到了出租车司机、老年人和孩子们的欢迎（特にタクシーの運転手、老人、子供たちに人気がある）"とあるので、Bを選択。
80. "安全通道（避難通路）"とエレベーター、階段を比較していることから、"安全通道"を通れば外の道に出られるとわかるので、Cを選択。
81. "我很担心，要是发生意外事故，人们跑不出去怎么办？（万が一不慮の事故が起きて人々が外に逃げられなかったらどうするのか、とても心配だ）"とあるので、Aを選択。
82. "让他们的父母非常担心（彼らの両親に非常に心配をかけている）"とあるので、Dを選択。
83. "他们有的是因为失业，也有的是根本没找到过工作（彼らのうちある者は失業のため、またある者はまったく仕事が見つからないため）"とあるので、Aを選択。
84. "美国青年丁大卫来到中国一所郊区小学教书（アメリカの青年デビッド・ディームズは、教師として中国のある街の郊外にある小学校にやって来た）"という記述から、彼が中国に来たときは小学校の教師をしていたとわかる。よってCを選択。
85. "做人与教学都很受老师和学生的喜欢（彼の人との接し方も教え方も教師や生徒から好かれた）"という記述から、彼が人々からとても歓迎されていたとわかるので、Cを選択。

HSK（四级）模拟试卷 5

解答

一、听 力

第一部分

1. ×　2. ×　3. ✓　4. ×　5. ✓　6. ×　7. ×　8. ✓
9. ×　10. ×

第二部分

11. D　12. B　13. A　14. A　15. C　16. A　17. B　18. C
19. A　20. A　21. D　22. D　23. D　24. A　25. B

第三部分

26. A 27. C 28. C 29. D 30. C 31. C 32. A 33. D
34. B 35. B 36. A 37. D 38. A 39. A 40. B 41. B
42. D 43. B 44. B 45. D

二、阅 读
第一部分

46. A 47. C 48. B 49. D 50. E 51. C 52. E 53. B
54. A 55. F

第二部分

56. CAB   57. BAC   58. ACB   59. ABC   60. BCA
61. BCA   62. BAC   63. CBA   64. CAB   65. BAC

第三部分

66. B 67. D 68. D 69. C 70. A 71. C 72. D 73. B
74. C 75. D 76. D 77. A 78. B 79. A 80. B 81. D
82. D 83. A 84. B 85. B

三、书 写
第一部分

86. 警察提醒司机朋友要注意安全。(警察は安全に気をつけるよう運転手に注意する。)
87. 姐姐经常去健身房锻炼。(姉はいつもジムに行って体を鍛えている。)
88. 王明的画儿画得非常好。(王明の絵はとてもよく描けている。)
89. 还是明天再干吧。(やはり明日またやろう。)
90. 不是已经告诉你了吗?(あなたにはすでに言ってませんでしたか。)
91. 请把钥匙放到服务台。(鍵はフロントにお預けください。)
92. 小王已经三天没上班了。(王くんはもう3日も出勤していない。)
93. 你怎么这么晚才来?(なぜこんなに遅くなってから来たのですか。)
94. 我能克服任何困难。(私はどんな困難も克服できる。)
95. 桌子上摆着两盆花儿。(机の上に花が2鉢置いてある。)

第二部分（解答例）

96. 她举起手想要回答老师的问题。(彼女は手を挙げて先生が出した問題に答えようとした。)

97. 这个红苹果比橘子重一点儿。(このリンゴはミカンより少し重い。)
98. 这个蓝色的笔记本是我的。(この青いノートは私のです。)
99. 为了锻炼身体，同学们每天早上都坚持跑步。
    (クラスメートたちは体を鍛えるため、毎朝ジョギングを続けている。)
100. 因为我准备得很好，所以今天的考试很顺利。
    (私はしっかり準備しておいたので、今日の試験はとてもうまくいった。)

解説

1. 音声では"妈妈很喜欢小狗（母は子犬が大好きだ）""总抱着它（いつもそれを抱いている）"とは言っているが、子犬がどのようであるかは言っていない。よってこの文は間違い。
2. "同学们手拿鲜花，对着我微笑，桌子上还放着一个大大的生日蛋糕（クラスメートたちは手に花を持って私に微笑みかけ、机の上には大きなバースデーケーキまで置いてあった）"とあることから、今日は"我"の誕生日だとわかる。よってこの文は間違い。
3. "我们在电话里约定在汽车站见面（私たちはバス停で会おうと電話で約束した）"とあるので、この文は正しい。
4. "由于小吃的味道好，又比较便宜（軽食は美味しいうえに、比較的安いので）"とは言っているが、食べるのに便利だからとは言っていないので、この文は間違い。
5. "所以火车、汽车的生意特别好（そのため列車やバスの商売は非常に繁盛している）"とあるので、この文は正しい。
6. "查不到小明的电话号码，真急人（明くんの電話番号を調べられなくて、本当に焦った）"という部分から、"我"が焦ったのは明くんの電話番号を調べられなかったからであり、携帯電話が壊れたからではないとわかる。よってこの文は間違い。
7. "最突出的表现是空气污染、海洋污染和城市环境污染（最も顕著なのは大気汚染、海洋汚染、都市の環境汚染である）"という部分から、都市の環境汚染は汚染問題の一つに過ぎず、最も深刻であるかどうかについては言及されていないとわかる。よってこの文は間違い。
8. "人们的旅游时间更充足了（人々の旅行時間がより充足されてきた）"という部分が、旅行する時間がより長くなったことを示しているため、この文は正しい。
9. "女士如果想穿裙子，就必须穿袜子（女性はもしスカートをはきたければ、必ずストッキングをはかなければならない）"という部分から、公の場に出る場合、女性はスカートをはいてよいとわかるので、この文は間違い。
10. "并不代表他们不能沟通（彼らが意思の疎通ができないというわけではない）"という表現は、若者と老人の間でも意思の疎通ができることを表しているので、この文は間違い。
11. "下周末应该可以（来週末にはできるはず）"とあるので、Dを選択。
12. "你跳得那么好（あなたはダンスがそんなに上手なら）"という発言から、女性がとても上手にダンスをしているとわかるので、Bを選択。
13. "我还得复习呢（僕はまだ復習しなければならないんだ）"という発言から、Aを選択。
14. "你是咱家领导（君はうちの幹部だからね）"は、夫婦間でよく使われる表現なので、Aを選択。

15. "可是我已经答应女朋友不去了,现在怎么跟她说呀!（でも僕はもう彼女に行かないことにしたと言ってしまった、今になってどう説明すればいいんだ）"という発言から、男性は彼女に留学には行かないことにしたと言ってしまったことを後悔していると推測できる。よってCを選択。
16. "能不能给我换一条（交換してもらえますか）"という発言から、男性はズボンを交換しようとしているとわかるので、Aを選択。
17. 女性は"你也不小了,是不是该考虑一下个人问题了?（あなたももう子供じゃないんだから、プライベートな問題についてちょっと考えるべきじゃない？）"と言っているが、"个人问题"は通常、恋愛のことを指すので、Bを選択。
18. 男性が"发生交通事故了（交通事故が起きた）"と言っているので、Cを選択。
19. 女性の"我游不动了（もう泳げない）"という発言から、彼らは泳いでいると判断できるので、Aを選択。
20. 男性の"这儿可以订机票吗?（ここは航空券の予約ができますか）"という発言から、Aを選択。
21. 男性の発言"你又不是男孩子,学这个干什么啊?（君は男の子でもないのに、そんなものを習ってどうするの）"は反語文である。このことから、男性は女の子がカンフーを習うのに賛成していないと推測できるため、Dを選択。
22. 女性の"请让我看一下你的简历、毕业证书和推荐信（履歴書、卒業証書、推薦書を見せてください）"という発言から、4つの選択肢の中では勤務先の身分証明書が必要ないとわかる。よってDを選択。
23. 男性が"请问这儿附近有宾馆吗?（この近くにホテルはありますか）"と尋ねていることから、彼はホテルを探しているとわかるので、Dを選択。
24. 女性が"让小李唱歌（李くんに歌を歌わせる）"と言い、男性が"我想和小李换换（僕は李くんと交代したい）"と言っていることから、男性は歌を歌いたいと思っているとわかるので、Aを選択。
25. "真是的!（まったく）"は不満の語気を表す。女性は、男性がいつも彼女の電話番号を忘れることを非常に不満に思っているということである。よってBを選択。
26. "小刘,我要的资料都准备好了吗?（劉さん、頼んでおいた資料はもう準備できているかな？）""那就送到会议室吧,顺便通知各位业务经理去开会（では会議室に持っていってくれ、ついでに営業部長各位に会議に出るよう知らせてくれ）"という発言から、劉さんは秘書だと推測できるため、Aを選択。
27. 男性の"虽然味道好,但有的不干净（味はよくても、不衛生なものもある）"という発言と、女性の"我也没想到会拉肚子呀!（私もおなかを壊すとは思わなかったわ！）"という発言から、軽食は不衛生だということが読み取れる。よってCを選択。
28. 男性の"我想换个房间（部屋を換えて欲しい）"という発言と、女性の"那你搬到304吧（では304に移ってね）"という発言から、男性は部屋を換えたがっているとわかるため、Cを選択。
29. 男性の"不,我很少看,因为广告太多了（いや、ほとんど見ない、CMが多すぎるからね）"という発言から、Dを選択。
30. 女性の"吃了你开的药,我感觉好多了,就是嗓子还有点儿疼（処方してくださった薬を飲

んだら、ずいぶんよくなりました。でもまだ喉が少し痛いです)"という発言から、2人は医師と患者の関係であると判断できるため、Cを選択。

31. 女性の"王秘书给我们订了机票(秘書の王さんが航空券を予約してくれた)"という発言から、彼らは飛行機で行くとわかるので、Cを選択。
32. 男性の"就比他们多了一分,真危险!(彼らより1点多かっただけだから、本当に危なかった)"という発言から、勝利したとわかるので、Aを選択。
33. 男性の"没考上研究生,找工作也行啊!(大学院に受からなかったら、仕事を探せばいいさ!)"という発言から、女性は今のところ大学院に受かっていないとわかる。よってDを選択。
34. 男性の"明天是情人节,我想给我女朋友买些花儿(明日はバレンタインデーだから、彼女に花を贈りたいんです)"という発言から、Bを選択。
35. 男性の"行啊,没问题! 这个周末怎么样?(ええ、いいですよ。今週末はどうですか)"という発言に対し、女性が"好,谢谢你!"(いいですね、ありがとう!)と言っていることから、彼らは週末に会うとわかるので、Bを選択。
36. "有些明星为了追求经济利益而写书(有名芸能人の中には経済利益を追求するために本を書く者もいる)"とあるが、"经济利益"とは金を稼ぐことを指す。よってAを選択。
37. "希望他们写书的时候,最好认真地考虑一下自己的写作目的(彼らには本を書く際に、できることなら真剣にその目的について考えてもらいたい)"とあるので、Dを選択。
38. "我家孩子吃饭的时候(うちの子がご飯を食べるときに)"という部分から、話し手は子供の保護者であるとわかるので、Aを選択。
39. "大人们都说他长大了,懂事了(大人たちが皆彼は成長して物事がわかるようになったと言っている)"とあるので、Aを選択。
40. この話はフィアタの品質、デザイン、特徴などを紹介し、そのキャッチフレーズにも触れている。このことから、これは新聞に出てくる可能性が最も高いと推測できるので、Bを選択。
41. "飞亚达表将良好的质量、优秀的设计与人们的个性、身份联系起来(フィアタの時計はその高い品質と優れたデザインを、人々の個性やステータスに結び付ける)"という表現から、時計の品質がとてもよいとわかるので、Bを選択。
42. "如果去得太早,可能主人还没准备好,这就可能会给他们造成一些不便(早く行きすぎると、ホストはまだ準備ができておらず、彼らに迷惑をかけることになるかもしれない)"とあるので、Dを選択。
43. 最後に"一般来说,提前两三分钟到比较好(一般的には2,3分前に到着するのがよいとされている)"とあるので、Bを選択。
44. 初めに"鼻子可以闻到酒的香气(鼻は酒の香気をかぐことができる)"とあるので、Bを選択。
45. この話からわかるのは、人は酒を飲むときに耳だけが何も楽しめないので、杯を突き合わせるようになり、そうすることで耳も音を聞けるようにしたのだということである。このことから、これが杯を合わせるようになった理由だと推測できるため、Dを選択。
46. "趟"は回数を表す量詞で、数詞の後ろに置かれるので、Aを選択。
47. この文は"把"構文である。"把"を用いて名詞"玫瑰(バラ)"を前に出し、"送给心爱的女孩儿(心から愛する女の子に贈る)"の位置をずらしている。よってCを選択。

48. 動詞"赶（急ぐ）"は素早く行動し、時間に遅れないようにするということを表す。これが問題の趣旨に合致するので、Bを選択。
49. "作用"は物事に与える影響あるいは効果を指す。ここでは薬が"我"の病気に対して効果がないと述べているので、Dを選択。
50. 助詞"过"は動詞のあとに用い、経験したことがあるということを表す。これが問題の趣旨に合致するので、Eを選択。
51. "不要紧（構わない）"は差し支えがなく、問題にはならないということを表す。話し手は「本が汚れても大丈夫、ちょっと拭けばいい」と言っているので、Cを選択。
52. "逐渐（だんだん）"は程度や数量が徐々に増減することを指す。ここでは、リスニングのレベルがゆっくりと上がっていくはずだと言っているので、Eを選択。
53. 形容詞"害羞（恥ずかしがる）"は決まりが悪く、心中落ち着かないことを指す。問題の趣旨にこれが合致するので、Bを選択。
54. "几乎（ほとんど）"は"差不多（ほとんど）""差点儿（おおかた）"に相当する。1人目の人は仕事が多すぎてとても疲れるし、ほとんど休日がないと言っているので、Aを選択。
55. "考虑（考慮する）"は、問題について真面目に考え、決定を下すという意味である。話し手は以後問題が起きないよう、相手に再度よく考えさせているので、Fを選択。
56. Cは状況、Aはその状況に関して気づいた問題、Bは結果である。よって解答はCAB。
57. Bは状況の略述、Aは例の提示で、CはAに対する説明である。よって解答はBAC。
58. 関連語句"只要……就……（……しさえすれば……）"は条件を表している。CはAに対する補足、Bは結果なので、解答はACBとなる。
59. 関連語句"一边……一边……（……しながら……する）"は並列を表しており、Aの"他"が主語なので前に置かれる。Cは結果。よって解答はABC。
60. Bは状況。CとAはともに前述に対する補足だが、通常"和……比起来（……と比べて）"というフレーズは前に置かれるので、解答はBCAとなる。
61. Bは説明する対象を指しており、CとAは数量の多寡にもとづいて配列を行なっているので、解答はBCA。
62. 関連語句"无论……都……（……であれ、皆……）"は条件を表しており、AはBに対する補足なので、解答はBACとなる。
63. Cは状況で、BとAはともに結果であるが、通常"当……时（……のとき）"を用いたフレーズは前に置かれるので、解答はCBA。
64. Cは状況。AとBはともに前述に対する補足で、関連語句"不仅……更……（……だけでなく、さらに……）"は累加を表している。よって解答はCAB。
65. 関連語句"虽然……但……（……だが、しかし……）"は逆接を表しており、Cは結果なので、解答はBAC。
66. "非常干净，店里常常放着优美的音乐，散发着咖啡的香味（非常に清潔で、店内にはいつも優雅な音楽が流れており、コーヒーのいい香りが漂っている）"という記述から、環境がよいから"我"と友達はこの店が好きなのだと推測できる。よってBを選択。
67. "将机票、身份证交给机场相关负责人员（航空券と身分証を空港の担当係員に渡す）"という記述から、Dを選択。
68. "一定要遵守交通法规（必ず交通法規を遵守しなければならない）"とあるので、Dを選択。

69. "一来这是我的爱好，二来也想充实一下自己（1つにはこれは私の趣味であり、2つには自分を充実させたいからだ）" という記述から、"我" が読書を好きな理由の1つは趣味であるからだとわかるので、Cを選択。
70. 最初に "一个人喝醉了（ある人が酔っぱらった）" とあるので、Aを選択。
71. "李老师在十几年的工作中积累了丰富的教学经验（李先生は十数年の勤務で豊富な指導経験を積んだ）" とあるので、Cを選択。
72. "建议您一定要等到太阳出来半小时之后再去锻炼（必ず太陽が出て30分たってからトレーニングに出かけるようおすすめする）" とあるので、Dを選択。
73. "朋友之间相处，最重要的就是信任（友達づきあいで最も重要なのは信頼だ）" とあるので、Bを選択。
74. "这些电影都是没有声音的（これらの映画はどれも音声がなかった）" とあるので、Cを選択。
75. "会外语和电脑已经成为必须具备的技能了（外国語とパソコンができることは、今や必須の技能になっている）" とあることから、Dを選択。
76. "每年有超过10亿人通过电视观看这台晚会（毎年10億人以上がテレビでこの夜の集いを視聴している）" という記述から、多くの人が春節の夜の集いを見るのが好きであると推測できるため、Dを選択。
77. "是不是总看电视呀？以后少看点儿吧（いつもテレビを見てるんじゃない？ 今後は見るのを少し控えないと）" とあるので、Aを選択。
78. "水一旦受到污染，就会给人类带来很大的危害。它不仅会影响~还会破坏~（水はいったん汚染されると人類に多大な害をもたらす。それは~に影響するだけでなく、~をも破壊する）" という記述から、この文は主として水汚染の害について述べているとわかる。よってBを選択。
79. "由于长期的过度劳累，他生病住院了（長期にわたる過労のため、彼は病気になって入院した）" とあるので、Aを選択。
80. 初めに "我的朋友在公交车上经常丢钱包（私の友人はいつもバスの中で財布をなくす）" とあるので、Bを選択。
81. その日、スリが盗んだ封筒の中身が紙切れであったことから、スリはだまされたのだとわかるので、Dを選択。
82. 北京の餅菓子には "有黄、白两种颜色（黄色と白の2色がある）" とあるので、Dを選択。
83. "通常在过年、过节的时候卖得较多（通常は年越しや祝日の際に多く売られる）" とあることから、春節のときに多く売られるであろうと推測できるため、Aを選択。
84. "地面高度每上升1000米，气温就下降6.5度（地面の高度が千メートル上がるごとに気温が6.5℃下がる）" とあることから、2千メートル上がると気温は6.5℃×2で、13℃下がると推測できる。よってBを選択。
85. "山越高，气温就越低（山が高いほど、気温は低くなる）" という記述から、山頂の気温は低いと推測できるので、Bを選択。

HSK（四级）模拟试卷 6

解 答

一、听 力

第一部分

1. ✓   2. ×   3. ×   4. ✓   5. ×   6. ×   7. ✓   8. ×
9. ✓   10. ×

第二部分

11. A   12. D   13. C   14. B   15. C   16. C   17. A   18. B
19. A   20. C   21. A   22. C   23. D   24. C   25. C

第三部分

26. B   27. D   28. A   29. B   30. D   31. C   32. D   33. B
34. D   35. A   36. A   37. D   38. B   39. A   40. C   41. B
42. A   43. B   44. D   45. B

二、阅 读

第一部分

46. F   47. D   48. E   49. B   50. A   51. E   52. D   53. B
54. C   55. A

第二部分

56. BCA   57. BAC   58. ACB   59. CAB   60. ACB
61. CBA   62. BCA   63. ACB   64. CAB   65. BAC

第三部分

66. D   67. B   68. B   69. A   70. C   71. A   72. A   73. C
74. A   75. D   76. B   77. C   78. D   79. D   80. C   81. D
82. D   83. A   84. B   85. C

256

三、书 写
第一部分

86. 他好不容易才赶上火车。（彼はかろうじて列車に間に合った。）
87. 你是怎么来北京的？（あなたはどうやって北京に来たのですか。）
88. 我这儿不能办理留学手续。（私のところでは留学手続きはできません。）
89. 服务员对我们很热情。（従業員は私たちにとても親切だ。）
90. 为什么不去英国留学呢？（なぜイギリスに留学に行かないのですか。）
91. 请把通知写在黑板上。（通知を黒板に書いてください。）
92. 他的态度很值得怀疑。（彼の態度はとても疑わしい。）
93. 他正在写作业。（彼は今、宿題をしているところです。）
94. 李经理的包被小偷拿走了。（李支配人は鞄をこそ泥に持って行かれた。）
95. 他从来没去过上海。（彼は今まで上海に行ったことがない。）

第二部分（解答例）

96. 这种表演很受北方人的欢迎。（このような演出は北方の人にとても人気がある。）
97. 今天晚上这里要举办一个生日晚会。（今晩ここで誕生パーティーが開催される。）
98. 老师在教这个漂亮女孩儿弹钢琴。
    （先生は今、このきれいな女の子にピアノを教えているところです。）
99. 麦克想自己修理汽车，所以他要先检查一下。
    （マイクは自分で車を修理したいと思っているので、まずは点検しなければならない。）
100. 这只胖胖的小狗好像很孤单。（この丸々と太った子犬はどうやら独りぼっちのようだ。）

解 説

1. "锻炼身体一定要坚持（体を鍛えるには絶対に続けることが必要だ）"という表現にもとづけば、鍛錬を続けなかった場合にはよい効果があるはずがない。よってこの文は正しい。
2. "请到5号或7号柜台，那边可以（5番か7番のカウンターに行ってください。そこなら大丈夫です）"という部分から、5番カウンターではクレジットカードが使えるとわかる。よってこの文は間違い。
3. "我本来想大学一毕业就考研究生（私は元々は、大学を卒業したら大学院を受験するつもりだった）"の中の"本来"という語から、"我"は実際には大学院を受験していないと推測できる。よってこの文は間違い。
4. "一个留学生能写出这么好的文章，真让人佩服啊！（留学生にこんな素晴らしい文章が書けるなんて、本当に感心だ）"という部分から、これは留学生の文章に対する話し手の称賛であるとわかる。よってこの文は正しい。
5. "他选择女朋友的标准是：～（彼女を選ぶ際の彼の基準は～である）"という部分から、彼には恐らく彼女がいないだろうと推測できるので、この文は間違い。

6. "我寄出去的信被退了回来～是我写错了地址（私の出した手紙が戻ってきた～私が住所を書き間違えていた）"とあることから、住所を書き間違えたのは"我"であるとわかる。よってこの文は間違い。

7. "要不是你提醒我，我肯定会忘了（君が注意してくれなければ、私はきっと忘れていた）"とあることから、この文は正しい。

8. 最後の"在那儿买也行（そこに買ってもいい）"という部分から、彼は家を買おうとしているのであって、売ろうとしているのではないとわかる。よってこの文は間違い。

9. "听小王说（王くんによれば）"とあり、王くんは行ったことがあるとわかるので、この文は正しい。

10. "制作了一个表格，可是她忘记保存（ある表を作ったが、彼女は保存するのを忘れた）"とあり、彼女が忘れたのはパソコンをシャットダウンすることではない。よってこの文は間違い。

11. 女性の"这是送给小刘的，他过生日（これは劉くんに贈るの、彼の誕生祝いよ）"という発言から、Aを選択。

12. 男性の"哪有那么快呀？还有一年她研究生才毕业呢（そんなに早いわけないよ。あと1年でやっと大学院を卒業するんだ）"という発言から、李さんの娘は今はまだ卒業していないとわかる。よってDを選択。

13. 女性が"小周已经出国了？（周くんはもう出国したの？）"と尋ね、男性が"他很快就会回来的（彼はすぐに戻ってくる）"と言っていることから、周くんは今、外国にいるとわかる。よってCを選択。

14. 女性がソファーは結婚したときに買った物だと言い、男性が"已经10年了（もう10年になる）"と言っていることから、彼らは結婚して10年だとわかるので、Bを選択。

15. 女性の"虽然小孙长得一般（孫くんは見た目は普通だけど）"という発言から、孫くんの欠点は見た目があまりよくないことだとわかるので、Cを選択。

16. 男性の"我好不容易才找到这儿（やっとここを見つけたんだ）"という発言から、ここが見つけにくい場所だとわかるので、Cを選択。

17. "去'喜羊羊烤肉店'怎么走？（「喜羊羊焼き肉店」へはどう行くのですか）"という質問から、男性は焼き肉を食べたいと思っているとわかるので、Aを選択。

18. 女性の"就是书房有点儿小（ただ書斎がちょっと小さい）"という発言から、女性は書斎に不満を抱いているとわかるので、Bを選択。

19. 男の子の"您看人家小海，从上到下穿的都是名牌（あの海くんを見てよ、上から下まで着てるのは全部ブランド物だ）"という発言から、男の子は海くんを羨んでいるとわかる。よってAを選択。

20. 男性の"再去游一圈啊？（もう1周泳ぎに行く？）"という発言から、彼らは泳いでいると推測できるので、Cを選択。

21. "这个皮箱的密码是多少来着？（このスーツケースのダイヤルロックの番号は何番だったっけ）"という発言から、男性は鍵の番号を忘れたのだとわかるので、Aを選択。

22. 女性の"真希望我将来的工作～（将来の仕事が～だといいなあ）"という発言、男性の"能找到一份合适的就不错了（自分に合っているのを見つけられればそれでいいんだ）"という発言から、彼らは仕事について話しているとわかるので、Cを選択。

23. 女性の"到二楼电梯的右边，那里是烟酒区（2階のエレベーターの右側に行ってください、そこがタバコとお酒の売り場です）"という発言から、Dを選択。
24. 母親が"没呢，洗衣机坏了（まだよ、洗濯機が壊れちゃって）"と答えているので、Cを選択。
25. 男性の"知道了（わかってる）"という発言の意味は、手を洗ったらきっと蛇口を閉めるということなので、Cを選択。
26. "你还记得我们的小学老师吗？（私たちの小学校のときの先生をまだ覚えてる？）""我昨天在公园里遇到他了（私、昨日公園でばったり彼に会ったの）"という発言から、女性が会ったのは小学校の先生だとわかる。よってBを選択。
27. 女性が"你最好扔到垃圾桶里（ごみ箱に捨てるのが一番いいわ）"と言い、男性が同意していることから、Dを選択。
28. 女性の"商场里的价钱在小店里能买三件（デパートの値段だと、小さな店では3着買える）"という発言から、デパートの商品は高いと推測できるので、Aを選択。
29. 男性の"还以为你在减肥呢（ダイエットでもしているのかと思ったよ）"という発言、女性の"原来是这么打算来的（最初はそのつもりだったんだけど）"という発言から、女性は元々はダイエットをするつもりだったとわかるので、Bを選択。
30. 男性の"啤酒香鸭呢？（ビールダックは？）"という問いは、ビールダック〔ビールに漬け込んだダックを焼き上げたもの。あるいはビールで煮込んだダック〕は注文したのかということを尋ねている。また、"味道不错，你们也尝尝吧（美味しいから、君たちも食べてみなよ）"とも言っているので、男性はこの料理を注文するよう提案しているとわかる。よってDを選択。
31. 女性の"时间过得真快，30年过去了（時間が過ぎるのは本当に早い、30年たったなんて）"という発言から、写真が30年前のものだとわかるので、Cを選択。
32. "我家门前那条河却没有以前那么干净了（うちの前を流れる川が昔ほどきれいじゃなくなった）"という発言から、男性が残念に思っているのは、川の水がきれいではなくなったことだとわかる。よってDを選択。
33. 女性が"这里的图书数量最多，种类最全（ここの書籍は最も数が多く、最も種類が多彩です）"と言っているので、この会話が行なわれている可能性が最も高いのは、選択肢の中では書店である。よってBを選択。
34. 男性の"晚上有场球赛（夜に野球の試合がある）""不就是今天吗？（ほら今日でしょ？）"という発言から、野球の試合があるのは今晩だとわかるので、Dを選択。
35. 女性が"慢点儿，路上有冰！（スピードを落として、路面が凍ってる）"という発言から、Aを選択。
36. "他们的热心、幽默、努力等都可以成为你学习的对象（彼らの親切、ユーモア、努力など、どれもが君が学ぶ対象となりうる）"とあるので、Aを選択。
37. 前半では人の長所に学ぶべきだと言い、後半では君も彼らの教師となることができると述べている。このことから、お互いに学ぶべきだと言っているのだとわかるので、Dを選択。
38. この話は商店のことを描写しており、選択肢の中で最も当てはまる可能性があるのは顧客である。よってBを選択。
39. "服务态度也很差，～现在不同了，～这样有了竞争，他们变得一家比一家好了（勤務態度もひどかったが、～今は違う。～こうして競争が生まれたことによって、彼らは一軒オープ

ンするごとによくなっている）"とあることから、彼らの態度がよくなっているとわかるため、Aを選択。

40. 初めに"水是我们生活中不可缺少的东西（水は我々の生活に不可欠のものだ）"とあるので、水は我々の生活において重要な役割を担っているとわかる。よってCを選択。

41. "我们要尽量喝没有受到污染的干净的水（我々はできるだけ汚染されていない、きれいな水を飲まねばならない）"とあるので、Bを選択。

42. "这么晚才回来！（こんな遅くに帰ってきて）" "已经等了你很长时间了。快过来坐下（もうずいぶん長いことあなたを待っていたのよ。こっちへ来て座りなさい）" "我得准备通知亲戚和朋友啊（私は親せきや友人に知らせる準備をしなければならない）"などの発言から、これは家族が彼を気にかけている場面であり、最も可能性が高い場所は家の中だとわかる。よってAを選択。

43. "你和刘芳的事准备得怎么样了？什么时候去拍结婚照啊？（あなたと劉芳とのことは準備はどうなっているの？　いつ結婚写真を撮りに行くの？）"とあるので、李くんと劉芳は結婚しようとしているとわかる。よってBを選択。

44. "学生们给我带来了很多快乐（学生たちは私に多くの喜びをもたらしてくれた）"という部分から、話し手が教師だとわかるので、Dを選択。

45. "陪我过生日（誕生日を祝ってくれた）" "当我生病的时候，是他们关心我、照顾我（病気になれば、彼らは私を気遣い、世話を焼いてくれた）" "我一辈子都不会后悔～（私は～を一生後悔しないだろう）"とあることから、話し手はとても感動しているとわかる。よってBを選択。

46. "属于"はある種類や方面の所有に属することを指す。彼女の性格は"外向（外向的）"という種類に属するということなので、Fを選択。

47. 介詞"对（……に対し）"は言及する対象を引き出す。"吸烟的危害（喫煙の害）"は対象になるので、Dを選択。

48. 副詞"不断（絶えず）"は連続して途切れないことを表す。本問は、皆がひたすらたゆまず努力したということを述べているので、Eを選択。

49. "顺序"は空間や時間における物事の配列の前後を指し、これが問題の趣旨に合致するので、Bを選択。

50. "反映（反映する）"は客観的事物に内在しているものを表現するということである。この文は映画は庶民の本当の暮らしを描き出したという意味であるので、Aを選択。

51. 接続詞"除非（……でない限り）"は条件を表し、普通は"才（……でこそ）"や"否则（さもないと）"と連用されるので、Eを選択。

52. "忍不住（我慢できない）"は、あることをしようとするのを自分で制御できないことを表す。本問は話し手が自分を制御できず、酒をたくさん飲んでしまったということを述べているので、Dを選択。

53. "吵架"は意見が合わず、大声で言い争うことを指す。この会話では、話し手が"摔东西的声音（物が落ちて壊れる音）"から隣人が言い争っているのだろうと推測しているので、Bを選択。

54. "安排"には名詞の用法もあり、計画、予定といった意味を表す。これが問題の趣旨に合致するので、Cを選択。

55．代詞"任何"はいかなるという意味なので、Aを選択。
56．Bは理由で、Cはそれに対する補足、Aは結果なので、解答はBCA。
57．Bは理由。AとCはともに結果だが、CはAに対する逆接。よって解答はBAC。
58．関連語句"无论……都……（……に関わらず、皆……）"は条件を表している。AとCは並列する2つの対象を指しているが、"无论……"のフレーズが前に置かれるため、解答はACBとなる。
59．関連語句"只有……才……（……してこそ……）"は条件を表し、"不然（さもなければ）"は逆接を表す。よって解答はCAB。
60．Aは一種の状況、Cの"这"はAという状況を指している。Bは理由。よって解答はACB。
61．Cの"汉语太难了（中国語は難しすぎる）"とB、Aはすべて"认为（……と考える）"の目的語。"更（さらに）"は比較を表しているが、通常これを含むフレーズは後ろに置かれるので、解答はCBA。
62．Bは状況で、CとAはそれに対する補足。関連語句"如果……那么……（もし……なら……）"は仮定を表しているが、ここでは"那么"は省略されている。よって解答はBCA。
63．関連語句"凡是……都……（およそ……は皆……）"は条件を表している。Bは理由で、"它"は長城を指しているので、解答はACB。
64．関連語句"因为……所以……（……なので、よって……）"は因果関係を表す。BはAに対する補足なので、解答はCAB。
65．Bは状況、AとCはともにそれに対する補足で、関連語句"虽然……但……（……だが、しかし……）"は逆接を表している。よって解答はBAC。
66．"这给孩子很大的压力（これが子供に大きなストレスを与えている）"とあるので、Dを選択。
67．"绿色代表美好的环境（緑色は美しい環境を体現している）"とあるので、Bを選択。
68．"'哈佛'理发店烫发的价格让人接受不了（ハーバード理髪店のパーマ料金は受け入れがたい）"という記述から、料金が高いとわかるので、Bを選択。
69．"就会想起你对我的鼓励，想起我们一起参加的比赛（君の僕に対する励ましを思い出し、僕たちが一緒に参加した試合を思い出す）"という記述から、友達であって初めてこのようにできるとわかるので、Aを選択。
70．"他们失去了个人的时间，自由（彼らは個人の時間と自由を失った）"とあるので、Cを選択。
71．"如果一个人的心理很健康，那他面对失败的时候就不会一直伤心，失望（人は心が健康であれば、失敗に直面しても、ずっと悲しんでいたり、失望していたりすることはない）"という記述から、Aを選択。
72．"梅兰芳先生是中国著名的京剧表演艺术家（梅蘭芳氏は中国の著名な京劇俳優である）"とあるので、Aを選択。
73．"我们随时可以通过欣赏朋友们的网上日记（博客），了解他们~的情况（私たちはいつでも友人たちのネット上の日記〔ブログ〕を読むことで、彼らの~の状況を知ることができる）"という記述から、Cを選択。
74．"在古代，上联要贴在门或墙的右边（古代、上聯は門あるいは壁の右側に貼らなければならなかった）"とあるので、Aを選択。
75．"如果和别人保持合适的距离~如果走得很近~（人と適度な距離を保っていれば~、とても近くにいれば~）"という記述から、人づきあいでは一定の距離を保つべきだと言っている

261

とわかるので、Dを選択。

76. "只有通过长时间的观察～这时的判断也才能是准确的（長期にわたって観察をして初めて～そのときの判断こそ確かなのだ）"とあるので、Bを選択。
77. "我就知道她是我一直在寻找的女孩儿（僕には、彼女こそ僕がずっと探していた女の子だとすぐにわかった）"とは、"我"はこの女の子のことが好きだという意味なので、Cを選択。
78. "明天我就飞到杭州，跟你一起去游览西湖（明日、僕は杭州に飛び、君と一緒に西湖を遊覧する）"という記述から、"我"は旅行に行くのだとわかるので、Dを選択。
79. この文は"鸟巢（鳥の巣）"体育館について述べているので、Dを選択。
80. 最初の"有三个人在沙漠里找不到回家的路了（砂漠で家に帰る道がわからなくなった人が3人いました）"という記述から、彼らが道に迷ったとわかるので、Cを選択。
81. 3番目の人が"我希望那两个人能回来陪我（私はあの2人が戻って来て、私と一緒にいられるようにしてもらいたい）"と言っていることから、彼はその後またあの2人に会ったとわかるので、Dを選択。
82. "相信自己，我们才能勇敢地尝试（自分を信じる、それでこそ私たちは勇敢に挑戦できる）"という記述から、思い切って行動するには自分を信じることが必要だとわかるので、Dを選択。
83. 文中で"相信自己（自分を信じる）"を繰り返しているのは、私たちに自信というものについて理解するよう告げているからであるので、Aを選択。
84. "猫的性情温顺，聪明活泼（猫は性質がおとなしく、聡明で活発だ）"とあるので、Bを選択。
85. "10岁的猫基本上就是老年了，这时就需要主人对它更加小心地照料（10歳の猫は基本的にはもう年寄りなので、そのときには飼い主はより注意して世話をする必要がある）"という記述から、注意して世話をする必要があるのは10歳以上の猫だとわかるので、Cを選択。

HSK（四级）模拟试卷 7

解答

一、听 力

第一部分

1. ✓　2. ×　3. ×　4. ✓　5. ×　6. ×　7. ✓　8. ×
9. ✓　10. ✓

第二部分

11. C　12. B　13. A　14. B　15. C　16. A　17. A　18. C
19. D　20. B　21. C　22. A　23. D　24. B　25. A

第三部分

26. D	27. C	28. B	29. A	30. A	31. B	32. B	33. C
34. B	35. D	36. B	37. D	38. A	39. B	40. D	41. A
42. D	43. C	44. A	45. C				

二、阅 读

第一部分

46. C	47. F	48. D	49. B	50. A	51. B	52. C	53. A
54. F	55. D						

第二部分

56. ABC	57. ACB	58. CAB	59. BAC	60. BCA
61. BAC	62. ABC	63. BAC	64. ABC	65. CAB

第三部分

66. D	67. D	68. D	69. D	70. C	71. D	72. A	73. B
74. A	75. A	76. B	77. D	78. A	79. B	80. D	81. A
82. B	83. D	84. B	85. A				

三、书 写

第一部分

86. 你想去南方工作吗？（あなたは南方に行って仕事をしたいのですか。）
87. 校长派张老师去上海开会。（校長は上海の会議に張先生を派遣する。）
88. 这次的成绩让我很高兴。（私は今回の成績にとても満足している。）
89. 我终于把作业做完了。（私はやっと宿題をし終えた。）
90. 那个孩子太不听话了。（あの子はまったく言うことを聞かない。）
91. 有什么意见就提出来吧。（何か意見があれば言ってください。）
92. 你不要太伤心了。（そんなにひどく悲しまないで。）
93. 我数到3就可以开始了。（私が3まで数えたら始めていい。）
94. 这位就是我的大学老师。（こちらが私の大学の先生です。）
95. 我怎么没听说过呢？（なぜ私は聞いたことがないのだろう。）

第二部分（解答例）

96. 爬山是很多人都喜欢的一种运动。（登山は多くの人が好むスポーツだ。）

97. 中间的这个人正在高兴地给家人打电话。
 （真ん中の人は今、うれしそうに家族に電話している。）
98. 我在饭店点了一盘饺子。（私は飲食店で餃子を1皿頼んだ。）
99. 这个小伙子一个人坐在石头上读书呢。
 （その若者は1人石の上に腰かけて本を読んでいる。）
100. 他们俩生气了，谁也不跟谁说话。（彼ら2人は腹を立て、どちらも相手と口をきかない。）

解説

1. "全吃光了"は、すべて食べきるという意味なので、この文は正しい。
2. "下一站是北方公园（次は北方公園です）"と言っていることから、北方公園にはまだ到着していないとわかるので、この文は間違い。
3. "南方很少下雪（南方はほとんど雪が降らない）"という表現から、南方でも雪が降ることはあるが、とても少なく、降ったことが一度もないというわけではないとわかる。よってこの文は間違い。
4. "要尽量抽出一些时间陪陪家人和朋友（なるべく時間を作って家族や友人と過ごさなければならない）"とあるので、この文は正しいとわかる。
5. この文からわかるのは、母は仕事の関係でここに来て、30年余りここで暮らしているということだ。よって、母が今年30歳余りであるはずがないので、この文は間違い。
6. "常常这个周末还没过完，就开始安排下个周末的活动了（いつもその週末が終わる前に、もう次の週末の遊びの予定を立て始める）"という表現から、マイクの週末にはいつも遊びの予定があるとわかる。よってこの文は間違い。
7. "直接从网上付费下载，特别方便（直接インターネットから費用を払ってダウンロードでき、とても便利だ）"とあるので、この文は正しい。
8. "这次难度更大了（今回は難度がさらに高かった）"という表現から、今回の試験はとても難しかったとわかるので、この文は間違い。
9. "打的"は「タクシーに乗る」の意。"我只好打的回家（私はタクシーで家に帰るしかなかった）"とあるので、この文は正しい。
10. "每次买回来，养不长时间花儿就死了（買ってくるたび、いくらも育てないうちに花が枯れてしまう）"という表現から、"我"は花を育てられないとわかるので、この文は正しい。
11. 女性の"等一会儿再洗吧，热水器里的水还没热呢（しばらく待ってから入りなさい、湯沸かし器の水がまだ熱くなってないから）"という発言から、今はまだお湯が沸いておらず、風呂に入れないとわかる。よってCを選択。
12. 女性の"我这个月的钱好像有点儿问题，是不是没发加班费？（私の今月分の給料、なんか変なんだけど、残業代はついていないの？）"という発言から、女性の今月分のお金が少なかったと推測できるので、Bを選択。
13. 男性の"这次扫雪我能不能不去啊？（今回の雪かき、行かなきゃだめですか）"という発言から、クラスメートたちは雪かきに行こうとしているとわかるので、Aを選択。
14. 女性の"别看他长得不怎么样，学历还是挺高的（外見は大したことないけど、学歴がなかなか高いのよ）"という発言から、女性は彼の学歴には比較的満足しているとわかる。よっ

てBを選択。

15. 男性が"慧美，你有什么吃的吗？（慧美、何か食べる物ある？）"と尋ね、女性は"巧克力～我刚跟李丽要的（チョコレート～さっき李麗からもらったの）"と答えている。このことから、現在チョコレートは慧美のところにあるとわかるので、Cを選択。
16. "不至于（……には至らない）"は、ある種の程度に達することはないということを表す。男性は、自分はそれほど愚かではなく、比較的賢いと思っているので、Aを選択。
17. 女性の"她怎么能这样呢？（彼女はどうしてそんなことができるのかしら？）"という発言は、反語表現によって"她"のやり方がわからないと表しているので、Aを選択。
18. "差点儿没把我吓死（もう死ぬほど驚いた）"という発言から、Cを選択。
19. "怎么这么快就买车了？（なぜそんなに急いで車を買ったんだい？）"という質問から、男性は、女性が免許を取ったばかりで車を買ったことを信じていないとわかる。よってDを選択。
20. 女性の"您是小强的爸爸吧？（強くんのお父さんですか）"という発言から、男性は強くんの保護者だとわかる。また、"今天找您来，是因为小强昨天又跟同学打架了。（今日お訪ねしたのは、強くんが昨日また同級生とけんかしたからなんです）"という発言から、強くんが過ちを犯し、先生が彼の保護者に会いに来たのだとわかる。よってBを選択。
21. 男性の"你去不但～反而～（君が行けば～ばかりか、かえって～だ）"という表現は、事実と考えが相反することを強調している。このことから、男性は女性のやり方を支持していないとわかる。よってCを選択。
22. 男性が女性を"服务员（係員さん）"と呼び、女性は"12点以后就不提供热水了。不过，房间里有免费的矿泉水（12時以降はお湯の供給をしていないんです。でもお部屋には無料のミネラルウォーターがあります）"と答えている。このことから、会話が発生した可能性が最も高いのはホテルであるとわかるので、Aを選択。
23. 男性が"今天下午我要去一趟公安局（今日の午後、公安局に行ってくるよ）"と言っているので、Dを選択。
24. 女性が"我还是喜欢茶馆的气氛（私は茶館の雰囲気のほうが好きだわ）"と言っているので、Bを選択。
25. 男性が"您知道书店在哪儿吗？（書店がどこにあるかご存じですか）"と尋ねているので、女性は男性に書店がどこにあるかを教えようとしている。よってAを選択。
26. 男性の"现在已经8点了（もう8時だ）"という発言、女性の"还有一个小时呢（あと1時間あるじゃない）"という発言から、列車は9時に発車すると推測できるので、Dを選択。
27. 女性が"我是他姐姐（私は彼の姉です）"と言っているので、Cを選択。
28. 男性の"还比不上我在学校的时候呢！（やっぱり学校にいたときのようにはいかないよ！）"という発言から、男性は以前は学校で働いており、教師だった可能性が最も高いと推測できるので、Bを選択。
29. 女性の"～还得做饭呢。你什么时候开始喜欢儿子看的节目了？（～ご飯を作らなくちゃ。いつから子供が見るような番組が好きになったの？）"という発言から、このようなことを最も言い出しそうなのは夫婦関係であろうと判断できるので、Aを選択。
30. 女性の"那也太贵了。还是等等吧（そんなの高すぎるわ。やっぱり待ちましょう）"という発言から、女性は航空券を買うと費用が多くかかるので買いたくないと思っているという

ことがわかる。よってAを選択。

31. 女性の"我还是给同屋打个电话吧,让她帮我收一下（ルームメートに電話すればいいんだわ、彼女に取り込んでもらいましょう）"という発言から、Bを選択。
32. 男性の"那你替我买一束花儿吧（それじゃ、お前が私の代わりに花束を買ってくれよ）"という発言から、Bを選択。
33. "谢谢你提醒我,不然又白花钱了（指摘してくれてありがとう。じゃなきゃ無駄にお金を使うところだったわ）"という発言から、女性は男性の考えに同意し、年間会員カードの手続きをしてもジムに通う時間がないと考えたことがわかる。よってCを選択。
34. 女性の"中午太热,我怕晒黑了（昼間はすごく暑いでしょ、日焼けしたくないの）"という発言から、Bを選択。
35. "打包"は、残った料理を家に持ち帰りやすいようパックに詰めることをいうので、Dを選択。
36. "很多学生都把用不着的东西拿出去卖（多くの学生がいらなくなった物を売りに出す）"とあるので、Bを選択。
37. 最後に"每当这个时候,宿舍楼外面都显得非常热闹（いつもこの頃になると、宿舎の外は非常ににぎやかになる）"とあるので、Dを選択。
38. "许多年轻女孩子为了减肥,往往不吃早餐（多くの若い女の子はダイエットのためによく朝食を抜く）"とあるので、Aを選択。
39. "长时间不吃早餐~还容易引起很多疾病（長期にわたって朝食を抜いていると～さらには多くの疾病を招きやすい）"とあるので、Bを選択。
40. "明星既可以得到很多人的喜爱,又可以赚很多钱（有名芸能人はたくさんの人から好かれるうえ、多くのお金を稼ぐこともできる）"とあるので、Dを選択。
41. "明星也有很多痛苦,无奈,还有别人不能想象的压力（有名芸能人にも多くの苦しみや、やるせなさがあり、またほかの人には想像もつかないストレスがある）"とあることから、Aを選択。
42. "本来准备去中央大街看看,可没想到被路边的一家书店吸引了（元々は中央通りを見に行くつもりだったが、思いがけず一角にあった書店に吸い込まれた）"とあることから、一軒の書店を目にしたことで、張氏の考えが変わったとわかるので、Dを選択。
43. 最後に"两个小时过去了,他才走出那个书店（2時間が過ぎて、彼はようやくその書店を出た）"とあるので、Cを選択。
44. "我希望能和他一样～（私は彼のように～できるよう望んでいる）"とあることから、話し手は王小宇のことをとても羨ましく思っているとわかるので、Aを選択。
45. "争取在明年的比赛中也能取得好成绩（来年の試合でいい成績が取れるよう努力する）"とあるので、Cを選択。
46. この文から、"我"は無駄遣いをしたことがなく、とても倹約しているとわかる。よって"节约（節約する）"が問題の趣旨に合致するので、Cを選択。
47. "套（ひとそろい）"は名詞"家具（家具）"の量詞で、「量詞＋名詞」の構造をなしているので、Fを選択。
48. "离（……まで）"は時間の間隔を表すことができる。この文は「試験が終わるまでにあと10分ある」という意味なので、Dを選択。

49. "学校"の量詞は"所"なので、Bを選択。
50. "即使……也……（たとえ……であろうとも……）"は譲歩の仮定を表し、前述の状況が出現しなかったとしても、後述の結果が変わることはないという意味になる。よってAを選択。
51. ここでは"帯"は「ついでに持っていく」という意味。会話中の母親は息子に、下に降りるときについでにゴミを捨てろと言っているので、Bを選択。
52. "恢复（回復する）"は元の様子に戻ることを指す。于飛の足は傷を負ったが、しばらく養生すれば回復すると言っているので、Cを選択。
53. "恐怕（恐らく）"は予測を表すと同時に、心配があることを表す。会話の話し手は、王くんが来られなくなったのではないかと予測しているので、Aを選択。
54. 介詞"往（……のほうへ）"は動詞の前に用い、方位詞と組み合わせて「"往"＋名詞＋動詞」の構造をなすことができる。よってFを選択。
55. "精彩（素晴らしい）"はしばしば公演、展覧、文章などが美しく、優れていることを形容する。これが問題の趣旨に合致するので、Dを選択。
56. 関連語句"如果……就……（もし……なら……）"は仮定を表す。BはAに対する補足なので、解答はＡＢＣ。
57. Aは時間を示している。CとBはともに状況だが、BはCの結果になっているので、解答はＡＣＢ。
58. AとCはともに事実の叙述だが、AはCに対する補足で、Bは結果。よって解答はＣＡＢ。
59. Bは状況、Aは問題の解決方法の提示、Cはそうしなかった場合の結末の明示なので、解答はＢＡＣ。
60. Bは実質的には時間を明示しており、ここでは"后（……のあと）"が省略されている。つまり"听了您的精彩讲话后（あなたの素晴らしい講演を聞いたあと）"となる。Cは前述で出現した状況をそのまま受けており、Aは結果となっている。よって解答はＢＣＡ。
61. Bは仮定の提示、Aはその結果、Cは前述に対する見解。よって解答はＢＡＣ。
62. Aは状況、BとCはともにそれに対する補足だが、"为了（……のために）"を用いたフレーズは原因を表し、通常は前に置かれるので、解答はＡＢＣとなる。
63. Bは状況、AとCはともにそれに対する意見の提示。"不能（要）……而要……（……してはならず、……しなければならない）"は選択を表す常用文型。よって解答はＢＡＣ。
64. Aは主語の状況、Bはそれに対する補足、Cは前述の状況に対する逆接なので、解答はＡＢＣとなる。
65. Cは状況、AとBはともに結果の叙述で、関連語句"即使……也……（たとえ……であろうとも……）"は仮定を表す。よって解答はＣＡＢ。
66. "每次考试都能考到班级前三名（試験のたびにクラスで上位３名に入る）"とあることから、暁東の成績は非常によいとわかるので、Dを選択。
67. "良好的习惯并不是一天两天就能养成的（よい習慣は１日や２日で身につくものではない）"とあることから、よい習慣は父母が長期にわたって身につけさせるものだとわかる。同様に、"需要父母从小就严格地要求孩子（父母が幼いころから子供に厳しくする必要がある）""用自己的行动去影响他们（自ら行なうことによって彼らに影響を与える）"という記述から、父母は子供に厳しくし、まずは自分たちが手本を見せる必要があるとわかる。４つ目の選択肢については言及されていないので、Dを選択。

68. "海南岛~是我国著名的旅游胜地（海南島は~我が国有数の観光地だ）"とあることから、旅行について述べているとわかるので、Dを選択。
69. "把工作分给其他人，这既减小了工作强度，也~（仕事をほかの人に分配するのは、仕事の負担を減らし~）"とあるので、Dを選択。
70. "使我对学习有了兴趣，对学校有了很深的感情（私に学習への興味、学校への深い思いを抱かせた）"とあることから、これらのことが私をより勉強好きにさせたと判断できるので、Cを選択。
71. "我和爸爸决定为家里做点儿事情，搞搞家庭卫生（私と父は家のために何かしようと決めて、掃除をした）"とあるので、Dを選択。
72. "其中一个很重要的原因就是它向人们展示了大自然的壮美（その主な理由の1つは人々に大自然の圧倒的な美しさを見せつけたことである）"とあるので、Aを選択。
73. "其实是喜欢女警察们漂亮的警服（本当は女性警察官たちのきれいな制服が好き）"とあるので、Bを選択。
74. "由于没有钱买房子，只好与同学或者朋友合租房子（家を買うお金がないため、クラスメートや友人と家をシェアするしかない）"とあるので、Aを選択。
75. "每当有顾客来修电脑，他都主动、热心地~（顧客がパソコンの修理に来るたび、彼は自ら進んで親切に~）"とあることから、Aを選択。
76. "知识水平又很低（知識レベルも低い）"とあるので、Bを選択。
77. "看到同学小刚家有一个非常好看的足球~于是他就想学踢足球了（同級生の剛くんの家でとてもきれいなサッカーボールを見た~それで彼はサッカーを習いたくなった）"とあることから、Dを選択。
78. "学习外语是要多说，多练~不要不好意思~因为~（外国語の学習はたくさん話し、たくさん練習しなければならない~恥ずかしいと思ってはいけない~なぜなら~）"という記述から、この文は主として学習態度について述べているとわかる。選択肢Cは最後のフレーズのみに対する総括であって、文全体に対するものではない。よってAを選択。
79. "香滑的炖蛋和双皮奶是澳门非常有名的小吃（滑らかなプリンや双皮ミルクプリンはマカオの非常に有名なスイーツだ）"とあるので、Bを選択。
80. "新疆西部和东北部分地区有小到中雪（新疆西部と東北の一部地域は「小雪」から「中雪」）""东北地区最低气温在零下10-15度左右（東北地域の最低気温は零下10℃から15℃前後）"とあり、冬だからこそ雪が降り、これほど低い気温になるのだから、Dを選択。
81. "华北等地最高气温将比去年同期高1-3度（華北などの地域の最高気温は昨年同期より1~3℃高いでしょう）"とあり、昨年の華北の気温が15℃という条件なので、今年の気温は16~18℃のはずである。よってAを選択。
82. 初めに"大学毕业生应该认真考虑选择第一份工作（大学の卒業生は真剣に考えて最初の仕事を選ぶべきである）"とあるので、Bを選択。
83. "因为这将对他们个人的工作态度和工作习惯产生很大的影响，也可能决定着他们将来事业的发展（なぜなら、それは彼ら個人の勤務態度や働く習慣に大きな影響を与え、彼らの将来の事業が発展するかどうかをも決定づけているかもしれないからだ）"とあり、"个人专长（個人の技能）"には触れていないとわかる。よってDを選択。
84. この文はネット言語の出現、ネット言語の具体的な内容、人々がネット言語を喜んで使っ

268

ている理由を紹介しているので、Bを選択。
85. "人们网上聊天儿的时候常常喜欢用这些网络语言（人々はネット上でチャットをするときに、しばしば喜んでこれらのネット言語を用いている）"とあるので、Aを選択。

HSK（四级）模拟试卷 8

解答

一、听力

第一部分

1. ✓　2. ×　3. ✓　4. ×　5. ×　6. ×　7. ×　8. ×
9. ✓　10. ×

第二部分

11. A　12. B　13. B　14. B　15. B　16. C　17. D　18. B
19. B　20. B　21. A　22. B　23. D　24. C　25. C

第三部分

26. D　27. D　28. B　29. C　30. D　31. D　32. B　33. C
34. A　35. C　36. A　37. B　38. A　39. D　40. B　41. D
42. C　43. B　44. B　45. C

二、阅读

第一部分

46. E　47. F　48. D　49. A　50. C　51. F　52. A　53. D
54. C　55. B

第二部分

56. ACB　57. CBA　58. ACB　59. BAC　60. BCA
61. CAB　62. CBA　63. ABC　64. ABC　65. ACB

第三部分

66. B　67. D　68. A　69. C　70. C　71. A　72. C　73. D
74. D　75. D　76. D　77. A　78. B　79. C　80. D　81. A

82. B　　83. C　　84. D　　85. B

三、书写
第一部分

86. 请把钢笔递给我。（万年筆を取ってください。）
87. 杯子让我摔坏了。（コップを落として割ってしまった。）
88. 我们还是坐火车去吧。（私たちはやはり列車で行こう。）
89. 你买的空调怎么样？（あなたが買ったエアコンの調子はどうですか。）
90. 海南岛一年四季都很美。（海南島は1年中美しい。）
91. 他一上课就想睡觉。（彼は授業が始まると、とたんに眠くなる。）
92. 医院里看病的人非常多。（病院内は診察を受ける人でいっぱいだ。）
93. 你做的计划非常合理。（あなたが立てた計画は非常に合理的だ。）
94. 你们不是已经准备好了吗？（あなた方はすでに準備が整っていたのではないのですか。）
95. 学校给我们提供了很好的条件。（学校は私たちにとてもよい条件を出してくれた。）

第二部分（解答例）

96. 太好了，我们又见面了。（よかった、私たちまたお会いしましたね。）
97. 这个小女孩儿被电脑里的新闻吸引了。
    （その少女はパソコンに表示されていたニュースに引きつけられた。）
98. 雨下得很大，没带伞的游客只好站在门口等着雨停。（大雨で、傘を持ってきていない観光客は、仕方なく入り口に立って雨がやむのを待っている。）
99. 孩子的父母工作很忙，因此孩子由两位老人照顾。
    （両親は仕事がとても忙しいため、子供の世話は2人の老人がする。）
100. 终于毕业了，他们太高兴了。（やっと卒業して、彼らはとても喜んだ。）

解説

1. "我想买一本刘小平的小说（私は劉小平の小説を1冊買いたい）"とあることから、話し手は書店にいるとわかるので、この文は正しい。
2. 友達が"我"に見させたのは"照片（写真）"であって、"文章"ではないので、この文は間違い。
3. "中秋节，这一天人们都要吃月饼（中秋節のこの日には人々は月餅を食べる）"とあるので、この文は正しい。
4. "你是不是该请客了？（ごちそうしてくれるんでしょ？）"とあることから、王明はまだごちそうしておらず、話し手は彼にごちそうしてもらいたいと思っていると判断できる。よってこの文は間違い。
5. "你演的人民警察～（君が演じた人民警察は～）"とあり、劉麗は俳優だと推測できるので、

この文は間違い。

6. 話し手が航空券を買いに行くのは明日であって、22日は彼が出発する日である。よってこの文は間違い。
7. 春は辛い物を食べるのは控えめにしなければならないと言っているのであって、食べてはいけないとは言っていないので、この文は間違い。
8. "我刚从北京回来（私は北京から帰ってきたばかりだ）"とあるので、この文は間違い。
9. "猫的平衡能力强（猫のバランス感覚がよい）"と言っているので、この文は正しい。
10. "锻炼身体（体を鍛える）"のは風邪を予防する条件の１つにすぎないので、この文は間違い。
11. "我今天拿到了第一份工资，能不乐吗！（僕は今日、初めての給料をもらったんだ、喜ばずにはいられないよ）"とあるので、Aを選択。
12. "已经吃过今年的生日蛋糕了（もう今年のバースデー・ケーキは食べちゃったわ）"と言っているので、Bを選択。
13. 女性の"王丽的电话号码不知道让我记在哪儿了（王麗の電話番号をどこに書いたかわからなくなっちゃって）"という発言から、彼女は電話番号を探しているとわかるので、Bを選択。
14. "我今天没有时间接孩子（僕は今日、子供を迎えに行く時間がない）"とあるので、Bを選択。
15. 男性は"它还会唱歌呢（そいつは歌も歌えるよ）"と言っている。"它"は小鳥を指しているので、Bを選択。
16. "定不下来"は確定できないという意味で、つまりは"不知道（わからない）"ということである。よってＣを選択。
17. "是该放松放松了（息抜きしないとな）"は、男性が少し息抜きしたいと思っていることを表しており、ここでの"放松"は、女性が言っている"玩儿玩儿（ちょっと遊ぶ）"ということである。よってＤを選択。
18. "今天的题太多了，有两道题还没看呢，时间就到了！（今日の問題は多すぎて、２問はまだ見てもいなかったのに時間になっちゃったんだ）"とあることから、男性が満足していないと判断できるので、Bを選択。
19. 男性の"这部动画片倒是很有意思（このアニメはとっても面白い）"という発言から、彼らはアニメについて話しているとわかるので、Bを選択。
20. 女性が男性に服を買うのにつきあってと言い、男性は"明天～下午我们再去吧（明日は～午後に行こう）"と答えているので、Bを選択。
21. "红灯（赤信号）""停（止まる）"などの語句から、会話は路上で発生したと推測できるので、Aを選択。
22. 女性が"买五斤以上就两块钱一斤（５斤以上買うなら１斤２元）"と言い、男性は６斤買ったので、２×６＝12。よってBを選択。
23. "我的签证要到期了，我得去办延期（もうすぐビザの期限が切れるから、延長手続きに行かなきゃ）"と言っているので、Dを選択。
24. 男性が"天阴了（曇ってきた）"と言って女性を行かせないようにし、女性は明日行くと答えているので、Ｃだけが正しい。
25. ここのコーヒーは"一杯就一百八！（１杯180元よ）"と言っていることから、女性はコーヒーが高すぎると思っているのだとわかる。よってＣを選択。

26. "张开嘴，我看一下，是这颗牙吗？（口を開けて、ちょっと見てみましょう、この歯ですか）"という発言から、会話は病院で発生したと推測できるので、Dを選択。

27. 女性の"吃饭了！别玩了（ご飯よ！ 遊びはやめて）"という発言から、男性はまだゲームをしているとわかるので、Dを選択。

28. 女性が"下周他们就有优惠活动，你可以去看看（来週、優待キャンペーンがあるから、見に行くといいわ）"と言っていることから、Bを選択。

29. 男性が女性に"你怎么哭了？（どうして泣いてるの？）"と尋ね、女性が"我养的那只小狗死了（私が飼っていた子犬が死んじゃったの）"と答えていることから、Cを選択。

30. 男性が"快到元旦了（もうじき元旦だ）"と言っている。元旦は新年のことなので、Dを選択。

31. 男性が"我想让老师帮我指导一下论文（先生に論文の指導をしてもらいたいのですが）"と言っていることから、彼は学生だとわかるので、Dを選択。

32. "没有房子（家がない）""学历也低（学歴も低い）""个子也不高（背も高くない）"の3点には言及しているが、"工作"には言及していない。よってBを選択。

33. "邮箱（メールアドレス）""我有一份材料需要马上给他（すぐに彼に渡さないといけない資料があるんです）"といった情報から、男性は急いでメールしたいと思っているのだとわかるので、Cを選択。

34. 女性の"这款是今年新出的（このデザインは今年新しく出たものです）"という発言から、Aを選択。

35. 男性は"欢迎大家来沈阳游玩！（皆さん瀋陽観光にようこそいらっしゃいました！）"と言い、瀋陽の面白い場所や美味しい物を紹介していることから、彼はガイドだとわかる。よってCを選択。

36. "当学生对一门功课感兴趣时，即使遇到了难题，也会想办法去解决（学生はある科目に興味を持っているときには、難題にぶつかっても何とかして解決できる）"とあり、何とかするということは、とても努力するということであるので、Aを選択。

37. 興味のあることは簡単だと思い、興味のないことは難しいと思ってしまうと言っていることから、主として興味を重んじることの重要性を述べていると判断できる。よってBを選択。

38. "很多人都喜欢把绿色植物买回家去，摆放在卧室和客厅里（多くの人は観葉植物を家に買って帰り、寝室や応接間に置くのが好きだ）"とあるので、Aを選択。

39. "绿色植物能够净化空气，美化环境，还能使人心情愉快（観葉植物は空気を浄化し、環境を美化して、さらには人を楽しい気持ちにさせることができる）""能够装饰（飾ることができる）"とあるので、Dを選択。

40. 初めに"以前这个地方是一个大市场（以前ここは大きな市場だった）"とあるので、Bを選択。

41. "现在这里到处是鲜花和绿草（今ここは至る所に草花がある）"という表現から、ここの環境がよくなったとわかるので、Dを選択。

42. "一个人是否能够获得成功，主要是看他对人生的态度（人が成功を得られるかどうかは、主としてその人の人生に対する態度にかかっている）"とあるので、Cを選択。

43. "成功的人始终用积极的思考、乐观的精神和宝贵的经验去指导自己的人生（成功した人は終始、前向きな考え方、楽観的な精神、貴重な経験によって自分の人生を導いていく）"とあるので、Bを選択。

44. "口头作业一般是朗读课文或表达练习，孩子往往不重视（口述の宿題は普通、テキストの朗

読や表現の練習であるが、子供は得てして重視しない)"とあるので、Bを選択。
45. 口述の宿題について、"需要家长帮助老师检查孩子的完成情况（保護者が教師を助け、子供の完成具合を調べる必要がある)"とあるので、Cを選択。
46. "成功（成功する)"は予期していた効果を得るという意味で、問題の趣旨に合致するので、Eを選択。
47. 介詞"跟"には「……を利用して……する」という意味がある。この文の"她"はテレビを通して"化妆（化粧)"を学んだので、Fを選択。
48. "再（再び)"はある動作または状況が、別のある動作または状況のあとに出現することを表す。この文は子供が卒業したら引っ越しをすると言っているので、Dを選択。
49. 動詞"提"は「出す」あるいは「挙げる」という意味である。この文は"第一次讲课（初めての授業)"では皆が自分の考えを提出すべきだという意味なので、Aを選択。
50. "不但……而且……（……ばかりでなく……)"は累加関係を表す。よってCを選択。
51. "对……来说（……について言えば)"は、決まった組み合わせなので、Fを選択。
52. "绝对（絶対に)"は「必ず」「きっと」という意味である。この文は、話し手が品質を保証し、絶対に問題はないと言っているので、Aを選択。
53. "画儿（絵)"の量詞は"幅"なので、Dを選択。
54. "每天都一样（毎日同じ)"とあるのは、話し手が生活に変化が足りないと思っていることを指している。"单调（単調)"は、1種類しかない、あるいは繰り返しばかりで変化が乏しいという意味なので、Cを選択。
55. 話し手は相手に職探しの状況を尋ねている。"目标（目標)"は、探す対象を指すことができ、ここでは仕事を指しているので、Bを選択。
56. "从小（幼いころから)""经过（経る)""最后（最後に)"が時間の推移を表しているので、解答はACB。
57. Cは状況の提示、Bは前述の状況に対する期待、Aは結果。よって解答はCBA。
58. Aは状況で、CはAに対する補足。Bは"但是（しかし)"によって、前述のA、Cとは逆接の関係にあることを表している。よって解答はACB。
59. Bは状況で、AはBに対する説明。Cは前述の"去过一次（一度行った)"に対応しており、Aの結果にもなっている。よって解答はBAC。
60. Bは状況。Cは"而且（そのうえ)"によってBとの累加関係を表し、さらにBを説明している。Aは結果。よって解答はBCA。
61. "3岁""7岁""现在"は時系列に応じた紹介になっているので、解答はCAB。
62. 時系列に従えばCが最初の句となるべきで、状況を提示。Bの"可是（しかし)"は逆接関係を表し、Aは話し手の現在の考えの明示。よって解答はCBAとなる。
63. AとBはともに状況だが、主語は"老虎（虎)"、Cは結果なので、解答はABC。
64. Aは状況、BとCは結果の強調だが、CはBに対するさらなる説明なので、解答はABCとなる。
65. Aは全体の状況、CとBはともに結果だが、通常"随着（……につれ)"を用いたフレーズは前に置かれるので、解答はACBとなる。
66. "我要是能有她的一半就满足了（私は彼女の半分でも持てればそれで満足だ)"とあることから、話し手は王姉さんを非常に羨ましいと思っているとわかるので、Bを選択。

67. "就是房价有点儿高，我们买不起（ただ家の価格が少し高くて、私たちには買えない）"とあるので、Dを選択。

68. "谁叫我现在这么胖！（誰が私をこんなに太らせたの）"とあることから、話し手は自分が太っていると思っているのだとわかる。また、彼女が列挙している行動はダイエットのためのものであるので、Aを選択。

69. "一个人能不能在工作中做出成绩～重要的是这个人有没有能力和信心（人が仕事で成果を上げられるかどうかは～重要なのは、その人に能力と自信があるかどうかだ）"とあることから、Cを選択。

70. "重庆今年下场大雪多好啊！我出生以来就没看见过几场雪（重慶では今年、大雪が降ってよかった！私は生まれてこのかた、ほとんど雪を見たことがない）"とあることから、"我"はとても雪を見たがっているとわかる。よってCを選択。

71. "请大家放心，在比赛中我一定做到（皆さん安心してください。私は試合で必ずやって見せます）"とあることから、話し手はここに試合をしに来たとわかるので、Aを選択。

72. この文は、食事に規律がないと各種の問題が生じると述べている。このことから、健康でありたければ、食事に規律を持たせなければならないとわかるので、Cを選択。

73. "语言是文化的一部分，并在文化中发挥着相当重要的作用（言語は文化の一部であると同時に、その中でかなり重要な役割を果たしている）"とあることから、この文は言語と文化の関係を述べているとわかる。よってDを選択。

74. パンダは"活泼的动物，喜欢吃竹子（活発な動物で、竹を好んで食べる）""大熊猫的数量却越来越少了（パンダの頭数はどんどん少なくなっている）"とは述べているが、成長が早いとは述べていないので、Dを選択。

75. "被污染了的空气对人体健康有很大的影响（汚染された空気は人体の健康に大きく影響する）"とあるので、Dを選択。

76. この文では"学习方法（学習方法）"の定義を紹介している。また、"学习方法"は人によって異なるが、"成功的第一步（成功への第1歩）"であると指摘してもいる。このことから、この文は主として学習方法について述べているとわかるので、Dを選択。

77. "可以放在锅里煮（鍋に入れて煮込んでよし）"とあるので、Aを選択。

78. "运动可以使身体得到锻炼，也能够减轻人们的心理压力（運動は体を鍛え、人々の心理的ストレスを軽減することができる）"とあるので、Bを選択。

79. "旗袍已经不仅是中国女性的经典服装，许多外国女明星也开始穿起了旗袍（チャイナドレスはもはや中国人女性の伝統服にとどまらず、海外の多くの女性芸能人も着るようになっている）"とあるので、Cを選択。

80. "人们利用手机打电话、听音乐、拍照片、上网查资料（人々は携帯で電話をかけ、音楽を聞き、写真を撮り、ネットにアクセスして資料を調べる）"とは述べているが、携帯でコピーができるとは述べていないので、Dを選択。

81. "人们利用手机打电话～不仅提高了工作效率，也丰富了业余生活（人々は携帯で電話をかけ～作業効率を向上させたうえ、余暇生活をも豊かにした）"とあることから、携帯の働きは営林場に行く速度とは関係ないとわかる。よってAを選択。

82. "决定婚姻最主要的原因不是金钱，而是真正的爱情（結婚を決める最たる理由は金銭ではなく、真の愛情だ）"とあるので、Bを選択。

83. この文は主として"裸婚（結婚指輪や家などもなく、式も挙げない結婚）"を紹介している。文脈から"裸婚"は新しい結婚形式だとわかるので、Cを選択。
84. この文はマイケル・ジャクソンが"是一名世界级流行音乐歌手、舞蹈家、演员、导演、音乐制作人（世界的なポップス歌手、ダンサー、俳優、演出家、音楽プロデューサー）"であると紹介している。しかし、彼に文章が書けたとは述べていないので、Dを選択。
85. 初めに"迈克尔・约瑟夫・杰克逊1958年8月29日生于美国印地安那州（マイケル・ジョセフ・ジャクソンは1958年8月29日、アメリカのインディアナ州に生まれた）"とあるので、Bを選択。

HSK（四级）模拟试卷 9

解 答

一、听 力
第一部分
1. ✓　2. ×　3. ×　4. ✓　5. ×　6. ×　7. ✓　8. ✓
9. ×　10. ✓

第二部分
11. A　12. C　13. D　14. A　15. D　16. C　17. C　18. D
19. C　20. B　21. A　22. C　23. D　24. D　25. D

第三部分
26. B　27. C　28. D　29. B　30. B　31. D　32. C　33. A
34. B　35. A　36. B　37. D　38. C　39. B　40. D　41. A
42. A　43. D　44. B　45. C

二、阅 读
第一部分
46. F　47. A　48. C　49. E　50. B　51. F　52. E　53. D
54. A　55. B

第二部分
56. ACB　57. BAC　58. ACB　59. CBA　60. ACB
61. CBA　62. BCA　63. ACB　64. ABC　65. CBA

第三部分

66. C　67. B　68. A　69. D　70. C　71. C　72. B　73. A
74. D　75. C　76. C　77. D　78. A　79. B　80. C　81. C
82. D　83. D　84. C　85. D

三、书 写

第一部分

86. 他观察得很仔细。（彼はとても注意深く観察する。）
87. 路上的冰已经化了。（路上の氷はすでに溶けた。）
88. 老师的笑容很亲切。（先生の笑顔はとても親しみやすい。）
89. 不要把坏心情带到工作中来。（悪い感情を仕事に持ち込んではいけない。）
90. 老师叫山田去取课程表。（先生は山田くんに時間割を取りに行かせる。）
91. 换完衣服再出去玩儿。（服を着替え終えたらまた遊びに出かける。）
92. 你对纪念邮票感兴趣吗？（あなたは記念切手に興味がありますか。）
93. 我一下课就去你的房间。（授業が終わったらすぐ君の部屋に行く。）
94. 钥匙在电脑桌上放着呢。（鍵はパソコンデスクの上に置いてある。）
95. 你能不能试着翻译一下？（試しにちょっと翻訳できますか。）

第二部分（解答例）

96. 两个小朋友第一次来游泳，看样子很兴奋。
　　（2人の子供は初めて泳ぎに来て、とても興奮しているようだ。）
97. 这个外国留学生对学习太极拳很感兴趣。
　　（この外国人留学生は太極拳を習うことにとても興味がある。）
98. 这些女运动员足球踢得不错。（これらの女性アスリートたちはサッカーが上手だ。）
99. 她每天都把马路打扫得干干净净。（彼女は毎日通りをきれいに掃除している。）
100. 天气很冷，骑自行车的人都穿着厚厚的衣服。
　　（とても寒いので、自転車に乗る人は皆厚着をしている。）

解説

1. "来到中国以后～现在我正在（中国に来てから～今、私はちょうど～）"とあるので、この文は正しい。
2. "有时间我想找个专业教练教教我（時間のあるときにプロのコーチに教えてもらいたい）"とあり、"我"はまだ卓球を習っていないとわかるので、この文は間違い。
3. "医生建议王教授继续住院观察一天（医師は王教授に入院を続け、もう1日様子を見るよう勧めた）"とあるので、この文は間違い。

4. "但价钱特别贵的东西最好不要在网上购买（しかし特に価格の高い物はできるだけインターネットで買わないほうがよい）"とあるので、この文は正しい。
5. 初めは成績は悪かったが、努力によって"他在这次考试中得了第一名（彼は今回の試験で1番になった）"とあることから、この文は間違いだとわかる。
6. "有点儿熟～想不起来是谁了（聞いたことがあるような～誰だったか思い出せない）"とは、"我"は誰の声だかわかっていないということを表している。よってこの文は間違い。
7. "原来领导不重视你～现在你进步这么大，他对你的态度当然就不一样了！（幹部は元は君を重視していなかった～今、君はこんなにも進歩したのだから、彼の君に対する態度は当然変わっている）"とあるので、この文は正しい。
8. "像这样的机会很难遇到，你要懂得珍惜，好好把握住它（このようなチャンスにはめったに巡りあえない、せいぜい大事にして、しっかりとつかまなければならない）"とは、チャンスに巡りあったことを表している。よってこの文は正しい。
9. "快来看，这棵树竟然长出了叶子！（早く見に来て、この木が葉を出したよ）"とあり、木がまだ枯れてはいないとわかるので、この文は間違い。
10. "我拍了很多照片，给你看看（たくさん写真を撮ったんだ、見せてあげる）"とあるので、この文は正しい。
11. 男性の"所有留学生都在图书馆门前集合（留学生は全員、図書館の前に集合するように）"という発言、女性の"我去教室通知一下（教室に行って知らせてきます）"という発言から、話し手は学校の事務室にいると判断できる。よってAを選択。
12. "开始照了（撮影開始）""摆个姿势（ポーズをとる）"といった表現から、話し手は写真を撮っているとわかるので、Cを選択。
13. 修士課程の院生はほとんどが3年で卒業となる。"我都读了两年硕士了（私はもう2年修士課程で勉強してるのよ）"とあるので、女性は現在、修士課程に在籍しているとわかる。よってDを選択。
14. "我朋友出差，让我帮他照顾两天（友達が出張で、2日間面倒を見るよう頼まれたの）"という発言から、友達の犬だとわかるので、Aを選択。
15. "换台电视（テレビを交換する）"とは新しいテレビを買うという意味であるので、Dを選択。
16. "这个菜我没做好，酱油放多了（この料理うまくできなかった、醤油を入れすぎちゃったの）"とあるので、Cを選択。
17. 男性が、近道があるから"应该可以提前几分钟到的（何分か前に着けるはずだ）"と言っているので、彼らは遅刻するはずはないとわかる。よってCを選択。
18. "那已经是我过去的打算了（それはもう過去の計画よ）"という発言は、女性がもう計画を変えたということを表しているので、Dを選択。
19. 女性の"我家的暖气漏水了，您能不能给修一下？（うちの暖房が水漏れしているので、修理してもらえますか）"という発言から、Cを選択。
20. "前天他上楼的时候摔了一跤，现在正在床上躺着呢（彼はおとといに階段を上がるときにつまずいて、今はベッドで横になっているよ）"という発言から、班長はケガをしたとわかるので、Bを選択。
21. "乐乐说她的小熊猫玩具不见了，我正在帮她找（楽楽がレッサーパンダのおもちゃがなくなったと言うので、今、探すのを手伝っているんだ）"という発言から、彼はおもちゃを探

しているとわかるので、Aを選択。

22. "现在都3点了（もう3時だ）" "让你再等他半个小时（もう30分待つように）"とあることから、支配人は3時半には帰ってこられるとわかるので、Cを選択。

23. "真想到冰箱里凉快凉快（まったく冷蔵庫に入って涼みたいよ）"という発言から、男性はとても暑いと感じているとわかるので、Dを選択。

24. "刚才开会，把手机关了（さっきは会議中で、携帯の電源を切っていたの）"とあるので、Dを選択。

25. "我们能不能看点儿别的（ほかのを見ないか？）"という発言は、その男性芸能人を見たくないということを表しており、つまりは女性が言ったことに興味を持っていないということなので、Dを選択。

26. "文件带来了吗（書類は持ってきた？）" "我把它落在车上了（車に忘れてきた）"とあることから、男性が忘れたのは書類だとわかる。よってBを選択。

27. "刚才在教室看见他了（さっき教室で見たよ）" "那可能被老师找去了吧（それじゃ先生に呼び出されたのかもな）"という発言から、会話が交わされている場所が学校だとわかるので、Cを選択。

28. 男性が"这条领带看起来不错（このネクタイよさそうだな）"と言い、女性にどういう売り方をしているのか尋ねているので、Dを選択。

29. "那可是有钱人的儿女才能去的地方（あそこはお金持ちの子女じゃないと行けないわ）"という発言から、その学校の学費がとても高いとわかるので、Bを選択。

30. "你小女儿爱唱爱跳的，挺活泼呀！（あなたのお嬢さん、歌と踊りが大好きで、とても活発ね）"という発言から、男性の娘は性格が外向的だとわかるため、Bを選択。

31. "如果我将来找男朋友（もし将来、彼氏を探すなら）"という発言から、女性には現在、彼氏がいないとわかるので、Dを選択。

32. "现在～三毛五一斤（今は～1斤3角5分だ）" "前两天还7毛（2日前はまだ7角だった）"という情報から、スイカは3角5分安くなったとわかるので、Cを選択。

33. 女性の息子が明くんの家の物を割ってしまったので、彼女は息子に、自分を連れて明くんの家に行くよう言っている。常識に照らせば、彼女はきっと謝りに行くので、Aを選択。

34. "昨晚我一夜都没睡着，就想这事了！（昨日は一晩中寝ないで、そのことばかり考えていたわ）"とあることから、彼女は眠れなかったとわかる。よってBを選択。

35. "今天怎么又刮风了？（今日はどうしてまた風が吹くの）" "这边的天气就是这样（この辺の天気はこうなんだ）"とあることから、この地域はいつも風が吹いているとわかるので、Aを選択。

36. "每天在家里做的事，除了上网就是上网，妈妈总是很担心我（毎日、家でやることといえばインターネットばかりで、母はいつも私をひどく心配している）"とあるので、Bを選択。

37. "每周有五个晚上，我要给小聪辅导语文和数学，并教她一些简单的英语（週に5日、夜、聡ちゃんに国語と数学の補習をし、さらに簡単な英語も教えている）"とあることから、"我"は聡ちゃんの補習教師だとわかる。よってDを選択。

38. この文から、話し手は幹部のために車を運転している人、つまり運転手だとわかるので、Cを選択。

39. "其实这个工作很累（じつはこの仕事はとても疲れる）"とあるので、Bを選択。

40. "如今，越来越多的人开始认识到健康的重要（近ごろ，ますます多くの人が健康の重要性を認識し始めている）"とあるので、Dを選択。
41. "坐姿"とは座る姿勢のこと。"在办公室里工作的时候，开始注意坐的姿势是否正确（オフィスで仕事をする際、座る姿勢が正しいかどうかを注意し始め）"とあるので、Aを選択。
42. 常識に照らせば、保護者会は一般的に学校で開催されるので、Aを選択。
43. 初めに"欢迎大家来参加这次家长会（今回の保護者会にようこそおいでくださいました）"とあるので、Dを選択。
44. "那么，今天你能不能对电视机前的观众谈谈你在拍这部剧时的感受？（では今日はテレビの前の視聴者の方々に、このドラマを撮影していたときの体験をお話しいただけますか）"とあるので、常識的に考えれば、これは記者がインタビューをしているところだとわかる。よってBを選択。
45. "你表演得非常精彩（あなたの演技はとても素晴らしい）"とあるので、Cを選択。
46. 介詞"通过（……を通じて）"は、人または事物を媒介あるいは手段としてある目的を達成することを指す。この文では、李くんとその彼女が知り合ったのは"别人"が媒介だったので、Fを選択。
47. "申请（申請する）"は関係部門に申請を出すということを指す。この文では申請してQQ（チャット）ナンバーを得るということを言っているので、Aを選択。
48. 量詞"个"は後ろに名詞が必要。ここでは"民族"だけがあてはまるので、Cを選択。
49. "稍微（少し）"は程度が軽いことを表し、しばしば後ろに"有点儿（少し）"を伴う。よってEを選択。
50. 文脈から、話し手の相手がうそを言ったのだとわかる。"骗"はうそによって人をだますという意味。これが問題の趣旨に合致するので、Bを選択。
51. "怪不得（どうりで）"は、原因を知って急に物事が明らかになることを表すので、Fを選択。
52. 語気副詞"究竟（いったい）"は疑問文に用い、さらなる追究を表す。これが問題の趣旨に合致するので、Eを選択。
53. 疑問代詞"哪儿"は虚指であり、明確でないもの、わからないもの、言葉で表せないもの、言う必要のない場所などを指す。本問の話し手は具体的な場所を特定できていないので、Dを選択。
54. "紧张（忙しい）"は仕事や学習が詰まっていて、人の心が極度の緊張状態に置かれていることを表すので、Aを選択。
55. "放弃（捨てる）"は、元々あった感情や権利、意見などを捨て去ることを指す。これが問題の趣旨に合致するので、Bを選択。
56. 関連語句"尽管……仍然……（……にもかかわらず、なおも……）"は逆接を表している。Bの"这"は"她仍然要嫁给他（彼女はなおも彼に嫁ぎたいと思っていた）"を指している。よって解答はACB。
57. 関連語句"不管……都……（……であろうと……）"は条件を表している。Cは前述に対する理由を述べているので、解答はBACとなる。
58. 関連語句"虽然……可是……（……だが、しかし……）"は逆接を表す。Bは前述に対する補足なので、解答はACB。
59. Cは理由、Bは結果、Aは前述の結果に対する逆接なので、解答はCBA。

60. Aは事実、CとBはそれに対する説明。"除了……都……（…を除けば皆……）"は決まった組み合わせである。よって解答はACB。
61. "先……再……最后……（まず……それから……最後に……）"の時系列に従えば、解答はCBA。
62. Bは状況、Cはそれに対する逆接、Aは結果。よって解答はBCAとなる。
63. Aは範囲の略述。"是……, 也是……（……であり、また……でもある）"は常用文型。よって解答はACB。
64. Aは現象。"于是（そこで）"は前述を受け、続いて発生する事柄を示しており、Cはその事柄の結果を明示しているので、解答はABC。
65. CとBはともに状況だが、Bの"还（さらに）"は前述に対する補足。Aの"这样（そうすれば）"は前述の「肉ばかり食べず、野菜を多く食べなければならない」ということを指している。よって解答はCBA。
66. "通过网络, 他交了很多没见过面的'好朋友'（インターネットを通じて、彼は多くの顔を合わせたこともない「親友」と交流している）"とあるので、Cを選択。
67. "如果你学好了汉语, 你就能～更好地了解中国人和中国文化（中国語をしっかり学べば～もっとよく中国人や中国の文化を理解できる）"とはつまり、もっとよく中国を理解したければ、中国語をしっかり学ぶべきだということである。よってBを選択。
68. "一般的火车票都要提前10天卖票（普通列車の切符は10日前から発売される）"とあるので、Aを選択。
69. 最後に"原来真的是梦啊（なんと本当に夢だった）"とあるので、Dを選択。
70. "饭后喝汤却很容易导致肥胖（食後にスープを飲むと、とても肥満になりやすい）"とあるので、Cを選択。
71. 彼は最初は無口で、そのあと急に親切になったとあるので、Cを選択。
72. "她每年都获得奖学金（彼女は毎年、奨学金を得ていた）"とあることから、彼女は勉強が非常によくできたとわかるので、Bを選択。
73. この話は最後までダンスの長所を紹介しているので、Aを選択。
74. "不会这样随便（そのように気軽にはできない）"ということは、"不太自然（あまり自然ではない）"ということなので、Dを選択。
75. "有纪念意义（記念になる）"は"值得回忆（思い出す価値がある）"ということなので、Cを選択。
76. "冷静的人～他会仔细思考解决问题的方法（冷静な人は～問題を解決する方法を事細かに考えることができる）"とあるので、Cを選択。
77. "小言, 我今天回来的时候发现门没锁, ～以后你可要注意, 不能再发生这样的事情了！（言くん、今日私が帰ってきたとき鍵がかかっていなかったよ～今後はよく注意しないとな、またこんなことを起こしたらだめだぞ）"という記述は、言くんが鍵を閉め忘れたことを表している。よってDを選択。
78. "多注意身边的人, 特别是那些你觉得沟通能力特别强的人, 看他们是怎样与人相处的（身の周りによく気をつけている人、特にコミュニケーション能力が非常に高いと思われている人、彼らはどのように人づきあいをしているのかを見てみよう）"という記述から、この話は私たちに、人とのコミュニケーションの仕方を身につけるべきだと教えているのだとわ

かる。よってAを選択。
79. "只要我们努力,也会逐渐改掉这些坏习惯的(私たちが努力さえすれば、これらの悪い習慣もしだいに改めることができる)"とあるので、Bを選択。
80. 父親は息子に"老师跟我说,你上课总是爱说话,这个毛病你以后得改。(先生が私におっしゃった、お前は授業中おしゃべりばかりしていると。この癖はこれから直さないといけない)"と諭している。このことから、父親が息子を叱っているのは、息子が授業中おしゃべりしているためだとわかるので、Cを選択。
81. "我为什么要改?(なんで僕が直さないといけないの)"は反語文で、直すわけがないという意味なので、Cを選択。
82. "其实这样做并不能改变什么(実際はそのようなことをしても何も変えることはできない)"とあるので、Dを選択。
83. "很多中国人喜欢吉利的号码,比如518～(多くの中国人は縁起のよい番号が好きである。例えば518～)"とあるので、Dを選択。
84. "太阳照到的地方,温度高达420℃以上；照不到的地方,温度会低至零下170℃左右(太陽が照らしている場所の温度は420℃以上にも達し、照らされていない場所は零下170℃前後にまで下がる)"とあることから、水星は気温の変化が大きいとわかる。よってCを選択。
85. "打雷、闪电是我们地球上常见的自然现象,可是在水星上却不会有(雷が鳴ったり、稲妻が走ったりすることは、私たちの地球ではよくある自然現象だが、水星では決して起こらない)"とあるので、Dを選択。

HSK（四级）模拟试卷 10

解答

一、听　力

第一部分

1. ✓　　2. ×　　3. ×　　4. ×　　5. ✓　　6. ×　　7. ✓　　8. ×
9. ×　　10. ✓

第二部分

11. C　12. D　13. B　14. A　15. C　16. B　17. D　18. C
19. D　20. C　21. A　22. B　23. B　24. C　25. D

第三部分

26. A　27. C　28. B　29. C　30. D　31. D　32. A　33. C
34. D　35. D　36. B　37. C　38. B　39. D　40. A　41. B
42. C　43. D　44. A　45. D

二、阅 读

第一部分

46. E　　47. F　　48. D　　49. C　　50. B　　51. A　　52. F　　53. E
54. D　　55. C

第二部分

56. CAB　　57. CBA　　58. BCA　　59. ACB　　60. CBA
61. ABC　　62. BAC　　63. BCA　　64. ABC　　65. CAB

第三部分

66. C　　67. B　　68. B　　69. D　　70. C　　71. B　　72. B　　73. D
74. C　　75. C　　76. D　　77. B　　78. A　　79. D　　80. B　　81. A
82. D　　83. C　　84. A　　85. C

三、书 写

第一部分

86. 很多困难是可以克服的。(困難の多くは克服できる。)
87. 她激动得流下了眼泪。(彼女は感激して涙を流した。)
88. 这家银行的利息高吗？(この銀行の利息は高いですか。)
89. 玛丽送男朋友两条领带。(マリーは彼氏にネクタイを2本プレゼントした。)
90. 你不是说不出国留学吗？(あなたは海外留学には行かないと言いませんでしたか。)
91. 我的自行车被借走了。(私の自転車は借りていかれた。)
92. 那是一本著名的时尚杂志。(あれは有名なファッション雑誌だ。)
93. 他刚起床就听到了敲门声。(彼が起きてすぐ、ドアをたたく音が聞こえてきた。)
94. 有意见请写在表格里。(意見があればこの表に書いてください。)
95. 黑板上写着老师的名字。(黒板に先生の名前が書いてある。)

第二部分（解答例）

96. 在河边拍照是一件很浪漫的事。(川辺で写真を撮るのはロマンチックなことだ。)
97. 这些零钱大概有一百多块。(これらの小銭はだいたい100元ちょっとある。)
98. 这些篮球运动员们打得非常好。
    (これらのバスケットボールの選手たちはプレーが非常にうまい。)
99. 顾客很喜欢到这里擦鞋。(顧客はここに靴磨きに来るのが大のお気に入りだ。)
100. 这个城市里有一座很高的电视塔。(この街にはとても高いテレビ塔がある。)

解説

1. このラジオ番組は"6点开始，7点结束（6時に始まり、7時に終わる）"とあるので、この文は正しい。
2. "那个长头发，又高又瘦~的女人就是王教授的妻子（あのロングヘアーで、背が高くて痩せていて~女の人は王教授の奥さん）"とあることから、この文は間違いとわかる。
3. "怎么把我的表格复印得这么不清楚啊！（なんで私の表のコピーがこんなに不鮮明になるのよ！）"とあるので、この文は間違い。
4. "有时候我非常喜欢热闹，可有时候我又很喜欢一个人安静地待着（にぎやかなのが大好きなときもあれば、一人で静かにしているのが好きなときもある）"とあるので、この文は間違い。
5. "已经没有一点儿过去的样子了（もう昔の様子はすっかりなくなっていた）"というのは、変化がとても大きいことを指している。よってこの文は正しい。
6. "我不太懂~主要是这一段（よくわからない~特にこの部分）"とあることから、話し手はまったく理解できないわけではないとわかるので、この文は間違い。
7. "这篇小说的作者我了解（この小説の作者について私は知っている）"とあるので、この文は正しい。
8. "需要办很多手续，还要~也有~（多くの手続きが必要で、さらに~、また~）"とあることから、小動物を飼うのはとても面倒だとわかる。よってこの文は間違い。
9. "晚上七点钟客人会到（客人は夜7時に到着します）"とあるので、この文は間違い。
10. "密码只有老王一个人知道（パスワードは王さんだけが知っている）"とあるので、この文は正しい。
11. "服务员，麻烦你把这两个菜打包（すみません、この2つの料理をパックに詰めてください）"という発言が、会話の場所が飲食店であることを示しているので、Cを選択。
12. "下午两点你再到我的办公室来吧（午後2時にまた私の事務所に来てください）"とあるので、彼は今日の午後に帰ってくるとわかる。よってDを選択。
13. "糟糕，我的表停了（しまった、時計が止まってる）"という表現が、彼がまだ出勤していない理由を示しているので、Bを選択。
14. "平时我妈做饭的时候~慢慢地就学会了（普段、母が食事の支度をしているとき~徐々に覚えた）"と言っているので、Aを選択。
15. "和平街有家中医减肥的地方~明天我就去看看（和平街に中医学ダイエットをやっている所がある~明日行ってみるわ）"という発言から、女性は明日、ダイエットをする場所に行きたいと思っているとわかるので、Cを選択。
16. "爸爸给我拿游泳帽去了（お父さんが僕の水泳帽を取りに行ってくれている）"とあることから、彼は水泳帽をかぶり忘れたのだとわかる。よってBを選択。
17. "机票我们得提前买好（航空券をきちんと前もって買っておかないといけない）"という発言から、Dを選択。
18. "为什么不比了？（どうしてやらなくなっちゃったのかしら）"という発言から、試合がキャンセルされたとわかるので、Cを選択。

19. 女性の"除了我，还会有别人吗？（私以外にほかに誰がいるの？）"という発言は、非常に傲慢な口ぶりであるので、Dを選択。

20. "这种是太阳镜，而那种适合长时间在电脑前工作的人使用，可以缓解眼睛疲劳（こちらはサングラスですが、そちらは長時間コンピューターの前で仕事をする人が使うのに適しており、目の疲れを和らげることができます）"という発言から、男性は眼鏡を売っている人だとわかる。よってCを選択。

21. "这又是谁胡说的呀！（誰がまたそんなでたらめを言ってるのよ）"という発言から、女性には彼氏がいないとわかるので、Aを選択。

22. 男性がQQナンバーを尋ねたのに対し、女性が"9854351"と答えているので、Bを選択。

23. "这样式，我妈妈穿还差不多！（このデザイン、私の母が着てるのとあんまり変わらないわ）"という発言から、女性の好みではないとわかるので、Bを選択。

24. "语法85分，口语比语法多5分，听力才78分（文法85点、口頭は文法より5点よかったけど、リスニングはやっぱり78点）"という発言から、Cを選択。

25. "人家要求有两年工作经验的，我才刚毕业（あちらは2年の勤務経験がある人を求めているのよ、私は卒業したばかりだもの）"という発言から、女性は条件に合致していないとわかるので、Dを選択。

26. 男性が"那就选个钱包吧（じゃあ財布にしたら）"と言い、女性が"我看行，就听你的（それならよさそう、あなたの言うとおりにするわ）"と言っているので、Aを選択。

27. 男性が"那你写完之后把它发到我的邮箱里吧（それじゃ書き終わったら、それを私にメールしておいてくれ）"と言っているので、Cを選択。

28. "我那儿楼下是个饭店，吵得很！（うちの階下は飲食店だから、すごくうるさいんだ）"とあるので、Bを選択。

29. "明天上午8点半在102教室集合（明日の朝8時半、102教室に集合）"とあるので、Cを選択。

30. 女性は"化妆品在哪儿卖?（化粧品はどこで売っていますか）"と尋ねているので、Dを選択。

31. "做广告的就一定好吗？做了广告，价格更高（CMをやっているのは絶対いい物なのか。CMをやっていたら、その分値段が高い）"という発言から、男性はCMを信用していないということがわかる。よってDを選択。

32. "钥匙落在屋里了（鍵を家に忘れた）"と言っているので、Aを選択。

33. "不过那里不是免费的（でも、あそこは無料じゃないわ）"とあるので、Cを選択。

34. "我一般都是听民族音乐，这完全是受我爸爸的影响（私は主に民族音楽を聞いているわ。完全に父の影響よ）"とあることから、女性の父親は民族音楽が好きだとわかる。よってDを選択。

35. "您预订的是双人间，三天的（ご予約なさったのはツインルーム、3泊です）"という発言に対し、男性が間違いないと確認しているので、Dを選択。

36. 会社経営者の"我们这份工作本科生做就可以了！（うちのこの仕事は学部卒でもできる仕事なんだ）"という発言から、大学院生は仕事を探して面接を受けているのだとわかるので、Bを選択。

37. 1人目の経営者の"你的学历太高了，我们这份工作本科生做就可以了！（君は学歴が非常に高い、うちのこの仕事は学部卒でもできる仕事なんだ）"という発言、2人目の社長の"你

的学历很高，可是我们需要的是一个有经验的人。（君の学力はとても高い、だが我々に必要なのは経験のある人だ）"という発言から、大学院生は非常にやるせなさを感じ、途方に暮れていると判断できる。よってCを選択。

38. "你就会发现，中国人很喜欢请客（中国人は人におごるのが好きだと気づくだろう）"とあるので、Bを選択。
39. "而是想和朋友们见见面，坐在一起聊聊天儿（友達と顔を突き合わせ、一緒にテーブルを囲んでおしゃべりをしたいのだ）"とあるので、Dを選択。
40. "记得~刚转到我们班时~成绩也很一般（私たちのクラスに転入してきたとき~成績もぱっとしなかった）"とあることから、話し手は教師だとわかる。よってAを選択。
41. "很快他有了学习的热情和信心（たちまち学習意欲と自信を持つようになった）"とあるので、Bを選択。
42. "看看电影、听听音乐，可以放松心情（映画を見たり、音楽を聞くことは気持ちをリラックスさせる）"とあるので、Cを選択。
43. 第1文は"学会合理地安排业余时间，对~会很有帮助。（余暇をうまく利用することを身につけることは、~にとても役立つ）"という観点を提示し、そのあとは例を挙げてそれを証明しているので、Dを選択。
44. 最初に"我们打算明年结婚（私たちは来年、結婚する予定だ）"とあるので、Aを選択。
45. "可是我的男朋友~他想选择远一点儿的地方，因为价钱会便宜些（だが彼氏は~少し遠い場所にしようと考えている、価格が少し安いからだ）"とあり、女性の彼氏は価格の安い物件を希望しているとわかる。よってDを選択。
46. 介詞"顺着"は、成り行きに従って情勢が移っていくことを表し、「……に沿って」という意味になる。本問の趣旨に合致するので、Eを選択。
47. "或者（あるいは）"は、平叙文に用いて選択を表す。この文では"周四（木曜日）""周五（金曜日）"からどちらか1つを選ぶので、Fを選択。
48. "水平（レベル）"は、技術や実務能力などの面で達成される程度の高さを指す。この文は、彼の中国語の能力が高く、話すのがうまいと述べているので、Dを選択。
49. "浪费"は人の力、財産、時間などを適切に用いず、節制しないことである。これが問題の趣旨に合致するので、Cを選択。
50. "人家"は、他人やそのほかの人を指す。この文では、話し手が相手に他人のまねばかりしていてはだめだと言っているので、Bを選択。
51. 会話から、母親が服の色に満足せず、"我"を交換に行かせたとわかるので、Aを選択。
52. 介詞"自从（……から）"は過去の時間の起点を表し、しばしば"以后（以後）"や"以来（以来）"などの語と組み合わされる。よってFを選択。
53. 副詞"刚（……したばかり）"は、行動や状況がすぐ前に発生したことを表す。この文の話し手が述べているのは、"回国（帰国）"後、間もない状況であるので、Eを選択。
54. 話し手は、相手の言った状況が起こるはずがなく、相手が冗談を言ったのだと思っているので、Dを選択。
55. 名詞"回忆"は、人の記憶にとどまっているものを表す。本問では、それらの"经历（経験）"が皆"我"の記憶に残るだろうと述べているので、Cを選択。
56. Cは状況で、AとBは前述の状況にもとづいて提示された観点。関連語句"只要……就

……（……しさえすれば……）"は条件を表す。よって解答はＣＡＢ。

57．Ｃは"我"の習慣の紹介、Ｂは逆接による理由の強調、Ａは結果なので、解答はＣＢＡ。
58．Ｂは状況、ＣとＡは前述に対する説明。関連語句"不是……而是……（……ではなく、……である）"は並列を表す。よって解答はＢＣＡ。
59．Ａは事実、ＣとＢはさらなる説明。関連語句"不仅……而且……（……ばかりでなく、そのうえ……）"は累加を表す。よって解答はＡＣＢ。
60．Ｃは観点の説明、ＢとＡはともに前述に対する説明だが、通常"每当……的时候（……するたび）"を用いたフレーズは前に置かれるので、解答はＣＢＡ。
61．関連語句"虽然……但是……（……だが、しかし……）"は逆接を表す。Ｃは結果なので、解答はＡＢＣ。
62．関連語句"无论……还是……（……しても、また……しても）"は条件を表す。Ｃは前述の条件にもとづいて出した結論。よって解答はＢＡＣ。
63．Ｂは観点の提示、ＣとＡは前述の観点に対する説明。関連語句"即使……也……（たとえ……でも……）"は仮定を表す。よって解答はＢＣＡ。
64．ＡとＢはともに理由の提示だが、通常は"随着……（……につれて）"が前に置かれる。Ｃは結果。よって解答はＡＢＣ。
65．Ｃは事実、ＢとＡはともに結果の叙述だが、通常"刚……时（……したばかりのとき）"は前に置かれるので、解答はＣＡＢ。
66．"好学生~但他一定要有健康的心态（よい学生とは~だが、彼は必ず健康な心を持っている）"とあるので、Ｃを選択。
67．"爸爸是故意输的，目的就是为了让爷爷开心（父がわざと負けていたのは、おじいちゃんを喜ばせるためだった）"という記述が、父親が親孝行であることを表しているので、Ｂを選択。
68．"性格外向的人~所以很容易和别人相处（性格の外向的な人は~ので、たやすく人と打ち解ける）"とあるので、Ｂを選択。
69．"原打算办完事后顺便回家乡看看亲戚（もとは仕事を終えたあと、ついでに郷里に帰って親せきを訪ねるつもりだった）"とあるので、Ｄを選択。
70．"如果会打扮，就会显得更年轻，更有精神（もし装うことを身につけたら、もっと若く、元気に見せることができる）"とあるので、Ｃを選択。
71．"和女朋友分手后，他~（彼女と別れてから彼は~）"という記述から、彼は失恋したとわかるので、Ｂを選択。
72．"现在短信的使用已经大大超过了传统的写信和打电话（現在ショートメールの利用は、昔ながらの手紙や電話をすでに大きく上回っている）"とあるので、Ｂを選択。
73．"其实，有时'对不起'也是一种客气的说法（実際は「すみません」が儀礼的な表現になるときもある）"とあるので、Ｄを選択。
74．"再也不用为太多的广告而烦恼了（それに多すぎるＣＭに煩わされる必要もない）"とあるので、Ｃを選択。
75．"茶本来是一种药（茶は元は薬だった）"とあるので、Ｃを選択。
76．第１文の"遇到比较麻烦的事情时，最好~（ちょっと面倒なことに出くわしたときは、~するのが一番よい）"は観点を提示しており、第２文はそれに対する補足説明なので、この

話は物事をどう処理するかについて述べている。よってDを選択。
77. 第1文は契約を結ぶときに注意すべき事項を提示し、第2文はそれらの事項に注意しなかった場合に発生する結末を示している。このことからこの文は、契約を結ぶときに注意すべきことについて述べているとわかる。よってBを選択。
78. 香港は"现在已经变成全球最富裕、经济最发达的地区之一（現在は世界で最も豊かで、経済が最も発展した地域の1つとなっている）"とあるので、Aを選択。
79. "提醒比批评的效果更好。因为提醒比较委婉，也可以增加人的自信（忠告は批判より効果がある。なぜなら忠告は比較的言い回しが丁寧で、人の自信を高めることもできるからだ）"という記述から、批判が多すぎると人は自信を失うと判断できる。よってDを選択。
80. 最初に"一个人是否能够获得成功，主要是看他对人生的态度（人が成功できるかどうかは、主としてその人の人生に対する態度にかかっている）"とあるので、Bを選択。
81. "成功的人始终用积极的思考、乐观的精神和宝贵的经验去指导自己的人生（成功した人は終始、前向きな考え方、楽観的な精神、貴重な経験によって自分の人生を導いていく）"とあることから、成功した人は失敗した人より楽観的だとわかる。よってAを選択。
82. "我们称它为恒温动物，就像大多数的鸟类一样（我々はそれを恒温動物と呼ぶ。例えば大多数の鳥類がそうである）"とあるので、Dを選択。
83. "身体温度随着环境温度的改变而改变的动物，就是变温动物（体温が周囲の温度変化に伴って変わる動物は変温動物である）"とあるので、Cを選択。
84. 夫が妻に"赶快把鱼翻过来（急いで魚をひっくり返せ）"と注意していることが、妻が魚を料理していることを示しているので、Aを選択。
85. 妻に料理の仕方を注意して文句を言われた夫が、"亲爱的，我只是想让你知道，我在开车时，你在一旁不停地说话，嘱咐，我的感觉如何。（なあ、俺は君にわかってもらいたいだけだ。俺が車を運転してるとき、君は隣でしきりに話したり、注意したりしてるだろ、そのとき俺がどんな気分なのかを）"と言っていることから、夫は妻に互いに理解し合うべきだという道理を説いているのだとわかる。よってCを選択。

HSK(4级)答题卡

一、听力

1. [√] [×]　　　6. [√] [×]　　　11. [A] [B] [C] [D]
2. [√] [×]　　　7. [√] [×]　　　12. [A] [B] [C] [D]
3. [√] [×]　　　8. [√] [×]　　　13. [A] [B] [C] [D]
4. [√] [×]　　　9. [√] [×]　　　14. [A] [B] [C] [D]
5. [√] [×]　　　10. [√] [×]　　　15. [A] [B] [C] [D]

16. [A] [B] [C] [D]　　21. [A] [B] [C] [D]　　26. [A] [B] [C] [D]
17. [A] [B] [C] [D]　　22. [A] [B] [C] [D]　　27. [A] [B] [C] [D]
18. [A] [B] [C] [D]　　23. [A] [B] [C] [D]　　28. [A] [B] [C] [D]
19. [A] [B] [C] [D]　　24. [A] [B] [C] [D]　　29. [A] [B] [C] [D]
20. [A] [B] [C] [D]　　25. [A] [B] [C] [D]　　30. [A] [B] [C] [D]

31. [A] [B] [C] [D]　　36. [A] [B] [C] [D]　　41. [A] [B] [C] [D]
32. [A] [B] [C] [D]　　37. [A] [B] [C] [D]　　42. [A] [B] [C] [D]
33. [A] [B] [C] [D]　　38. [A] [B] [C] [D]　　43. [A] [B] [C] [D]
34. [A] [B] [C] [D]　　39. [A] [B] [C] [D]　　44. [A] [B] [C] [D]
35. [A] [B] [C] [D]　　40. [A] [B] [C] [D]　　45. [A] [B] [C] [D]

二、阅读

46. [A] [B] [C] [D] [E] [F]　　51. [A] [B] [C] [D] [E] [F]
47. [A] [B] [C] [D] [E] [F]　　52. [A] [B] [C] [D] [E] [F]
48. [A] [B] [C] [D] [E] [F]　　53. [A] [B] [C] [D] [E] [F]
49. [A] [B] [C] [D] [E] [F]　　54. [A] [B] [C] [D] [E] [F]
50. [A] [B] [C] [D] [E] [F]　　55. [A] [B] [C] [D] [E] [F]

56. _____　　60. _____　　64. _____

57. _____　　61. _____　　65. _____

58. _____　　62. _____

59. _____　　63. _____

66. [A] [B] [C] [D]　　71. [A] [B] [C] [D]　　76. [A] [B] [C] [D]
67. [A] [B] [C] [D]　　72. [A] [B] [C] [D]　　77. [A] [B] [C] [D]
68. [A] [B] [C] [D]　　73. [A] [B] [C] [D]　　78. [A] [B] [C] [D]
69. [A] [B] [C] [D]　　74. [A] [B] [C] [D]　　79. [A] [B] [C] [D]
70. [A] [B] [C] [D]　　75. [A] [B] [C] [D]　　80. [A] [B] [C] [D]

81. [A] [B] [C] [D]
82. [A] [B] [C] [D]
83. [A] [B] [C] [D]
84. [A] [B] [C] [D]
85. [A] [B] [C] [D]

三、书写

86.

87.

88.

89.

90.

91.

92.

93.

94.

95.

96.

97.

98.

99.

100.

編者
李春玲

翻訳
佐原安希子

装丁デザイン
芳賀のどか

北京語言大学出版社版　新HSK10回合格模試　4級

2011年12月15日　初版第1刷発行
2013年3月4日　第2刷発行

編　者　李春玲（リ シュンレイ）
発行者　小林卓爾
発　行　株式会社スリーエーネットワーク
　　　　〒102-0083　東京都千代田区麹町3丁目4番
　　　　　　　　　　トラスティ麹町ビル2F
　　　　電話　営業　03（5275）2722
　　　　　　　編集　03（5275）2725
　　　　http://www.3anet.co.jp/
印　刷　倉敷印刷株式会社

ISBN978-4-88319-587-9　C0087

落丁・乱丁本はお取替えいたします。
本書の全部または一部を無断で複写複製（コピー）することは著作権法上での例外を除き、禁じられています。

MULTI LINGUAL LIBRARY

日本語のスリーエーネットワークが、日本語・外国語双方向の
コミュニケーションを目指した外国語学習シリーズ

新HSK合格模試

■ 10回分の模擬試験に日本語の問題解説付き

北京語言大学出版社版

新HSK 10回合格模試 5級
董萃編

A5判 313頁 MP3音声付 2,940円〔978-4-88319-588-6〕

通訳メソッドシリーズ

● 現役通訳者が推す実践的訓練法

通訳メソッドを応用した 中国語短文会話 800
長谷川正時 著

A5判 229頁 CD 2枚付 2,940円〔978-4-88319-296-0〕

● 現役通訳者が推す新しい実践的文法学習法

通訳メソッドを応用した シャドウイングで学ぶ中国語文法
長谷川正時 著

A5判 297頁 CD 2枚付 2,940円〔978-4-88319-362-2〕

● 現役通訳者が推す表現力向上法

通訳メソッドを応用した シャドウイングで学ぶ中国語難訳語 500
長谷川正時 著　付録:「長谷川式通訳単語帳」(29頁)

A5判 259頁 CD 2枚付 2,940円〔978-4-88319-387-5〕

● 1分間250文字の速読で実力向上

通訳メソッドを応用した シャドウイングと速読で学ぶ中国語通訳会話
長谷川正時・長谷川曜子 著

A5判 301頁 CD 4枚付 4,830円〔978-4-88319-446-9〕

すべて税込価格です

★ 外国語学習も　スリーエーネットワーク

http://www.3anet.co.jp/
ホームページで新刊や日本語セミナーをご紹介しております

営業広報部 TEL: 03-5275-2722　　FAX: 03-5275-2729